Relações Internacionais 9
direção de
Rafael Duarte Villa
Tamás Szmrecsányi

RELAÇÕES INTERNACIONAIS

TÍTULOS PUBLICADOS

A Antártida no Sistema Internacional, Rafael Duarte Villa

Panorama Brasileiro de Paz e Segurança, Clóvis Brigagão & Domício Proença Jr. (org.)

Paz & Terrorismo, Clóvis Brigagão & Domício Proença Jr. (org.)

Os Excluídos da Arca de Noé, Argemiro Procópio (org.)

Ensaios Latino-Americanos de Política Internacional, Rafael Duarte Villa & Suzeley Kalil (org.)

A Política Externa da Primeira República e os Estados Unidos: a Atuação de Joaquim Nabuco em Washington (1905-1910), Paulo José dos Reis Pereira

Construindo Fronteiras: Políticas de Imigração na França e nos Estados Unidos (1980-1998), Rossana Rocha Reis

Movimento Cocaleiro na Bolívia, Vivian Urquidi

¿Obligación Internacional de Proteger o Caballo de Troya?, Miryam de Souza Minayo

¿obligación internacional de proteger
o caballo de troya?

intervenciones armadas por razones humanitarias

MIRYAM DE SOUZA MINAYO

¿obligación internacional de proteger o caballo de troya?

intervenciones armadas por razones humanitarias

ADERALDO & ROTHSCHILD
São Paulo, 2008

© 2007 de Miryam de Souza Minayo.
© desta edição
Aderaldo & Rothschild Editores Ltda.
Rua João Moura, 433 – 05412-001 São Paulo, Brasil.
Telefone/Fax: (55 11)3083-7419
Atendimento ao Leitor: (55 11)3060-9273
hucitec@terra.com.br
www.hucitec.com.br

Depósito Legal efetuado.

Coordenação editorial
MARIANA NADA

CIP-Brasil. Catalogação-na-Publicação
Sindicato Nacional dos Editores de Livros, RJ

M614o

Minayo, Miryam de Souza, 1982-
¿Obligación internacional de proteger o caballo de Troya? : intervenciones armadas por razones humanitarias / Miryam de Souza Minayo. – São Paulo : Aderaldo & Rothschild, 2008.
206p. – (Relações internacionais ; n.9)

Inclui bibliografia
ISBN 978-85-60438-41-9

1. Assistência humanitária. 2. Intervenção (Direito internacional público). 3. Relações internacionais. I. Título. II. Série.

07-4305   CDU 341.3

Comprender no significa, sin embargo, negar lo terrible.

— HANNAH ARENDT

SUMÁRIO

PREFÁCIO 11

INTRODUCCIÓN 17

Capítulo I:
INTERVENCIONES ARMADAS POR RAZONES DE HUMANIDAD DESDE LA APROBACIÓN DE LA CARTA DE LAS NACIONES UNIDAS (1945) HASTA EL GENOCIDIO DE RUANDA (1994)

1. El debate acerca de la noción y de la práctica de la intervención humanitaria 21
2. Supuestos de intervención humanitaria desde la Carta de las Naciones Unidas hasta el genocidio de Ruanda (1994) 33
   2.1. Durante el periodo de la Guerra Fría 33
      2.1.1. Intervención de la India en Pakistán Oriental (Bangla Desh) en 1971 36
      2.1.2. Intervención de Vietnam en Camboya (1978) 40
      2.1.3. Intervención de Tanzania en Uganda (1979) 43
      2.1.4. Intervención de Francia en la República Centroafricana (1979) 45
   2.2. A partir del final de la Guerra Fría 48
      2.2.1. El caso de la población kurda en Irak — la Resolución 688 (1991) 45
      2.2.2. El caso de Somalia (1992-1994) 54
      2.2.3. El caso de Ruanda (1994) 60
3. Recapitulación 65

Capítulo II:
LA INTERVENCIÓN ARMADA DE LA OTAN EN LA EX YUGOSLAVIA: "GUERRA DE KOSOVO" (1999)

1. Antecedentes del conflicto 70

2. La reacción internacional y el Acuerdo de Rambouillet 77
3. La intervención de la OTAN: la "guerra de Kosovo" 87
   3.1. El debate acerca de la justificación de la intervención de la OTAN 92
   3.2. La "Guerra de Kosovo": ¿Una nueva tendencia? 108
4. La "Guerra de Kosovo" desde una perspectiva jurisprudencial: el TPIY y la CIJ 113
   4.1. Tribunal Penal Internacional para la ex Yugoslavia 113
   4.2. Corte Internacional de Justicia(CIJ) 118
5. Recapitulación 122

Capítulo III:
¿EXISTE YA UNA OBLIGACIÓN DE PROTEGER?
1. Su reconocimiento y contenido 126
   1.1. Informe: "Responsabilidad de Proteger" 129
   1.2. Informe: "Un mundo más seguro: la responsabilidad que compartimos" 137
   1.3. Informe: "Un concepto más amplio de la libertad: desarrollo, seguridad y derechos humanos para todos" 144
2. La posible concreción 151
3. Recapitulación 160

Capítulo IV:
EL DOCUMENTO FINAL DE LA CUMBRE MUNDIAL DE SEPTIEMBRE DE 2005 Y LA CRISIS DE DARFUR
1. El Documento Final de la Cumbre Mundial: la "responsabilidad de proteger" 163
2. La crisis de Darfur: análisis final de la "responsabilidad de proteger" 171
   2.1 La Crisis 171
   2.2 La reacción internacional: análisis final de la "responsabilidad de proteger" 179
3. Recapitulación 193

CONCLUSIONES FINALES 197

Bibliografía 203
A. Libros y artículos de Revistas 203
B. Artículos de Publicación Electrónica 207
C. Documentos, Informes y comunicados de prensa 210
D. Jurisprudencias de la Corte Internacional de Justicia 213
E. Listado de Resoluciones Consultadas 213

PREFÁCIO

Conocí a la autora de este libro con motivo de mi docencia como profesor invitado en el Programa de Doctorado en Derecho Internacional y Relaciones Internacionales de la Fundación "Ortega y Gasset", dirigido por el profesor de la Universidad Autónoma de Madrid Antonio Remiro Brotons. El curso siguiente acepté dirigir su Trabajo de Investigación con el que el Programa finaliza.

Me alegró y alegra mucho haber conocido a Miryam de Souza Minayo y haberme implicado en su obra escrita, pues he sabido al hacerlo de una persona ilusionada y responsable que me ha permitido comprobar un denodado esfuerzo por su parte para concluir su Programa de dos años de estudio, alejada de su país y de sus amigos, con un excelente Trabajo Final.

Hoy, Miryam de Souza, me pide que escriba el Prólogo de su libro, lo que hago con el mayor de los gustos pues en él su autora aborda un tema muy querido para mí pero sobre todo un tema de innegable actualidad e importancia.

¿Pueden los Estados intervenir manu militari para evitar la catástrofe humanitaria (un genocidio, una limpieza étnica, la violación sistemática de derecho humanos fundamentales. . .) que en otro se desarrolla?.

La autora analiza con rigor la práctica internacional y la valora con prudencia admirable, viendo los argumentos a favor y los que no lo están, los "pros" y las "contras". La autora es imparcial, llega al tema y lo analiza sin prejuicio de ningún tipo, lo que en un mundo en el que el sectarismo en la *valoración jurídica de las conductas es ley resulta sorprendente y digno del más encendido de los elogios.*

¡Claro que es difícil decidirse amiga Miryam!. La autora de este libro desea, como cualquier ser humano decente, que nadie pueda cobrarse impunemente la vida de ser humano alguno; y por ello parace aceptar, en casos extremos y bien probados, y cuando la comunidad internacional sea incapaz de evitar las matanzas, que una intervención aún armada por causa de humanidad sea posible (...):

> *"En ese caso, difícilmente [afirma en sus Conclusiones] se podría negar la legitimidad de estas acciones, si están verdaderamente destinadas a impedir la continuación del desastre".*

Pero la autora del libro tiene miedo. Teme que la intervención armada por causa de humanidad embosque otros fines, como el Caballo de Troya (al que alude en el título de su obra) no fue un regalo a los dioses sino el escondite de quienes derribaron los muros de Ilión:

> *"Al finalizar el presente estudio, una de mis grandes preocupaciones es si lo que está siendo defendido cuando se habla de intervenciones humanitarias (...) no está basado en una concepción occidentalizada (...). Es decir, si al fin y al cabo las intervenciones humanitarias funcionarían como un brazo armado de los intereses de las grandes potencias".*

Naturalmente hay un riesgo, pero las ideas debemos y podemos tenerlas claras. La purga de mi corazón en este tema arrojaría para mí y sin miedo lo proclamo la defensa de cuatro ideas:

> — *Primera: La sociedad internacional no puede permitir nunca más que en uno de sus Estados un gobierno impío masacre a su propia población o a uno de los pueblos que lo conforman (...). Y por ello el Secretario General de la Organización de Naciones Unidas, en su Informe a la Cumbre Mundial de Jefes de Estado o de Gobierno (2005), reconoció la existencia a cargo de la comunidad internacional de una obligación internacional de proteger.*
>
> — *Segunda: Naciones Unidas debe articular un sistema que permita al Consejo de Seguridad impedir esas conductas, ya directamente*

ya por medio de la autorización a um Estado o grupo de Estados del uso, de ser necesario, de la fuerza armada. No es acptable ya que el veto de un miembro permanente del Consejo impida hacer lo que debe hacerse, sobre todo cuando se den los principios o criterios de legitimidad propuestos en su Informe (2005) por el Secretario General.

— *Tercera: Si la comunidad internacional no hace frente a sua responsabilidad y no elabora la "doctrina" solicitada, la obligación internacional de proteger debería impedir considerar ilegal una intervención armada justa por razones de estricta humanidad. Las injustas, las que no se acomodan a las condiciones, límites y requisitos exigidos, constituirían por supuesto una violación y una violación grave de la norma que prohíbe el uso de la fuerza armadas en las relaciones internacionales; pudiendo a mi juicio ser subsumidas en el supuesto de hecho del artículo 40 y sujeta por tanto a las consecuencias referidas en el artículo 41 del Proyecto de la Comisión de Derecho Internacional sobre la responsabilidad del Estado por hechos internacionalmente ilícito (A/RES/56/83, de 12 de diciembre de 2001).*

— *Cuarta: En manos de la comunidad internacional está el arbitrar los mecanismos institucionales y procesales adecuados para proceder a la valoración, en casos de duda objetiva, de la conformidad de una intervención armada por causa de humanidad con las exigencias requeridas. Su incapacidad, su incompetencia o su falta de voluntad para hacerlo no debería servir de pretexto para declarar con carácter general y a priori la ilegalidad de toda intervención armada por causa de estricta humanidad.*

Sí, se que enunciarlo es más fácil que acordarlo. Por eso debemos comprender las dudas de la autora. ¿O acaso no lo dijo ya el clásico?: Qui dubitat propinquus est scientiae, es decir, el que duda está cerca de la verdad (...). Como Miryam de Souza Minayo.

DR. CESÁREO GUTIÉRREZ ESPADA
Catedrático de Derecho Internacional Público
de la Universidad de Murcia, España

AGRADECIMIENTOS

Me gustaría, en primer lugar, agradecer al Profesor Cesáreo Gutiérrez Espada (Catedrático de la Universidad de Murcia) por su tan completa labor en la tutoría del presente trabajo. Cesáreo ha sido siempre absolutamente presente y demostró su dedicación e incentivo durante todo el proceso de mi investigación. Además, su elevadísimo nivel intelectual junto a su personal enfoque (y tan particular — digna de mi más absoluta admiración) del derecho internacional me han servido de estímulo diario para concluir este trabajo. En fin, tener al Profesor (y amigo) como director de la presente investigación ha sido una verdadera honra y, en definitiva, fue lo que hizo viable la consecución del presente libro.

Quiero también agradecer al Instituto Universitario de Investigación Ortega y Gasset de Madrid, dónde realicé el Programa de Doctorado en Derecho Internacional y Relaciones Internacionales. La experiencia en el Instituto fue de enorme valía para mi formación en el terreno del Derecho Internacional. Allí tuve el privilegio de conocer a Profesores que son referencias mundiales en el área y compartir momentos inolvidables en debates profundos dentro de sus especialidades. Entre ellos, además de Cesáreo Gutiérrez Espada, no puedo dejar de citar el Profesor Antonio Remiro Brotóns, la Profesoras Rosa Riquelme Cortado y Cristina Izquierdo, el Profesor Antonio Pastor Ridruejo, un profesional con un currículo estupefactante, y que al fin y al cabo se tornó un amigo que guardo con mi más sincera admiración.

Agradezco también a la Editora Hucitec por haber decidido publicar esta obra y creer en la urgencia del tema para las relaciones internacionales. Eso ha sido muy gratificante: les felicito por tan sensible reconocimiento.

Por fin, agradezco infinitamente a mi familia. Aunque estuviéramos en continentes distintos, sin su ayuda y estímulo diarios hubiera sido imposible concluir este libro. A mis padres: Carlos y Cecilia, y a mi hermana Christiana, les doy las gracias por cada palabra de incentivo y afecto que por veces ha sido lo que, en momentos difíciles, me proporcionó el empujón para seguir adelante con todas mis ganas.

INTRODUCCIÓN

El presente estudio nace de algunas inquietudes personales fruto de la constatación de terribles abusos de los derechos humanos que tuvieron lugar en las últimas décadas y que, lamentablemente, continúan repitiéndose en nuestros días. El genocidio de Ruanda, en particular, me ha suscitado un gran número de preguntas — aparte de fuerte indignación y preocupación — que procuro esbozar a lo largo de estas páginas.

En virtud de esas expectaciones, este libro se dedica al análisis de una posible doctrina de la "intervención humanitaria" en las relaciones internacionales, entendida como una operación armada llevada a cabo por un Estado, coalición u organización internacional, a raíz de graves y sistemáticas violaciones de los derechos humanos cometidas en el territorio de otro Estado. Inicialmente, se examina el desarrollo de esa noción, con sus límites y criterios, teniendo en cuenta las implicaciones derivadas de los diversos contextos históricos y de las variadas interpretaciones, a partir de la aprobación de la Carta de las Naciones Unidas hasta la actualidad.

La intervención humanitaria no es una figura nueva en las relaciones internacionales. Algunos autores consideran que desde la antigüedad ya se pueden encontrar ejemplos de intervenciones de esa naturaleza. Otros prefieren vincular sus orígenes al surgimiento del concepto de *guerra justa*. No obstante, es a partir de 1945 — con la Carta de las Naciones Unidas — que el debate acerca de la noción gana fuerza, y sigue hasta hoy en día, en unos términos generales que difieren bastante de los de aquella época, aunque poseen algunos elementos muy similares.

Motivaciones humanitarias han sido invocadas en una multitud de ocasiones con propósitos muy diferentes. En el siglo XIX, por ejemplo, se conectaba la noción a la protección de los nacionales de un Estado en un tercer. A lo largo de la segunda mitad del siglo XX, se observó que en casos en los cuales violaciones masivas de los derechos humanos estaban ocurriendo, los Estados tímidamente evocaron la noción y prefirieron recurrir a otras razones ajenas al motivo humanitario. Al contrario, con el fin de la Guerra Fría, tanto la práctica como las justificaciones humanitarias adquirieron mayor fuerza.

Ese cambio, a partir de la aprobación de la Carta de las Naciones Unidas y durante el contexto del enfrentamiento ideológico, se debe, principalmente, al establecimiento de dos principios fundamentales para las relaciones internacionales: el de la prohibición del empleo de la fuerza en las relaciones entre los Estados (artículo 2§4 de la Carta) y el de la no intervención en los asuntos que correspondan a la jurisdicción interna del Estado (artículo 2§7). Es decir, que cuando intervenir y emplear la fuerza se contemplaron como actos ilícitos dentro del derecho internacional, los Estados procuraron justificar sus actuaciones de modo que no infringieran las normas internacionales, aunque existiera la constatación de violaciones graves de los derechos humanos.

Sin embargo, en la Carta de las Naciones Unidas también se fijaba, entre sus Propósitos y, en especial, en el artículo 1§3, la promoción y el respeto de los derechos y libertades fundamentales. Así, a lo largo de los últimos sesenta años se han venido desarrollando esos objetivos a través de un gran número de tratados internacionales que hoy día configuran estándares mínimos en relación a los derechos humanos.

El centro del debate sobre la posibilidad de emplear la fuerza armada por parte de un Estado, individual o colectivamente — cuando se verifica que graves crímenes contra la humanidad, como es el caso de la depuración étnica o del genocidio, están siendo perpetrados dentro del territorio de otro país — ha recibido, desde 1945, divergentes interpretaciones y opiniones acerca de los artículos de la Carta mencionados anteriormente. El texto de la Carta se refiere al fomento de los derechos fundamentales, pero no contempla los mecanismos a los que se puede recurrir para su práctica efectiva.

El intenso debate derivado de esa ausencia — que ha generado gran contradicción doctrinal y en la propia práctica de los Estados — parece haber llegado a su ápice con la campaña aérea de la OTAN en Kosovo, en 1999. A raíz de ella, y tras muchas tentativas de solucionar el dilema entre la legalidad y la legitimidad proveniente de actuaciones como esa, entra en la escena internacional la noción de la "responsabilidad de proteger". Ese nuevo concepto, elaborado profundamente a partir del Informe de la *Comisión Internacional sobre Intervención y Soberanía Estatal*, permite la conciliación tan necesaria entre el uso de la fuerza, la soberanía estatal y la intervención humanitaria.

No obstante, la postura política asumida por los Estados Unidos, tras los atentados del 11 de septiembre de 2001 en su territorio, va a oscurecer y desplazar la discusión fundamentada en esa nueva perspectiva que considera la responsabilidad de proteger emanada de la propia soberanía del Estado. Aunque se dio ese cambio en la agenda de prioridades de las Naciones Unidas, las masacres y los abusos atroces de los derechos humanos no cesaron.

Precisamente, la tragedia de Darfur ocurría mientras se retomaba el debate institucional con la elaboración de dos nuevos informes que abordaban, entre otras cuestiones, el tema de la intervención humanitaria. El primer Informe fue presentado en 2004, por un Grupo de Alto Nivel instituido por el Secretario General, y el otro por el propio Secretario en 2005. Ambos informes sirvieron de base para la Cumbre Mundial conmemorativa de los sesenta años de las Naciones Unidas, cuyo Documento Final y la crisis de Darfur son muestras cabales de bellas palabras e intenciones y muy poca acción. Pero lo que sí se destaca es un verdadero reconocimiento de la figura que este trabajo procura demostrar.

A fin de cumplir con dicho propósito, se divide el estudio en cuatro capítulos. El primer de ellos hace un recorrido por el desarrollo la noción de la intervención humanitaria desde la aprobación de la Carta de las Naciones Unidas hasta el genocidio de Ruanda, teniendo presente el análisis de la práctica internacional que se consideró de mayor relevancia en ese sentido. Para acompañar con mayor fidelidad el desarrollo de la noción, los casos de intervenciones fueron agrupados dentro de los diferentes contextos internacionales de la contienda bipolar y del que siguió tras el fin de la Guerra Fría.

El segundo capítulo se dedica a la "Guerra de Kosovo". Se examinan los antecedentes de la operación de la OTAN, sus justificaciones, su desarrollo y sus implicaciones en la doctrina de la intervención humanitaria.

El tercer capítulo indaga sobre la propia existencia de una obligación internacional de proteger a los seres humanos amenazados de sufrir masivos y graves abusos de los derechos humanos. Para ello, se analizan los tres informes mencionados anteriormente, considerados esenciales para el reconocimiento de la noción, y se verifican los caminos hacia su posible concreción.

Por fin, el cuarto capítulo procura identificar el "estado del arte" en la actualidad. El Documento Final de la Cumbre de 2005 sirve de base para el análisis y se examina la actual crisis de Darfur para comprobar el estado en que se halla la "intervención humanitaria" en lo que concierne a la propia práctica internacional.

Para terminar, se efectúan unas conclusiones finales sobre los aspectos más importantes trabajados, que cercan la doctrina de la intervención armada por razones humanitarias y que deberían recibir mayor atención en el ámbito de las interacciones entre los Estados y en el ámbito del derecho internacional.

Capítulo I
INTERVENCIONES ARMADAS POR RAZONES DE HUMANIDAD DESDE LA APROBACIÓN DE LA CARTA DE LAS NACIONES UNIDAS (1945) HASTA EL GENOCIDIO DE RUANDA (1994)

1. El debate acerca de la noción y práctica de la intervención humanitaria

Antes de entrar directamente en el tema a que este trabajo se propone, será efectuado un análisis de la noción de intervención humanitaria, concepto este que ha inspirado muchos debates doctrinales en virtud de la propia práctica de los Estados en sus relaciones. Diferentes y opuestas interpretaciones se han ofrecido, variando de acuerdo con el contexto histórico y los intereses de ahí derivados, así como de los sujetos que las realizaban.

No se pretende hacer aquí una extensa descripción del desarrollo histórico de la noción de intervención humanitaria. Lo verdaderamente importante para este trabajo es el debate establecido en torno a la evolución de dicha noción, a partir de la Conferencia de San Francisco, en 1945, cuando fue aprobada la Carta de las Naciones Unidas y se inauguró una nueva fase para el desarrollo del concepto abarcando su legitimidad, su licitud y las condiciones requeridas dentro del derecho internacional para emprender esa acción. Posteriormente, el fin de la Guerra Fría, con sus consecuencias en el orden internacional, condujo a una nueva revisión de la noción, que se extiende hasta la actualidad. Como se verá, los términos del debate actual son, en muchos aspectos, bastante distintos de aquellos que se produjeron durante los años del enfrentamiento ideológico, a pesar de que algunos rasgos esenciales de ese debate continúan presentes.

Si bien los momentos decisivos del desarrollo de la noción son los mencionados anteriormente, la idea de intervención humanitaria no es nueva y remite a la antigüedad. Según algunos autores,[1] desde Hugo Grotius ya se encuentran algunas referencias al tema en la pauta internacional. Sin embargo, es en el siglo XIX, con la denominada "Cuestión del Oriente", cuando la mayor parte de la doctrina sobre el asunto reconoce la práctica de intervenciones justificadas por razones de humanidad.

La formulación de una definición de intervención humanitaria en la que la totalidad de la doctrina, y también de los Estados, estuviesen de acuerdo no ha sido una tarea fácil y *resultó imposible su rigurosa aplicación*.[2] Según Escudero Espinosa, la acepción elaborada por Antoine Rougier, a principios del siglo XX, fue la más aceptada por la doctrina, que la tomó como punto de partida para las posteriores interpretaciones: "*se pusieron las bases para una nueva teoría de la intervención de humanidad*".[3] Rougier la definía de la siguiente manera:

> La 'théorie de l'intervention d'humanité' est proprement celle qui reconnaît pour un droit l'exercice du contrôle international d'un État sur les actes de souveraineté intérieure d'un autre État contraires 'aux lois de l'humanité', et qui prétend en organiser juridiquement le fonctionnement [. . .].[4]

En ese sentido, se puede afirmar que con la aprobación de la Carta de las Naciones Unidas se intensificó aún más el debate sobre el tema,

---

[1] Algunos ejemplos de autores en ese sentido: H. Lauterpacht, *The Grotian Tradition in International Law*, BYIL, n. 23, 1946; T. Meron, *Common rights of mankind in Gentili, Grotius and Suarez*. AJIL, v. 85, n. 1, enero de 1991, pp. 110-116.

[2] Th. Franck, y N. Rodley. *After Bangladesh: the Law of Humanitarian Intervention by Military Force*, A.J.I.L., v. 67, n. 2, 1973, pp. 275-305, p. 305.

[3] J. F. Escudero Espinosa. *Aproximación histórica a la noción de intervención humanitaria en el Derecho Internacional*. León: Universidad, Secretariado de Publicaciones y Medios Audiovisuales, 2002, 430 pp., p. 266.

[4] A. Rougier. *La théorie de l'intervention d'humanité*. R.G.D.I.P., n. 17, 1910 (4), pp. 468-526, p. 468.

acentuándose las visiones contrapuestas en la doctrina. La teoría de la intervención humanitaria es un asunto bastante delicado, principalmente, por despertar otros dos principios extensamente debatidos y de importancia fundamental para las relaciones y el derecho internacionales: el principio de la no intervención (directamente vinculado a la soberanía estatal) y el principio de la abstención del uso de la fuerza en las relaciones internacionales, ambos plasmados en el texto de la Carta.

A partir de 1945, como ya se ha mencionado, fue surgiendo una clara división en la doctrina y en las posturas de los Estados en lo referente a la legalidad y legitimidad de una posible intervención justificada por motivos de violaciones de derechos humanos. Tal división resulta, esencialmente, de las interpretaciones, restrictivas o extensivas, que podrían deducirse de la letra de la Carta al positivar aquellos dos principios.

El artículo 2 § 4 de la Carta dispone: *los miembros de la organización, en sus relaciones internacionales, se abstendrán de recurrir a la fuerza contra la integridad territorial o la independencia pública de cualquier otro Estado, o en cualquier otra forma incompatible con los propósitos de las Naciones Unidas.* Y el párrafo 7 del mismo artículo, sobre el principio de la no intervención en los asuntos que correspondan a la jurisdicción interna de los Estados, dispone: *ninguna disposición de ese carta autorizará a las Naciones Unidas a intervenir en los asuntos que son esencialmente de la jurisdicción interna de los Estados, ni obligará a los miembros a someter dichos asuntos a procedimientos de arreglo conforme a la presente Carta, pero ese principio no se opone a la aplicación de las medidas coercitivas prescritas en el capítulo VII.*

Esos dos apartados del artículo 2 positivaron dos principios fundamentales que, tal y como considera Remiro Brotóns *et al.*, ya formaban parte del Derecho Internacional consuetudinario y abrieron la nueva fase en la discusión concerniente a la legalidad del emprendimiento de la intervención humanitaria. Según el mismo autor, en la actualidad no restan dudas respecto al carácter imperativo de la prohibición del uso de la fuerza por los Estados en sus interacciones.[5] No se puede desconocer el momento histórico en el cual tuvo lugar esa nueva etapa, los intensos

---

[5] A. Remiro Brotóns, et al. *Derecho Internacional*. Madrid: McGraw-Hill, 1997, 1269 pp., p. 913.

cambios en la escena internacional. Cambios provenientes de una serie de factores que se entrelazaban y tenían como telón de fondo tanto la división del mundo en dos bloques ideológicos diametralmente opuestos, como también el surgimiento de nuevos Estados, fruto del proceso de descolonización — principalmente en el continente africano —, la cuestión norte-sur (relación entre los países del tercer mundo y países desarrollados) y las guerras civiles dentro de los nuevos y, muchos de ellos, "fracasados" Estados.

Desde la perspectiva asumida por un amplio grupo de Estados que considera la intervención humanitaria como una nueva forma de dominación por parte de las grandes potencias sobre los Estados pobres y subdesarrollados, parece estar clara y ser comprensible la postura de muchos países del tercer mundo y de los nuevos Estados africanos que rechazan cualquier vía de legalidad de esas acciones, con arreglo a los preceptos fijados en la Carta. Además, el recelo respecto a la soberanía, tras tantos años de dominación y subordinación colonial, es plenamente comprensible.

En esa misma línea, una gran parte de la doctrina entendía que aquellos principios normativos prescritos en la Carta no permitían cualquier posibilidad de emprender una intervención por razón de humanidad de carácter legal, según el derecho internacional vigente. Ian Brownlie, uno de los principales defensores de esa perspectiva,[6] en 1974, definió la intervención humanitaria en los siguientes términos: "*the threat or use of armed force by a state, a belligerent community, or an international organization, with the object of protecting human rights*".[7] Escudero Espinosa resalta la definición propuesta por Eugene Aroneau, autor de esa misma corriente, por haber servido de referencia al desarrollo de las acepciones posteriores, principalmente, de aquellos autores que rechazaban la legitimidad de la intervención humanitaria con base en la Carta.[8] En palabras de Aroneau, la intervención humanitaria era concebida como:

---

[6] R. Lillich. *Humanitarian Intervention: A Reply to Ian Brownlie and a Plea for Constructive Alternatives.* In: R. Lillich, and H. Hannun. *International Human Rights: Problems of Law, Policy and Practice.* Boston: Little, Brown and Co., 1995, 1160 pp., pp. 631-641, p. 631.

[7] I. Brownlie. *Humanitarian Intervention.* In: R. Lillich, and H. Hannun. *International Human Rights: Problems of Law, Policy and Practice.* Boston: Little, Brown and Co., 1995, 1160 pp., pp. 624-631, p. 624.

[8] Escudero Espinosa. *Aproximación histórica a la noción de intervención humanitaria en el Derecho Internacional, op. cit. supra,* nota 3, p. 267.

"*une réaction extrême par laquelle on veut déterminer l'exercice intérieur de la souveraineté d'un État a se conformer au respect des Droit de l'Homme*".⁹

Por otro lado, en el espíritu de la letra de la Carta se observa, entre otros aspectos, un énfasis en la defensa de los derechos humanos. En su preámbulo, cuando se mencionan sus objetivos, se encuentra presente la firme determinación de proteger a los derechos humanos, dispuesta de la siguiente manera: *reafirmar la fe en los derechos fundamentales del hombre, en la dignidad y el valor de la persona humana, en la igualdad de derechos entre hombres y mujeres [. . .]*. Además, en el artículo 1, intitulado "Propósitos y principios", se constata también esa determinación, que se ve materializada en el art. 1 § 3 en los siguientes términos: *Realizar la cooperación internacional en la solución de problemas internacionales de carácter económico, social, cultural o humanitario, y en el desarrollo y estimulo del respeto a los derechos humanos y a las libertades fundamentales de todos, sin hacer distinción por motivos de raza, sexo, idioma o religión*. Paralelamente a ese deseo de fomentar la universalización de los principios de los derechos humanos, se percibe en el sistema creado por la Carta — como será visto más adelante — la ausencia de mecanismos capaces de tornar efectiva la defensa y protección de esos derechos.

Es partiendo precisamente del análisis del objeto y fin de la Carta que el otro sector de la doctrina, contrario a la anterior, va a encontrar la legitimación de la intervención humanitaria. En la definición propuesta por esa corriente, que defendía la legitimidad de esas acciones acorde con el objeto y fin de la Carta, los autores coincidían de manera general — como ha sido apreciado por Escudero Espinosa[10] — en la caracterización de una violación masiva de los derechos humanos. Todavía de acuerdo con ese autor, "*en aquellos momentos, la amenaza para los derechos humanos venía de las acciones de los gobiernos tiránicos y, ante la imposibilidad de respuesta por parte de la ONU, o de otras organizaciones de carácter regional, la intervención de los Estados parecía estar legitimada*".[11] Para Jean-Pierre Fonteyne, uno de los autores más destacados de esta línea interpretativa, la intervención humanitaria significaba: "*unilateral resort to force*

---

[9] Definición de intervención humanitaria según Eugene Aroneau (1948), In: *Ibíd.*
[10] *Id.*, p. 271.
[11] *Ibíd.*

in order to remedy a situation of large-scale deprivation of the most fundamental human rights, committed by a state against its own nationals".[12]

A partir de esas dos perspectivas opuestas referentes a la licitud de la intervención humanitaria, surgen algunas cuestiones que a lo largo de ese trabajo se intentarán dirimir. Una de las ellas es si el uso de la fuerza (unilateral o colectivamente[13]) por los Estados para impedir la consumación de masivas violaciones de los derechos humanos constituye un hecho ilícito con arreglo al derecho internacional por violar el art. 2 § 4 de la Carta. O si, por lo contrario, se puede interpretar que la protección de los derechos fundamentales del hombre — al ser uno de los propósitos fundamentales de las Naciones Unidas — legitima y legaliza, siempre y cuando sean observadas ciertas condiciones, la acción unilateral o colectiva de los Estados en dicho sentido. En este mismo contexto, cabe preguntarse si este tipo de intervención debe o no interpretarse de manera que se incluya en el conjunto de acciones practicadas *contra la integridad territorial o la independencia de cualquier Estado*.

Durante el periodo de la Guerra Fría, la labor del Consejo de Seguridad relativa a los abusos en materia de los derechos humanos mostró una clara tendencia a la pasividad. Esta postura se justificaba sistemáticamente por el principio de la no-intervención, pese a los esfuerzos de algunos Estados en el seno de la Asamblea General de la ONU y a los intentos de parte de la doctrina por defender, bajo ciertas condiciones, la legalidad de las intervenciones humanitarias. En ese sentido, se puede afirmar también que hubo una especie de materialización de la concepción de aquella corriente doctrinal que entendía cualquier intervención de carácter humanitario como contraria a los preceptos plasmados en la Carta y, por tanto, ilegal. Se observaba igualmente, en la postura asumida por el Consejo de Seguridad, una propensión a considerar la cuestión de los derechos humanos como asunto perteneciente esencialmente a la jurisdicción interna de los Estados.

---

[12] J.P. Fonteyne. *The Customary International Law Doctrine of Humanitarian Intervention: Its Current Validity Under the U.N. Charter*. In: R. Lillich, and H. Hannun, *International Human Rights: Problems of Law, Policy and Practice*. Boston: Little, Brown and Co., 1995, 1160 pp., pp. 614-624, p. 614.

[13] Al discutir esa cuestión no se puede desconocer que existen diferencias fundamentales entre la actuación individual y la colectiva, sobre todo desde el punto de vista político. Es preferible, siempre, que cualquier acción que implique el empleo de la fuerza sea llevada a cabo por coaliciones de Estados, organizaciones regionales, es decir, de manera colectiva.

Partiendo de esos presupuestos, emergen otras inquietudes acerca del sujeto o de los sujetos responsables de salvaguardar el efectivo y correcto cumplimiento de las obligaciones de carácter imperativo, como muchas que emanan del conjunto de normas de los derechos humanos. Las violaciones masivas y sistemáticas de esos derechos, tales como son el genocidio, la limpieza étnica, la esclavitud, la tortura, entre otros, ¿pueden ser consideradas violaciones que afectan a la comunidad internacional en su conjunto, tanto por el carácter *erga omnes*[14] de esas normas, por formar parte del derecho positivo internacional, como por la costumbre internacional? A partir de la década de los noventa del siglo pasado, ese interrogante va a estar vigente con mucha más intensidad, integrando la nueva revisión conceptual de la teoría de la intervención humanitaria.

En ese contexto, se suma también al debate la extensión de la prohibición contenida en el art. 2 § 7, al disponer que no se intervendrá en *los asuntos que son esencialmente de la jurisdicción interna de los Estados*. ¿La protección de los derechos humanos forma parte esencialmente de la jurisdicción interna de los Estados? ¿Los Estados que emprendan una acción, sin la autorización del Consejo de Seguridad, por vía unilateral o colectiva, con miras a hacer cesar una violación masiva de los derechos humanos estarían violando la soberanía del Estado dentro del cual se interviene y, en consecuencia, la norma dispuesta en el art. 2 § 7? Sobre esta cuestión, Peter Malanczunk observó, a principios de los años noventa, que parecía ser que las violaciones de los derechos humanos dejaban de pertenecer al dominio reservado de los Estados[15] y, por lo tanto, en ese caso no habría incompatibilidad con la norma citada. Desde esa misma perspectiva, Fonteyne, con casi dos décadas de antelación y en el contex-

---

[14] La Corte Internacional de Justicia en el asunto: *Barcelona Traction, Light and Power Company, Limited*, ICJ Reports 1970, párr. 33 y 34, se pronunció sobre las obligaciones de carácter *erga omnes*: "*33. [. . .] an essential distinction should be drawn between the obligations of a State towards the international community as a whole and those arising vis-a-vis another State in the field of diplomatic protection. By their very nature, the former are the concern of all States. In view of the rights involved, all States can be held to have a legal interest in their protection; they are obligations* erga omnes.*34. Such obligations arise, for example, in contemporary international law, from the outlawing of acts of aggressions and of genocide, as also from the principles and rules concerning the basic rights of a human person, including protection from slavery and racial discrimination.*"

[15] P. Malanczuk. *Humanitarian Intervention and the Legitimacy of the Use of Force*. Amsterdam: Het Spinhuis, 1993, 69 pp., p. 12.

to de la Guerra Fría, ya había llegado a la conclusión de que, dada la evolución del derecho internacional, la prohibición del art. 2 § 7 ya no comprendía los casos de violaciones sistemáticas de los derechos humanos. En palabras del autor: *"[. . .] human rights have finally been removed from the exclusive jurisdiction of States and lifted up into the realm of international concern. As a consequence, human rights have been placed outside the reach of the article 2(7)"*.[16]

Todas esas cuestiones involucran otros muchos aspectos de la vida internacional de los Estados, lo que hace, si no imposible, sí extremadamente complicado ofrecer una respuesta exacta y única o una regla general infalible a cada una de ellas.

Las más variadas clases de intereses ocultos (o no tan ocultos) en las decisiones y prácticas de los Estados están siempre presentes en todas las valoraciones que se puede hacer del tema y resultaría bastante ingenuo no tenerlas en consideración o creer que todas las intervenciones humanitarias son (o tendrían que ser) emprendidas con la total ausencia de intereses ajenos. A este respecto, Fonteyne[17] ponderaba que los Estados no tienden a intervenir militarmente en otro Estado en total desinterés. Como ha sido comentado anteriormente, esa es una de las principales razones por la cual muchos Estados, preocupados por evitar que una intervención externa, apropiada de la bandera humanitaria, sea llevada a cabo dentro de su territorio, rechazan cualquier excepción (salvo la legítima defensa, prevista en el art. 51 de la Carta, y las medidas coercitivas del capítulo VII) a la norma que prohíbe el uso de la fuerza en las relaciones entre los Estados y al principio de no intervención.

En sentido conexo, el Profesor hindú V.S. Mani, que mantiene una postura muy crítica frente a la figura de la intervención humanitaria, estima que:

> The genuine concern of the international community for the protection and promotion of human rights the world over has provided these powers with a new façade of legitimacy for the use of

---

[16] J.P. Fonteyne. *The Customary International Law Doctrine of Humanitarian Intervention: Its Current Validity Under the U.N. Charter, op. cit. supra*, nota 12, p. 620.

[17] *Id*. p. 618.

coercion against smaller or weaker nations, whether through or outside the instrumentality of the United Nations.[18]

Escudero Espinosa[19] destaca cuatro aspectos que contribuyeron a la determinación del principio de la intervención humanitaria: los actores, el objeto, la acción y la finalidad de esas acciones. El autor, de acuerdo con estos cuatro elementos, sintetiza el concepto de la intervención humanitaria, desde la perspectiva concebida en el período de la Guerra Fría, como:

> Acción emprendida por uno o más Estados, o por una Organización internacional [Actores], frente a la estructura de autoridad de otro Estado [Objeto], consistente en el uso de la fuerza [Acción] dirigida a salvaguardar y proteger los derechos humanos más fundamentales [Finalidad] violado en el territorio del Estado intervenido.[20]

Por supuesto, en ese panorama, surgen otros interrogantes dentro de los contextos históricos tratados en este apartado. Entre ellos, sobresale como cuestión la posibilidad de que un Estado actúe — unilateral o colectivamente — sin un grado mínimo de intereses en su favor y hasta qué punto estos intereses pueden ser tan relevantes que invaliden o deslegitimen una acción destinada a salvar vidas y a frenar actos tan repugnantes a la conciencia humana como son el genocidio y crímenes similares.

Junto a esos planteamientos, integraba también al debate la amplitud de la propia fuerza de aquellas normas positivadas por la Carta y la verificación de que si se avalase o legitimase una intervención armada por razones humanitarias, prescindiendo de la autorización del Consejo de Seguridad, se estaría abriendo un precedente peligroso en el sistema de seguridad colectiva creado por la aprobación de la Carta de las Nacio-

---

[18] V. S., Mani. *"Humanitarian" Intervention Today*. Recueil des Cours, Collected Courses of the Hague Academy of International Law, Leiden, Boston: Martinus Nijhoff Publishers, 2005, t. 313, pp. 454, p. 23.

[19] Escudero Espinosa. *Aproximación histórica a la noción de intervención humanitaria en el Derecho Internacional, op. cit. supra*, nota 3, p. 274.

[20] *Id.*, p. 283.

nes Unidas, con consecuencias inmediatas en las relaciones internacionales. Ésta no es una problemática nueva en el debate internacional pero, recientemente, el Secretario General de la ONU, Kofi Annan, en uno de sus Informes de 1999,[21] rescató la cuestión e hizo un llamamiento a la comunidad internacional para la urgencia del tema. Concitaba a que se encontrase una salida eficaz para enfrentar las graves crisis humanitarias en consonancia con el derecho internacional y la actual realidad internacional. Kofi Annan se refería, especialmente, al fracaso de las Naciones Unidas frente al genocidio en Ruanda (1994).

Se observa, por lo tanto, que el hilo conductor que acompaña todo el debate de la intervención humanitaria hasta la actualidad es la necesidad de conciliar los principios expresados en la Carta con la efectiva protección de los derechos humanos. Desafío tal que, desde la aprobación del documento, en 1945, viene suscitando mucha polémica y divergencias. A partir del final de la Guerra Fría, como ya se ha adelantado, con sus consecuentes cambios en la realidad del sistema internacional, se inauguró una nueva fase en el debate con miras, una vez más, a la búsqueda de una solución plausible que garantice mecanismos efectivos para la protección contra las violaciones de los derechos fundamentales y su adecuación al derecho internacional.

Durante el período que se extiende desde la Conferencia de San Francisco hasta la actualidad, se observa que la protección de los derechos humanos ha sido gradualmente retirada del dominio reservado de los Estados. Entre otras razones, por la elaboración de diversos Tratados internacionales en esa materia, con alto índice de participación de los países, que contribuyeron tanto a su desarrollo como a la universalización de esos valores y derechos. Progresivamente se fue creando un cuerpo de los derechos humanos con estándares mínimos de conducta que los Estados no tienen posibilidad de esquivar. Se puede afirmar también que los medios de comunicación han desempeñado un papel muy importante en la expansión de dichos valores, sobre todo en los últimos tiempos. Al difundir imágenes chocantes de graves crisis humanitarias, muchas veces en directo, vienen influyendo directamente en la formación de una

---

[21] Informe del Secretario General (A/54/PV.4), de 20 de septiembre de 1999. Acceso en: <http://documents-dds-ny.un.org/doc/UNDOC/GEN/N99/858/26/pdf/N9985826.pdf?OpenElement>

opinión pública internacional que exige un compromiso de actuación de sus gobiernos frente a esas catástrofes.

El desmembramiento de la URSS, resultado de las políticas conocidas como perestroika (reestructuración) y la glasnost (transparencia), emprendidas por Mikhail Gorbachov desde la mitad de la década de los ochenta del pasado siglo, abrió el escenario internacional al estreno de una nueva fase de las relaciones internacionales, cuyas consecuencias se hicieron sentir inmediatamente en el debate y en la práctica de la intervención humanitaria.

En ese momento no faltaron previsiones acerca de un nuevo orden internacional, ahora fundamentado en una mezcla de un orden multipolar, basado en el sistema de la ONU, y una especie de unipolaridad, resultado del fin del enfrentamiento de los bloques, cuyo desenlace dio lugar a una única superpotencia en términos universales. En ese sentido, se retomaba el discurso de un orden internacional asentado en la consagración de las Naciones Unidas como el único medio legítimo para las decisiones de ámbito universal en materia de paz y seguridad internacionales y en suposición de que la efectiva concretización de sus funciones significaba el camino hacia la paz.

El final del enfrentamiento ideológico llevó a cierta euforia respecto al futuro de las Naciones Unidas, primordialmente, en razón de la perspectiva de una mayor cooperación entre los miembros del Consejo de Seguridad, capaz de dotar a ese órgano de una mayor eficiencia en su desempeño. Los Propósitos de las Naciones Unidas, durante el período anterior, fueron constantemente socavados por la prioridad otorgada a cuestiones políticas por aquellos actores que jugaban el papel principal en las relaciones internacionales. No obstante, con los cambios en la esfera política internacional, sumados al desarrollo progresivo del derecho internacional en materia de derechos humanos, se vislumbraba una vía para la plena realización de aquellos Propósitos que habían sido dejados frecuentemente al olvido.

Desde esa perspectiva, los planteamientos en lo tocante a la licitud y legitimidad de la intervención humanitaria han sufrido concomitantemente un importante cambio, sobre todo — como será visto en el próximo apartado — a partir de la crisis del Golfo, en consecuencia de la invasión de Kuwait por Irak, en 1990. Sin embargo, como ya se había comentado, los planteamientos sobre el asunto han mantenido rasgos importantes de la fase anterior — si bien en términos diferentes — como, por ejemplo, el debate entre aquellos estudiosos partidarios de la interpretación extensiva y aquellos que defienden la interpretación restrictiva de los principios plasmados en la Carta aquí tratados. En ese sentido, la contribución de David J. Scheffer[22] a la doctrina de la intervención humanitaria ha sido imprescindible para la actual apreciación de esas acciones. Escudero Espinosa sintetiza la propuesta de Scheffer de la siguiente manera:

> [La noción clásica de intervención humanitaria] era 'demasiada estrecha' y las acciones emprendidas bajo su nombre difícilmente podían fundarse en la observancia estricta de las normas del derecho internacional reflejado en la Carta de las Naciones Unidas. La nueva era de Posguerra Fría había supuesto el surgimiento de una fórmula mucho más compleja y comprehensiva de la intervención humanitaria.
> La moderna doctrina de la intervención humanitaria propuesta [. . .], fundamentaría la legitimidad de algunas formas de intervención sin el uso de la fuerza; las que mediase el uso de la misma sin el expreso consentimiento del gobierno del Estado intervenido, aunque con autorización colectiva, en determinadas circunstancias; y la unilateral o multinacional con el propósito de defender o aliviar los sufrimientos masivos de la población cuando no exista realmente otra alternativa.[23]

Actualmente, parece no restar dudas en cuanto a la legitimidad del empleo de la fuerza para salvaguardar la vida humana en supuestos de violaciones masivas de los derechos humanos. Es generalmente inaceptable que esos crímenes sean cometidos por gobiernos inescrupulosos y silenciados en razón de argumentos como el de la prerrogativa de la soberanía estatal — de conformidad con el principio de la no intervención

---

[22] La contribución a que se refiere se puede encontrar en la publicación del profesor titulada *Toward a Modern Doctrine of Humanitarian Intervention*, University of Toledo Law Review, vol. 23, winter 1992.

[23] J.F. Escudero Espinosa. *Cuestiones en torno a la intervención humanitaria y el derecho internacional actual.* León: Universidad, Secretariado de Publicaciones y Medios Audiovisuales, 2002, 442 pp., p.275.

— o el de preservar la prohibición del uso de la fuerza en las relaciones internacionales. Al contrario, lo que estuvo en juego, ya desde de finales de los ochenta, es si existe o no un derecho/deber de injerencia humanitaria por parte de los Estados o de la comunidad internacional en su conjunto, actualmente, entendido de una manera más completa mediante la noción de la *responsabilidad de proteger*.

En lo que se refiere a la licitud de esas operaciones, la práctica indicará que la gran parte de la doctrina así como de la opinión pública internacional son favorables a tratar esas acciones, cuya finalidad es salvaguardar la vida humana, como una excepción, en determinadas circunstancias, a la negativa prevista en el art. 2 § 4.[24]

En el apartado siguiente será realizado un breve análisis de algunos casos de conflictos en los que se pudo identificar — en el discurso de los Estados o en su propia actuación — una tendencia a ofrecer la justificación humanitaria. El período histórico comprendido irá desde la aprobación de la Carta de la ONU hasta el genocidio de Ruanda en 1994. Se hace una subdivisión entre el período de la Guerra Fría y el posterior, en virtud de las transformaciones acarreadas en el escenario internacional como resultado del final de la división bipolar que constituyó una gran influencia en el desarrollo del concepto y en la práctica de la intervención humanitaria. Se tratarán con mayor detenimiento aquellos casos que la doctrina, de modo general, haya considerado más relevantes para la evolución del concepto.

2. Supuestos de intervención humanitaria desde la carta de las naciones unidas hasta el genocidio de ruanda (1994)

2.1. Durante el periodo de la Guerra Fría

El contexto histórico en el cual serán aquí analizadas las intervenciones humanitarias es de fundamental relevancia para la comprensión global de la práctica en esa materia, en lo que concierne tanto a los Estados como a los órganos de las Naciones Unidas. Durante el período de la Guerra Fría — marcado por la división del mundo en dos bloques domi-

---

[24] *Id.*, p. 312

nados por las dos superpotencias, Estados Unidos y la ex Unión Soviética (URSS), con sus respectivas esferas de influencia — y en la etapa posterior de la distensión, el principal órgano de la ONU responsable de las decisiones en materia de seguridad internacional mantuvo un estado de parálisis peligrosamente contraproducente. Esta parálisis fue resultado, principalmente, del ejercicio del derecho de veto en el seno del Consejo de Seguridad, en su mayoría por parte de la URSS, y de la prioridad dada por las superpotencias al logro de sus objetivos políticos internacionales.

La situación de estancamiento en el Consejo de Seguridad se agravó aún más con el surgimiento de nuevos Estados — fruto de la descolonización — en el escenario internacional. Ellos traían consigo una serie de problemas difíciles de afrontar sin el apoyo de dicho órgano, que llegará a su ápice décadas más tarde. Ejemplos de ese cuadro son algunos de los casos sobre los cuales la comunidad internacional en su conjunto, al igual que los Estados individualmente, guardaron silencio o hasta fueron conniventes. Forman parte de la extensa lista que indica flagrantes violaciones de los derechos humanos: la masacre del pueblo Kurdo cometida por Irán e Irak en 1946; la matanza de cientos de miles de personas, disidentes de izquierda, a mediados de los años 60 en Indonesia; el exterminio de los *hutus* en Burundi en 1965; los actos de genocidio en Guinea Ecuatorial en 1978 y en Sri Lanka entre 1986 y 1988, entre muchos otros.[25]

Respecto a la inacción de la comunidad internacional, más específicamente, del Consejo de Seguridad, ante esos casos, Escudero Espinosa comenta que:

> Podría llegar a decir que durante todo ese período la norma de la no intervención, los intereses locales al servicio de las dos superpotencias y la rivalidad entre las mismas se convirtieron realmente en cómplices de las masivas violaciones de los derechos humanos impidiendo la adopción de medidas colectivas.[26]

Para Escudero Espinosa, la labor del Consejo en el ámbito de los derechos humanos durante todo el período de la Guerra Fría podría

---

[25] Escudero Espinosa. *Aproximación histórica a la noción de intervención humanitaria en el Derecho Internacional,* op. cit. supra, nota 3, pp. 199-200.
[26] *Id.,* p. 201.

reducirse a dos episodios, el de Rodesia y el de Sudáfrica. Como una tentativa de compensar la ausencia del Consejo de Seguridad frente a los desafíos que surgían en ese momento, la Asamblea General hizo muchos esfuerzos en favor de la protección de los derechos humanos, llegando a actuar, según algunos autores, de manera *ultra vires*. La principal manifestación de la Asamblea en esa dirección fue la aprobación de la Resolución 377A (V), del 3 de noviembre de 1950, en la que se atribuía el derecho a ejercer determinadas funciones, en caso de bloqueo del Consejo por falta de consenso entre los miembros. Como, por ejemplo, las recomendaciones a los Estados en materia de paz y seguridad internacionales, envolviendo incluso el uso de la fuerza. Competencia, esta última, indiscutible del Consejo de Seguridad. En la letra de la propia resolución consta:

> [La Asamblea General] Resuelve que si el Consejo de Seguridad, por falta de unanimidad entre sus miembros permanentes, deja de cumplir con su responsabilidad primordial de mantener la paz y la seguridad internacionales en todo caso en que resulte haber una amenaza para la paz, un quebrantamiento de la paz o un acto de agresión, la Asamblea General examinará inmediatamente el asunto, con miras a dirigir a los miembros recomendaciones apropiadas para la adopción de medidas colectivas, inclusive, en caso de quebrantamiento de la paz o acto de agresión, el uso de fuerzas armadas cuando fuere necesario, a fin de mantener o restaurar la paz y la seguridad internacionales [. . .].[27]

En materia de protección de los derechos humanos, la Asamblea General, como ya se ha mencionado, aprobó innumerables resoluciones en las que se emitían recomendaciones tanto a los Estados como al propio Consejo de Seguridad. Sin embargo, la respuesta en la gran mayoría de los casos consistió en alegar el principio contenido en el art. 2 § 7 de la Carta, como salida para deslegitimar la acción de la Asamblea. Esa ha sido no sólo la práctica de los Estados involucrados en las constataciones

---

[27] Véase: Resolución 377A (V) aprobada por la Asamblea General en el 3 de noviembre de 1950. Acceso en: <http://daccessdds.un.org/doc/RESOLUTION/GEN/NR0/063/41/IMG/NR006341.pdf?OpenElement>

de violaciones de los derechos humanos, sino también la justificación para la inacción del Consejo.

Se relatan a continuación los episodios considerados de mayor relevancia para las relaciones internacionales en el marco del debate humanitario, en los cuales motivaciones de esa índole fueron o deberían haber sido alegadas como atenuantes en la justificación o como propio motor de la acción.

2.1.1. Intervención de la India en Pakistán Oriental (Bangla Desh) en 1971

La situación de conflicto que ahora se describirá se caracterizó, desde la perspectiva de muchos autores, por su contribución a la defensa de una población que estaba sufriendo graves y sistemáticas violaciones de los derechos humanos. Según ellos, se puede afirmar que la actuación de la India cumplió, como muy pocas durante el período de la Guerra Fría, con algunas salvedades, la gran parte de los requisitos de una intervención humanitaria. Sin embargo, no se debe perder de vista aquella corriente doctrinal que aboga por la inexistencia, a lo largo de ese período, de una verdadera intervención humanitaria, como es el caso de la tesis de Arend y Beck.[28]

El 21 de noviembre de 1971, las fuerzas armadas indias invadieron Pakistán oriental, tras nueve meses de masacre de la población civil perpetrada por el gobierno pakistaní, con la finalidad de desmantelar la insurrección por la independencia de la región. Durante esos meses, cerca de ocho millones de refugiados, que huían de la matanza, atravesaron las fronteras en dirección a la India en búsqueda de seguridad.

Sin embargo, como observa Thomas Franck,[29] en abril del mismo año, la representación de la India en Naciones Unidas ya había advertido al órgano que la situación de sufrimiento y violación de los derechos humanos en Pakistán Oriental había llegado a un extremo tal que ya no se podía justificar la inacción invocando que se trataba de un asunto ex-

---

[28] A. C. Arend, and R.J. Beck. *International Law and the Use of Force: beyond the UN Charter Paradigm*. London, New York: Routledge 1993. 272 pp.

[29] M. Th. Franck. *Recourse to Force State: actions against threats and armed attacks*, Cambridge, New York: Cambridge University, 2002, 205 pp., p. 140.

clusivo de la jurisdicción interna del Estado. El gobierno indio llegó a referirse, como resalta el mismo autor, a una violación masiva de los derechos humanos, incluso a genocidio, por parte de las fuerzas militares pakistaníes con el objetivo de minar los deseos democráticamente expresos de la población.

Dada la ausencia de iniciativa por parte de la comunidad internacional, la India decide invadir a Pakistán. La justificación india se basaba en el derecho de reacción frente a los bombardeos perpetrados por Pakistán en las poblaciones fronterizas ubicadas en su territorio. Además del fundamento de la legítima defensa, previsto en el art. 51 de la Carta, alegaba razones humanitarias como motor de la operación.

Cuando el 3 de diciembre la situación del conflicto se deterioró, el Secretario General informó al Consejo de Seguridad que la cuestión constituía una amenaza para la paz y la seguridad internacionales, lo que incitaba una reacción.

En ese contexto, el gobierno de Pakistán rechazó con vehemencia los argumentos de la India, tanto la agresión como las violaciones de los derechos humanos alegadas, y acabó acusando a su vecino de violar la soberanía y la integridad territorial de Pakistán. Por su parte, durante un pronunciamiento el 7 de diciembre del 1971, la India defendió la acción en los siguientes términos:

> I wonder why we should be shy about speaking of human rights [. . .]. What happened to the Convention on genocide? What happened to the principle of self-determination? [. . .] No country in the world can remain unconcerned [. . .]. Inaction and silence in the face of this human tragedy could be interpreted by all those who suffered as helplessness, if not indifference, of the outside world.[30]

Días antes, el gobierno de Pakistán había insistido en que la India había actuado en contravención a la Carta, ya que consideraba injustificado el ejercicio de la legítima defensa y que además la crisis correspondía estrictamente al ámbito interno. China y Estados Unidos, en apoyo a

---

[30] In: *Id*. p. 140.

Pakistán, demandaron la retirada de las fuerzas militares indias por medio de una propuesta de resolución ante el Consejo de Seguridad, que fue aprobada por todos los miembros de los países del tercero mundo, pero vetada por la URSS. Por esta razón, el Consejo únicamente adoptó la resolución 303 (1971),[31] del 6 de diciembre, en la que se remitía el asunto a la Asamblea General.

Con la cuestión en el seno de la Asamblea, se adoptó la Resolución 2793 (1971), del 7 de diciembre, con 104 votos a favor y solamente 11 en contra y 10 abstenciones, cuyo texto determinaba el inmediato alto el fuego y la retirada del ejército indio del territorio pakistaní.

Thomas Franck pone de relieve el hecho de que en la resolución no se acusara a la India de haber cometido un acto de agresión, tal y como fue solicitado por Pakistán y China, reconociendo incluso la necesidad de tratar adecuadamente, dentro de los preceptos de la Carta, las cuestiones que habían generado las hostilidades. El mismo autor expresa que, a pesar de haber quedado limitado a la esfera diplomatica, *"this constituted a recognition of linkage between that Charter's prohibition on unilateral recourse to force (Article 2(4)) and other humanitarian and human rights requisites of the Charter."*[32]

Thomas Franck y Nigel Rodley comentan que en determinadas situaciones emplear la fuerza puede representar un error menor que su abstención:

> [U]ndeniably, there are circumstances in which the unilateral use of force to overthrow injustice begins to seem less wrong than to turn aside. Like civil disobedience, however, this sense of superior 'necessity' belongs in the realm of not law but of moral choice, which nations, like individuals, must sometimes make weighing the costs and benefits of to their cause, to social fabric, and to themselves.[33]

---

[31] Resolución 303 (1971) del Consejo de Seguridad, del 6 de diciembre (S/RES/303). Acceso en: <http://daccessdds.un.org/doc/RESOLUTION/GEN/NR0/262/11/IMG/NR026211.pdf?OpenElement>

[32] *Id.*, p.142.

[33] Th. Franck, y N. Rodley. After Bangladesh: the Law of Humanitarian Intervention by Military Force, *op. cit.* supra, nota 2, p. 304.

Claribel de Castro Sánchez[34] constata, pues, que la actuación de la India puede ser denominada de intervención humanitaria, aunque no la identifica como pura, al verificarse en ella las condiciones siguientes:

> En primer lugar, se da una situación de emergencia humanitaria, provocada tanto por el genocidio contra el pueblo de Bangladesh en sí, como por el flujo de refugiados hacia la India. En segundo lugar, la Primer Ministro de la India agotó los medios diplomáticos a su alcance al realizar un llamamiento a los gobiernos extranjeros y a las Naciones Unidas, de modo que, al no existir ninguna acción por parte de la ONU, fue la India, Estado directamente perjudicado, quién actuó. Por último, a pesar de no haber previa autorización del uso de la fuerza por parte del Consejo de Seguridad, la ausencia de una condena *a posteriori* de dicha actuación por ese órgano, parece indicar el apoyo de la Comunidad Internacional respecto de tal intervención, auque no faltaron opiniones estatales contrarias a la intervención india.[35]

Fonteyne vá más allá en sus consideraciones sobre la intervención y afirma que: "[. . .] *the failure of the Indian government to refer openly to this theory does not alter the fact that its course of action in the Bangladesh situation probably constitutes the clearest case of forceful individual humanitarian intervention in this century* [siglo XX]."[36]

Por otro lado, en razón de la existencia de otros intereses ajenos al fondo humanitario que convergían en la operación de la India — que no serán aquí discutidos — muchos autores han insistido en no calificarla como una intervención humanitaria pura. Otros más radicales, ni siquiera la identifican como intervención humanitaria. No obstante, se debe resaltar que fue la primera intervención, después de la aprobación de la Carta,[37] en la que el Estado alega motivos humanitarios para justificar la acción.

---

[34] C. Castro Sanchez. *El derecho de injerencia humanitaria en el orden internacional contemporáneo: el impacto de la "Operación Libertad para Irak"*, Madrid: Editorial Universitas, 2005, 277 pp, p.133.

[35] *Id.*, pp. 133-134.

[36] J.P. Fonteyne. *The Customary International Law Doctrine of Humanitarian Intervention: Its Current Validity Under the U.N. Charter*, op. cit. supra, nota 12, p. 614.

[37] C. Castro Sanchez. *El derecho de injerencia humanitaria en el orden internacional contemporáneo: el impacto de la "Operación Libertad para Irak"*, op. cit. supra, nota 34, p. 135.

2.1.2. Intervención de Vietnam en Camboya (1978)

La intervención de Vietnam en Camboya pone otra vez de relieve tanto la parálisis del Consejo de Seguridad en el contexto histórico durante el cual tuvo lugar la actuación, como el conflicto latente entre las normas plasmadas en la Carta de Naciones Unidas, los mecanismos para la protección de los derechos humanos en una situación de violaciones graves, tal cual ocurría en Camboya, y la presencia de intereses subyacentes a las actuaciones de ese naturaleza.

Durante un período de casi tres años, a partir de abril de 1975, cuando los Khmers rojos del dictador Pol Pot conquistaron el poder en Camboya, se llevó a cabo un programa de reorganización del país definido por Castro Sánchez como un proyecto de *"purificación étnica y limpieza social."*[38]

A lo largo de ese período, el gobierno de los Khmers Rojos, apoyado por China, en ejecución de su "programa" cometió violaciones masivas de los derechos humanos contra la población civil. Exterminó más de dos millones de personas (un tercio de la población), destrozó la economía del país y provocó también incursiones en su vecino Vietnam — cuyo régimen era respaldado por la URSS — que resultaron en la destrucción de varias poblaciones fronterizas.[39]

Pese a que todas las violaciones perpetradas por el gobierno de Pol Pot fueron condenadas por la comunidad internacional, no se hizo ningún movimiento destinado a impedir o poner fin a los abusos. Sólo en 1979 el Consejo de Seguridad decidió incluir el episodio en la agenda de discusión.[40]

Dadas esas circunstancias, el 25 de diciembre de 1978, el ejército de Vietnam invadió Camboya, respaldado por el Frente Unido para la Liberación Nacional de Kampuchea — formado por un grupo de refugiados de Camboya en Vietnam —. En pocos meses la intervención logró ocupar la totalidad del territorio y Pol Pot y sus seguidores huyeron hacia las montañas. Con el derrocamiento del régimen de los Khmers, Vietnam

---

[38] Ibíd.
[39] A. C. Arend, and R.J. Beck. *International Law and the Use of Force: beyond the UN Charter Paradigm, op. cit. supra*, nota 28, p.121.
[40] Escudero Espinosa. *Aproximación histórica a la noción de intervención humanitaria en el Derecho Internacional, op. cit. supra*, nota 3, p. 259.

constituyó un nuevo gobierno integrado por miembros del Frente Unido.[41] [42]

La reacción de los representantes de Kampuchea en el seno de las Naciones Unidas consistió en calificar la actuación de Vietnam como un acto de agresión y acusar a la URSS de apoyar y mantener a los invasores.[43] Por su parte, Vietnam justificaba su acción basándose en dos argumentos[44]: 1) el recurso a la legítima defensa al reaccionar a los ataques perpetrados por Camboya en regiones fronterizas, dentro del territorio vietnamita; 2) la existencia de una guerra civil motivada por las condiciones inhumanas de la población, cuyo corolario fue el levantamiento del Frente Unido con la intención de derrumbar el gobierno hostil.

Llama la atención el hecho de que Vietnam no haya utilizado en ningún momento la motivación humanitaria para justificar su acción. Escudero Espinosa observa que solamente tres Estados (Bolivia, Nigeria y Singapur) se refirieron a la grave situación de los derechos humanos, pero tampoco justificaron la acción por esa razón.[45] En mención a la reacción de los demás Estados, el autor revela que:

> Los Estados Occidentales declararon expresamente que no podía emplearse la fuerza armada con la finalidad de proteger los derechos humanos en otro Estado. En esos términos se pronunciaron Australia, Francia, Gran Bretaña, Noruega, Nueva Zelanda y Portugal. El representante del Reino Unido [. . .] expresó que la situación de los Derechos Humanos en Camboya no podía excusar a Vietnam, en cuyo país la situación de los mismos era deplorable [. . .].[46]

Tal vez sea por esa razón que Arend y Beck pongan de relieve la constatación de Michael Akehurst cuando observa que el debate en el seno de

---

[41] *Ibíd.*
[42] C. Castro Sanchez. *El derecho de injerencia humanitaria en el orden internacional contemporáneo: el impacto de la "Operación Libertad para Irak"*, op. cit. supra, nota 34, p. 136
[43] Th. Franck. *Recourse to Force State: actions against threats and armed attacks*, op. cit. supra, nota 29, p.146.
[44] Escudero Espinosa. *Aproximación histórica a la noción de intervención humanitaria en el Derecho Internacional*, op. cit. supra, nota 3, p. 260.
[45] *Ibíd.*
[46] *Ibíd.*

las Naciones Unidas ofrecía algunas evidencias de que en ese momento existiría un consenso entre los Estados sobre el carácter ilegal de la intervención humanitaria.[47]

El Consejo de Seguridad no llegó a adoptar ninguna resolución relativa al caso, una vez más, en razón del desacuerdo presente en su seno. Así, la cuestión fue nuevamente tratada por la Asamblea General que adoptó la resolución 34/22 (1979), del 14 de noviembre de 1979, en la que tras *exhortar encarecidamente* a todos los países para que prestasen ayuda humanitaria reconociendo la grave situación de los derechos humanos en Camboya, pedía la retirada inmediata de todas las fuerzas extranjeras del territorio de ese país.[48] Además, siguiendo la recomendación del Comité de Credenciales, la Asamblea General no reconoció al nuevo gobierno instaurado tras la intervención, manteniendo el *status quo* anterior en materia de representación del gobierno de Camboya. Thomas Franck resume la opinión de los Estados a favor de esa decisión de la siguiente manera: "*[...] despite their awareness of the deplorable record of the Khmer Rouge, they saw 'no justification for the acceptance of credentials of a regime installed through external intervention'*".[49] Con relación a esa perspectiva, el mismo autor concluye sobre el imperio de los principios de la Carta, en sus propias palabras: "*The support of most states for the rights of Khmer Rouge is indicative of the strength of the system's residual adherence to the priority of peace and the non-use of force, absolute sovereignty, and territorial integrity*".[50]

En la opinión de muchos autores, la actuación de Vietnam difícilmente puede ser considerada una intervención humanitaria. La concurrencia de intereses subyacentes en la operación parecía bastante clara. Y, fundamentalmente, debido al hecho de que ese país no haya procurado defender su emprendimiento por razones humanitarias, resulta extremadamente complicado calificarlo como tal. Sobre esta cuestión, Claribel de Castro Sánchez observa:

---

[47] A.C. Arend, and R.J. Beck. *International Law and the Use of Force: beyond the UN Charter Paradigm, op. cit. supra*, nota 28, p.122.

[48] Para el texto completo de la resolución 34/22 de la Asamblea General, del 14 de noviembre de 1979, véase: <http://daccessdds.un.org/doc/RESOLUTION/GEN/NR0/383/51/IMG/NR038351.pdf?OpenElement>

[49] Th. Franck. *Recourse to Force State: actions against threats and armed attacks, op. cit. supra*, nota 29, p.150.

[50] *Ibíd.*

Parece [. . .] difícil mantener que un Estado interviene por razones humanitarias cuando él mismo no las alega, de modo que, si bien desde un punto de vista ético, la intervención estaría plenamente justificada, desde una perspectiva jurídico-internacional no parece que pueda afirmarse su legitimidad.[51]

En fin, sólo resta lamentar la ausencia de respuesta por parte del sistema creado por la Carta frente a un caso de tan graves violaciones de los derechos humanos más fundamentales. Una reacción adecuada de la comunidad internacional seguramente hubiera salvado la vida de millares de seres humanos. Asimismo, el hecho de que no se alegaron razones humanitarias para llevar a cabo la acción es un indicativo del "estado del arte" de la noción en ese momento.

2.1.3. Intervención de Tanzania en Uganda (1979)

La intervención ahora tratada presenta algunas similitudes respecto a la anterior desde el punto de vista de las razones invocadas por el Estado interventor, Tanzania, en justificación a su actuación. Por otro lado, y a diferencia, la ausencia de cualquier debate institucional sobre el caso deja traslucir implícitamente que existía una especie de aquiescencia de la comunidad internacional cuando se trataba de abusos masivos y sistemáticos de los derechos humanos, en paralelo a lo que se podría apreciar como una violación de los principios del derecho internacional.

El período de gobierno del dictador General Idi Amin Dada, que alcanzó el poder en Uganda tras un golpe de Estado en 1971, representó el establecimiento de un verdadero régimen de terror. Cerca de trescientas mil personas fueron asesinadas, gran parte de ellas después de sufrir torturas brutales; las garantías constitucionales y las libertades fundamentales fueron abolidas por la maquinaria del gobierno.[52, 53]

---

[51] C. Castro Sanchez. *El derecho de injerencia humanitaria en el orden internacional contemporáneo: el impacto de la "Operación Libertad para Irak"*, op. cit. supra, nota 34, p. 138.

[52] Escudero Espinosa. *Aproximación histórica a la noción de intervención humanitaria en el Derecho Internacional*, op. cit. supra, nota 3, p. 261.

[53] A.C. Arend, and R.J. Beck. *International Law and the Use of Force: beyond the UN Charter Paradigm*, op. cit. supra, nota 28, p. 123.

La intervención llevada a cabo por el ejército de Tanzania junto a un grupo de exilados ugandeses, a partir del 20 de enero de 1979, fue fundamentada meses después por ese país en dos justificaciones. La primera de ellas era que se había ejercido el derecho de legítima defensa contra las incursiones armadas de Uganda dentro de su territorio — en la región fronteriza entre los dos países — realizadas en octubre del año anterior. El segundo argumento utilizado fue que existía una guerra de liberación contra el gobierno de Amin Dada mantenida por rebeldes ugandeses en el norte del país.

Pese a la gravísima situación de violaciones que sufría la población ugandesa, el Presidente de Tanzania, Julius Nyerere, no basó la intervención en la protección de la vida humana, sino en un derecho que, como bien resalta Thomas Franck, difícilmente podía justificar la desproporcionada reacción de ocupar todo un país vecino en respuesta a una provocación fronteriza claramente menor.[54]

Solamente después de la caída del régimen de terror de Amin Dada, el 11 de abril de 1979, el Presidente Nyerere incluyó en su discurso una tercera justificación: la dignidad humana. En palabras de Arend y Beck:

> Now Tanzania indicated that its action had been informed by humanitarian motives. Announced the Tanzanian Foreign Minister on April 12, Amin's fall had been 'a tremendous victory for the people of Uganda and a singular triumph for freedom, justice and human dignity.[55]

La reacción de la comunidad internacional frente a la actuación de Tanzania contrastó con la sostenida en la intervención llevada a cabo, pocas semanas antes, por Vietnam en Camboya, aunque las justificaciones alegadas fueron las mismas. No sólo no hubo ninguna movilización en el seno de las Naciones Unidas, sino que el gobierno sucesor de Uganda fue inmediatamente reconocido por un gran número de Estados que rápidamente empezaron a establecer relaciones diplomáticas con ese país.

---

[54] Th. Franck. *Recourse to Force State: actions against threats and armed attacks*, op. cit. supra, nota 29, p. 145.

[55] A.C. Arend, and R.J. Beck. *International Law and the Use of Force: beyond the UN Charter Paradigm*, op. cit. supra, nota 28, p. 124.

Una situación muy diferente de la de Vietnam, cuya intervención fue condenada en el ámbito institucional internacional por herir preceptos de la Carta. Sin embargo, dejando de lado consideraciones éticas y morales, gran parte de la doctrina no ha calificado como legal la actuación de Tanzania. Arend y Beck, en ese sentido, concluyen que esa acción no puede ser legalmente considerada humanitaria, cuando se tiene en cuenta los objetivos defendidos por el propio país autor de la acción:

> Tanzania frequently emphasized the self-defense grounds (however dubious) of its use of force, not the humanitarian ones. In view of the words of Tanzanian government itself, therefore, the purpose of Tanzania's use of force was not 'limited to protecting fundamental human rights'. Accordingly, the 1979 intervention should not legally be considered 'humanitarian' one.[56]

Thomas Franck deduce que el silencio absoluto de la comunidad internacional fue resultado de una evaluación deliberada y cuidadosa. De acuerdo con este autor, el recurso a la ficción legal de la legítima defensa — que sirvió para que Tanzania justificase su actuación — tornó más fácil lo que era reconocido como una necesaria intervención humanitaria, pues el sistema estaba deseoso de usar esa excusa legal tradicional para camuflar, bajo una máscara superficial, la importancia de un cambio pragmático que progresivamente se desarrollaba en la aplicación de sus reglas.[57]

2.1.4. Intervención de Francia en la República Centroafricana (1979)

La operación de Francia en la República Centroafricana, en 1979, que depuso al "Emperador" Jean Bokassa, fue interpretada como la "intervención humanitaria por excelencia"[58] por el Profesor Fernando Tesón — eminente defensor de la legalidad de la intervención humanitaria —, al no haber ocurrido pérdidas de vida humana y haber sido observado el requi-

---

[56] *Id.*, p.125
[57] Th. Franck. *Recourse to Force State: actions against threats and armed attacks, op. cit. supra,* nota 29, p.145.
[58] F.R. Tesón. *Humanitarian Intervention: an Inquiry into Law and Morality.* New York: Transnational Publishers, 1988, 272 pp., p.199.

sito de la proporcionalidad por las tropas francesas. Además, otros intereses parecían estar ausentes en la acción. No obstante, es llamativo que Francia no haya llegado a alegar motivos humanitarios para llevar a cabo la operación.

Jean Bokassa había sido acusado por una comisión de la Unión Africana, compuesta por jueces de cinco Estados africanos, de haber ordenado y participado en la matanza de cerca de cien estudiantes. Había, además, muchos otros casos de violaciones severas de los derechos humanos en los cuales se apuntaba su participación.[59] Su régimen era conocido por las atrocidades que cometía, pero también conocida era la inacción de la comunidad internacional hasta el momento en que ordenó la masacre de los cien estudiantes.

Jean Bokassa fue depuesto por el anterior presidente, David Dacko, durante una visita a Libia, en la noche del 20-21 de septiembre de 1979, con el apoyo de casi dos mil hombres del ejército francés. A pesar de inicialmente el gobierno francés haber negado su participación en el golpe, enseguida acabó reconociendo que actuaba en respuesta a una petición de David Dacko, y que había ofrecido ayuda al país con la condición de que Bokassa fuera depuesto.[60]

Así, al igual que lo sucedido en el caso de Uganda, Naciones Unidas no hizo ningún pronunciamiento sobre la intervención francesa. Con excepción de Libia, Chad y Benin, no hubo ninguna manifestación de otros Estado o instituciones internacionales — como, por ejemplo, la Unión Africana — condenando la acción del gobierno francés[61].

Sin embargo, Arend y Beck, contrariamente a la opinión de Tesón, sustentan que la intervención francesa en la República Centroafricana no puede ser considerada de carácter humanitario. En primer lugar, afirman que *"violations committed by the Bokassa regime seems to have been insufficiently broad to have justified a humanitarian intervention".*[62] Según ellos, sin menoscabar la terrorífica masacre de los estudiantes, para justificar una intervención es necesario que exista una inminente y extensiva amenaza a los derechos humanos, más específicamente, una amenaza de

---

[59] Th. Franck. *Recourse to Force State: actions against threats and armed attacks, op. cit. supra,* nota 29, p.151.

[60] *Id.,* p. 152

[61] C. Castro Sanchez. *El derecho de injerencia humanitaria en el orden internacional contemporáneo: el impacto de la "Operación Libertad para Irak", op. cit. supra,* nota 34, p. 142.

[62] A.C. Arend, and R.J. Beck. *International Law and the Use of Force: beyond the UN Charter Paradigm, op. cit. supra,* nota 28, p. 126.

vasta pérdida de vidas humanas. En segundo lugar, continuando con sus palabras, "*there is some cause to question the purity of France's 'humanitarian' motives. The French government never invoked, for example, a 'humanitarian intervention' justification for its actions*".[63] Y los autores van aún más allá, "*Moreover, France had substantial economic interests in Central Africa to protect, including diamonds, uranium, and other strategic minerals*".[64] Por lo tanto, con arreglo a estos argumentos, quedaría descartada la índole humanitaria de la intervención.

Una vez más resultó bastante clara la postura de la comunidad internacional de no manifestarse, y la falta de consenso en términos doctrinales. Igualmente sucedió con el propio debate entre los Estados, en la esfera internacional, a la hora de valorar la práctica de las intervenciones, en el sentido de que puedan significar, o no, precedentes de intervenciones humanitarias internacionalmente legítimas y legales. Y, más aún, al no incluirse el elemento humanitario en la justificación de los propios Estados — cuando se estaba frente a graves violaciones de los derechos humanos — se refuerza la anterior verificación sobre la falta de consenso respecto a la doctrina de la intervención humanitaria.

Paralelamente, el contexto de la Guerra Fría contribuyó a incrementar el debate posterior acerca del tema, así como para encubrir en la agenda internacional la urgente necesidad de buscar medidas adecuadas para hacer frente a los numerosos casos de flagrantes violaciones masivas de los derechos humanos. Ese mismo contexto también proporcionó un terreno favorable para oscurecer el hecho de no haber sido contemplada, de ninguna forma, la doctrina de la intervención humanitaria en la letra de la Carta.

Finalizada la tensión entre los dos bloques, a partir de mediados de los años ochenta, *pari passu* con los cambios internos en la URSS, comenzó a escucharse la voz de un nuevo debate sobre la noción central de este trabajo. Principalmente, por vislumbrarse el final del desacuerdo entre los miembros permanentes del Consejo de Seguridad, lo que abriría las puertas a la cooperación.

En el siguiente apartado será analizada la práctica de la intervención humanitaria en ese nuevo contexto de intensos cambios en las relaciones internacionales, el denominado pos Guerra Fría.

---

[63] *Ibíd.*
[64] *Ibíd.*

2.2. A partir del final de la Guerra Fría

El final del enfrentamiento político, ideológico, económico y militar entre los bloques capitalista y comunista — resultado, en última análisis, de los cambios promovidos dentro de la ex URSS de Mikhail Gorbachov — condujo a sensibles cambios en el sistema internacional. Tras cuatro décadas de división del mundo en dos polos, surgió, con el fin de uno de los pilares, la posibilidad de una recuperación de las funciones de las Naciones Unidas como promotora de la cooperación, la paz y la seguridad internacionales, tal y como se había previsto en 1945. En el período de la Guerra Fría, como se discutió anteriormente, las relaciones internacionales estaban marcadas por la máxima expresión de la *realpolitik* y del "juego de suma cero" dentro del contexto del equilibrio bipolar de la balanza de poder.

El cambio en el escenario internacional llevó a muchos analistas de las relaciones internacionales a hablar de una nueva era de cooperación, de un nuevo orden mundial fundamentado en el multilateralismo, en el respeto absoluto al Derecho Internacional basado en el sistema creado por la Carta de las Naciones Unidas. Había entre los analistas una esperanza en el imperio de la cooperación interestatal para la búsqueda de la paz y de la solución de los graves problemas que asolaban el mundo, tales como la miseria en los países subdesarrollados (los llamados Estados fracasados), el deterioro ecológico del planeta, las enfermedades como el SIDA; en definitiva, un movimiento en dirección a enfrentar antiguos problemas de una "nueva" manera.

Dentro de ese contexto, se inició también un debate en torno a la propia noción de Estado. Una discusión alimentada por un conjunto de factores que desde hacía algunas décadas integraban la escena internacional, pero que en el momento anterior parecen haber merecido poca atención. Lo más visible, sin lugar a dudas, era la presencia de nuevos actores de las relaciones internacionales, que más bien podrían llamarse de actores transnacionales, como organizaciones internacionales de la sociedad civil, empresas multinacionales, movimientos pacifistas, en fin, interlocutores de muchas causas que traspasan las fronteras mismas de los Estados.

En ese panorama van a emerger, en la década que sigue al fin de la bipolaridad, decenas de conflictos de carácter intraestatal con consecuencias internacionales.[65] En los casos de aquellos que tuvieron lugar en los continentes africano y americano, sus orígenes remiten a la colonización europea y la posterior descolonización durante el período de la Guerra Fría. Los conflictos en Europa están ligados al propio fin de esa guerra, que sacó a la luz la debilidad del sistema creado por el imperio soviético.

En ese contexto, la invasión de Kuwait por Irak en agosto de 1990 puede ser identificada como un acontecimiento determinante en las relaciones internacionales de la pos-Guerra Fría. En ese momento no había dudas en cuanto a la hegemonía bélico-militar estadounidense. Pero, en el contexto de un nuevo orden multilateral fundamentado en la cooperación, no cabía una actuación unilateral y se presentaba como el momento ideal para el establecimiento "definitivo" de ese nuevo orden. Evidentemente, los Estados Unidos no iban a desaprovechar su posición de liderazgo, pero ahora debían actuar de manera colectiva y bajo la legitimación del Consejo y de la comunidad internacional en su conjunto.

Terminada la llamada de "Guerra del Golfo", en 1991, tras la intervención de una coalición — aprobada por el Consejo, encabezada por Estados Unidos y bajo el auspicio de las Naciones Unidas — que puso fin a la agresión de Irak en Kuwait, la condición humanitaria de la población kurda en Irak entró en la pauta internacional y dio pie al inicio de una nueva etapa en la propia actuación del Consejo de Seguridad, reflejándose en el debate de la intervención humanitaria.

A partir de ahora, serán estudiados los casos de intervención humanitaria dentro de esa nueva realidad de las relaciones internacionales que influyó en el encaminamiento del debate acerca del tema.

2.2.1. El caso de la población kurda en Irak — la Resolución 688 (1991)

Con el desenlace de la Guerra del Golfo, en la que vencieron las fuerzas aliadas destinadas a garantizar la integridad territorial de Kuwait, fueron frenadas las intenciones expansionistas del gobierno Iraquí y se devolvió,

---

[65] J. F. Escudero Espinosa. *Cuestiones en torno a la intervención humanitaria y el derecho internacional actual,* op. cit. supra, nota 23, p.64.

en cierto modo, la estabilidad en la región. Sin embargo, el problema de la población kurda — que desde la guerra de Irán-Irak, en la década anterior, venía sufriendo abusos cada vez más severos por parte del gobierno de Saddam Hussein — no fue resuelto. Según observa Escudero Espinosa, aunque la actuación colectiva había sido eficaz, se dejaban sin solución los problemas que planteaba el régimen respecto a la observancia de los derechos humanos.[66]

Esta cuestión tuvo un nuevo estallido pocos días después de que Saddam Hussein hubiera aceptado cumplir incondicionalmente las resoluciones del Consejo de Seguridad, poniendo fin a la Guerra. La población kurda en el norte y la chiíta en el sur del país, dieron inicio a una revuelta en la que reclamaban su derecho a la autodeterminación. La respuesta del gobierno fue inmediata y brutal[67]. La represión fue tan excesivamente dura que, tal y como pone de relieve Castro Sánchez, fue calificada como acto de genocidio por el enviado Especial de la Comisión de Derechos Humanos de las Naciones Unidas.[68]

Para huir de la masacre que el ejército de Saddam Hussein estaba llevando a cabo, kurdos y chiítas se desplazaron masivamente hacia los países vecinos, principalmente Turquía que, alegando razones de seguridad tras el intenso flujo de refugiados, decidió cerrar sus fronteras. Iniciativa que fue seguida por los demás países fronterizos, lo que llevó a una situación aún más grave, provocando una verdadera catástrofe humanitaria. Paralelamente, Turquía e Irán (los países más afectados por el elevado número de refugiados) hicieron un llamamiento al Consejo de Seguridad para que se ocupara de la situación. Escudero Espinosa destaca la actuación del Ministro de Asuntos Exteriores Iraní, Alí Akbar Velayati, que alertó al Secretario General de la ONU de la dimensión del desastre y solicitó una acción inmediata *"ya que el flujo migratorio había superado todos los cálculos y preparativos alcanzando 'niveles peligrosos' para la población iraní y la estabilidad de la región".*[69]

---

[66] *Id.*, p.23.
[67] Th. Franck. *Recourse to Force State: actions against threats and armed attacks, op. cit. supra*, nota 29, p. 152.
[68] C. Castro Sanchez. *El derecho de injerencia humanitaria en el orden internacional contemporáneo: el impacto de la "Operación Libertad para Irak", op. cit. supra*, nota 34, p. 74.
[69] J. F. Escudero Espinosa. *Cuestiones en torno a la intervención humanitaria y el derecho internacional actua, op. cit. supra*, nota 23, p. 30.

La reacción inicial de la comunidad internacional, especialmente de Estados Unidos, frente a la alarmante situación de los derechos humanos en la región, fue juzgar que el problema era un asunto interno de Irak, y por lo tanto, ajeno a las competencias del Consejo de Seguridad. De esa actitud se podría deducir la ausencia de una doctrina de intervención humanitaria bien establecida. Sin embargo, según resalta Thomas Franck, fueron necesarios solamente algunos días para que ese órgano aprobase la resolución 688 (1991),[70] del 5 de abril. La resolución expresaba, en lenguaje del artículo 39 de la Carta,[71] una seria preocupación por los actos de represión contra la población civil iraquí, que habían provocado un flujo masivo de refugiados y ponían en peligro la paz y la seguridad internacionales de la región. A la par, la resolución condenaba estos actos, hacía un llamamiento a los Estados y a las organizaciones humanitarias para que prestasen ayuda a las actividades humanitarias de socorro y reafirmaba los riesgos que la situación representaba para la seguridad y la paz en la región.

La resolución 688 (1991) ha sido considerada un paso innovador en la actuación del Consejo. Era la primera vez que este órgano afirmaba en una resolución la conexión existente entre una situación de grave violación de los derechos humanos y la amenaza para la paz y seguridad internacionales. Hasta entonces, la rígida división en su seno había obstaculizado cualquier tipo de operación conjunta que, bajo sus auspicios, pudiese poner fin a graves violaciones de los derechos humanos. Aunque de la letra de la resolución no se puede extraer la autorización para la adopción de las medidas previstas en el Capítulo VII de la Carta, no deja de tener importancia su aprobación para el progresivo desarrollo del derecho internacional.

La operación puesta en marcha, a partir de la aprobación de esa resolución, planteaba una serie de cuestiones referentes a su adecuación a las normas del Derecho Internacional. Ciertamente, la propia resolución era el fundamento jurídico para la prestación de la ayuda humanitaria, tanto por Estados como por organizaciones no gubernamentales. Sin

---

[70] Para el texto completo de la Resolución 688 (1991) del Consejo de Seguridad (S/RES/688), véase: <http://daccessdds.un.org/doc/RESOLUTION/GEN/NR0/597/50/IMG/NR059750.pdf?OpenElement>

[71] Th. Franck. *Recourse to Force State: actions against threats and armed attacks*, op. cit. *supra*, nota 29, p.153.

embargo, no se encontraba fundamento legal para la decisión tomada por Estados Unidos, Gran Bretaña y Francia — cuando el flujo de refugiados kurdos ya superaba el millón de personas — de prohibir el sobrevuelo iraquí al norte del paralelo 36º, destinada a impedir el bombardeo a los refugiados en el norte de Irak. De igual modo, tampoco se encontraba fundamento legal para muchas otras acciones posteriores.

En lo concerniente a la legalidad de esas medidas, se puede decir que, en un principio, no encajan con lo que tradicionalmente se entiende por ayuda/asistencia humanitaria. Se podría decir, al contrario, que constituyen más bien una intervención. Como Thomas Franck resalta: *"Iraq's permission, Washington, London and Paris said, was not required, a posture that brought a quiet dissent from the UN Secretary-General and from his Legal Council, but no admonition either from the Security Council or the General Assembly"*.[72] El mismo autor sigue observando que el ímpetu de la operación estaba en estrecha conexión con la gran cobertura del desastre humanitario proporcionada por los medios de comunicación. Destaca también el hecho de que los países involucrados habían prometido que la acción tendría muy corta duración e insistían en afirmar que estaban actuando en conformidad con los términos de la resolución 688 (1991).[73] Sobre la cuestión, Escudero Espinosa pondera que:

> [. . .] esta resolución [688] constituía el título legitimador de las acciones emprendidas por el Secretario General de las Naciones Unidas y por las organizaciones de carácter humanitario, pero quedaba al margen cualquier tipo de operación militar como la realizada por los aliados.[74]

Realmente la resolución tratada aquí debe ser considerada al menos innovadora, tal y como señaló gran parte de la doctrina. El hecho de que el Consejo de Seguridad haya constatado el desastre humanitario y sus consecuencias como una amenaza para la paz y la seguridad internacionales fue un gran paso en el debate de la intervención humanitaria. Más aún,

---

[72] *Ibíd.*
[73] *Id.*, p. 154.
[74] J. F. Escudero Espinosa. *Cuestiones en torno a la intervención humanitaria y el derecho internacional actual, op. cit. supra,* nota 23, p. 42.

inspiró nuevas formulaciones y amplió el eco de las voces que abogaban por la existencia de un derecho de injerencia humanitaria. Otros fueron todavía más allá al referirse a un deber de injerencia. Dentro de esa discusión se destaca la postura francesa — país que había sido el protagonista, junto con la iniciativa de Turquía, en la aprobación de la resolución —, tanto de la doctrina como del propio gobierno.

Los planteamientos acerca de la licitud de la intervención humanitaria habían inducido al profesor de Derecho Internacional de la Universidad de Paris, Mario Bettati, a escribir sobre un deber de asistencia humanitaria. En seguida, con la aprobación de aquella resolución, se encaminó la discusión a un nuevo nivel. En 1991, el autor francés escribió sobre un verdadero derecho de injerencia humanitaria.[75] Según él, la problemática ya no giraba en torno a la licitud o no de las intervenciones de ese carácter, sino que ellas — además de lícitas — deberían ser consideradas como un derecho de los Estados, que reunía a toda la comunidad internacional, frente a las graves violaciones cometidas por un Estado en materia de derechos humanos.

A partir de la operación emprendida en Irak se puede llegar a algunas conclusiones importantes. En primer lugar, mismo no habiendo autorización del Consejo de Seguridad para el uso de la fuerza para proteger a la población al norte del país, la intervención ha sido generalmente *"aceptada como una manifestación evidente de que existe un reconocimiento de la intervención humanitaria en el derecho internacional".*[76] Escudero Espinosa afirma que la legitimidad de la acción estuvo fundamentada en la protección de los derechos humanos, que ganaba cada vez más importancia en un nuevo orden internacional en el que los Estados compartían valores comunes y podían garantizar su respeto. Sin embargo, desde la perspectiva puramente técnica-jurídica, hay que resaltar que la autorización para la intervención no estaba basada en un derecho u obligación de proteger a los derechos humanos sistemáticamente violados, sino más bien en la propia constatación de que existía una amenaza para la paz y la seguridad internacionales de la región.

---

[75] M. Bettati. Un droit d'ingérence? Revue Général de Droit International, n. 3, 1991, pp. 639-670.
[76] J. F. Escudero Espinosa. *Cuestiones en torno a la intervención humanitaria y el derecho internacional actual, op. cit. supra,* nota 23, p. 55.

2.2.2. El caso de Somalia (1992-1994)

El conflicto en Somalia, cuyos orígenes se remontan al período de la colonización por Gran Bretaña e Italia y al de la posterior descolonización[77], detonó con el derrocamiento del régimen de más de dos décadas del dictador Siyad Barreh por una coalición de movimientos militares, en enero de 1991. En seguida, los grupos militares rompieron la alianza e iniciaron una lucha intestina por el poder del país. Con el deterioro de esa situación y declaraciones de independencia por grupos rivales en algunas regiones, acabó estallando una terrible guerra civil que, sumada a la sequía que asolaba el país, resultó en un desastre humanitario de incalculable proporciones.

Como bien observa Escudero Espinosa, *"la violencia y el desastre humanitario resultaron del colapso del Estado"*,[78] del mismo modo que pasaba en Liberia y pasaría en muchos otros países africanos. Dada la grave situación de violencia interna y de miseria, sumada al hecho de que el foco del conflicto se situaba en la capital Mogadiscio, las Naciones Unidas cerraron todas sus agencias especializadas, que se encontraban en Somalia desde la guerra con Etiopía, abandonando al país en una profunda crisis. Solamente permanecieron allí algunas ONGs intentando paliar algunos de los problemas que derivaban de la severa situación humanitaria.

En ese contexto, los niveles de violación de los derechos humanos alcanzaron un extremo tal que el presidente interino de Somalia, Ali Mahdi,[79] ya en diciembre de 1991, solicitó a Naciones Unidas que fuese incorporado el conflicto en la agenda de la organización. Poco después, el 11 de enero del año siguiente, pidió también el establecimiento de una Fuerza de Mantenimiento de la Paz para ayudar a controlar y revertir la

---

[77] Somalia se independizó en 1960. Primeramente la colonia Inglesa, denominada Somaliland, quedando la parte Italiana bajo el mandato de la ONU, y luego, el 1 de junio de 1960, con las dos partes unificadas, se creó la Republica de Somalia. Sin embargo, la unificación se quedaba en el plan ficticio, dado que las disputas entre los clanes seguían y seguirían hasta la actualidad.

[78] J.F. Escudero Espinosa. *Cuestiones en torno a la intervención humanitaria y el derecho internacional actual*, op. cit. supra, nota 23, p. 99.

[79] Aunque se intitulara el presidente interino, su milicia, integrada por miembros de subclanes, sólo controlaba algunas zonas de Mogadiscio. Paralelamente, las fuerzas del subclan del general Aideed, y otras milicias compuestas por miembros de otros subclanes, controlaban otras zonas de la ciudad. En otras regiones del suroeste y centro de Somalia, surgieron dos coaliciones opuestas, vinculadas a Ali Mahdi y al general Aideed, respectivamente.

crisis. La facción contraria al gobierno se opuso a este requerimiento, revelando que, en caso llevarse a cabo la operación, no responderían por la seguridad de su personal, ya que se trataba de un asunto del ámbito interno del país.[80]

Ante tal crisis, el Consejo de Seguridad examinó, el 23 de enero de 1992, la petición enviada por Somalia y adoptó la resolución 733 (1992), en la que afirmaba, entre otros puntos, que la persistencia de la crisis significaba una amenaza para la paz y la seguridad internacionales. Solicitaba al Secretario General que adoptase todas las medidas necesarias para incrementar la ayuda humanitaria y se pusiese en contacto con todas las partes implicadas en el conflicto. Pedía también que, en cooperación con la Unión Africana y la Liga de los Estados Árabes, se empeñasen para llegar a un acuerdo que pusiera fin a las hostilidades y, en virtud del Capitulo VII de la Carta de Naciones Unidas, decidía aplicar un embargo general y completo de todos los suministros de armas y equipo militar a Somalia.[81]

El Secretario General Boutros-Ghali, junto a los representantes de aquellas organizaciones y en cumplimiento del mandato creado por la resolución 733 (1992), logró que las dos facciones en conflicto firmasen un acuerdo, en el cual se comprometían a concretar el alto el fuego. Pese a este entendimiento, la situación de guerra en Somalia, cuyo epicentro continuaba en Mogadiscio, no cesó en ningún momento. El embargo de armas impuesto por el Consejo tampoco tuvo un resultado sensible de cara a una mejora del conflicto.

El 17 de marzo de 1992 fue aprobada la resolución 746 (1992) del Consejo con el objetivo de establecer los medios para acompañar el cumplimiento del alto el fuego y la efectiva prestación de la asistencia humanitaria. A continuación — tomando nota de un Informe del 21 y 24 de abril[82] (S/23829) emitido por el Secretario General respecto a la situación del país — el Consejo de Seguridad decidió, mediante la aprobación

---

[80] C. Castro Sanchez. *El derecho de injerencia humanitaria en el orden internacional contemporáneo: el impacto de la "Operación Libertad para Irak"*, op. cit. supra, nota 34, p. 82.

[81] Resolución 733 (1992) del Consejo de Seguridad, del 23 de enero de1992 (S/RES/733). Acceso en: <http://daccessdds.un.org/doc/RESOLUTION/GEN/NR0/013/14/IMG/NR001314.pdf?OpenElement>

[82] Informe del Secretario General sobre la situación de Somalia del 21 de abril de 1992 (S/23829). Acceso en: <http://documents-dds-ny.un.org/doc/UNDOC/GEN/N92/173/33/pdf/N9217333.pdf?OpenElement>

de la resolución 751 (1992), del 24 de abril, crear una *Operación de las Naciones Unidas para Somalia* (ONUSOM). En la misma resolución se requería al Secretario General que destacase una unidad de 50 observadores para la supervisión del alto el fuego y que continuase sus esfuerzos dirigidos a la interrupción de las hostilidades y a la prestación de asistencia humanitaria de manera segura.

La catástrofe humanitaria continuaba en condiciones extremadamente preocupantes, sin que se pudieran notar mejorías en la degradante situación de la población. El número de muertos consecuencia de la hambruna, del propio conflicto y del flujo de refugiados aumentaba cada día.

Teniendo presente la magnitud que había alcanzado la crisis, el Consejo de Seguridad aprobó una nueva resolución, la 767 (1992) del 27 de julio, en la que, entre otras observaciones, autorizaba la petición del Secretario General — mediante su Informe del 22 de julio de 1992 (S/24343)[83] — para el establecimiento de una operación urgente de puente aéreo para facilitar el suministro de la asistencia humanitaria a la población profundamente amenazada por el hambre. A partir de entonces, se dio inicio a la operación *Provide Relief* en el sur de Somalia y en los campos de refugiados somalíes del norte de Kenya. Sin embargo, a pesar de todos los esfuerzos de Naciones Unidas y de la labor imprescindible de las ONGs de ayuda humanitaria, especialmente, la Cruz Roja Internacional, no se conseguía de ningún modo que la asistencia humanitaria llegara a su destino.[84]

La *extraordinaria* gravedad de la situación humanitaria — que parecía sólo empeorar — hizo que el Consejo de Seguridad, actuando en virtud del Capítulo VII, aprobase la Resolución 794 (1992),[85] del 3 de diciembre, en la que se autorizaba al Secretario General y a los Estados miembros el empleo de todos los medios necesarios para establecer lo antes posible un ambiente seguro para las operaciones de socorro huma-

---

[83] Informe del Secretario General del 22 de julio de 1992 (S/24343). Acceso en: <http://documents-dds-ny.un.org/doc/UNDOC/GEN/N92/335/78/img/N9233578.pdf?OpenElement>

[84] J. F. Escudero Espinosa. *Cuestiones en torno a la intervención humanitaria y el derecho internacional actual, op. cit. supra,* nota 23. p. 113.

[85] Resolución 794 (1992) del Consejo de Seguridad, del 3 de diciembre de 1992 (S/RES/794). Acceso en: <http://daccessdds.un.org/doc/UNDOC/GEN/N92/772/14/IMG/N9277214.pdf?OpenElement>

nitario. En la resolución, se expresaba la profunda alarma respecto a las continuas violaciones generalizadas de los derechos humanos y a los actos de violencia contra el personal que formaba parte de la operación de ayuda. Estas constataciones corroboraban una posible autorización del uso de la fuerza.

La operación que se puso en marcha a continuación tuvo, en cierta medida, resultados satisfactorios. Los términos de la resolución 794 (1992) autorizaban la actuación de los Estados miembros. Por esta razón, el Presidente de los Estados Unidos decidió, al día siguiente de su aprobación, dar inicio a la Operación *Restore Hope*, con la participación de un efectivo de veintiocho mil hombres.[86] A esta iniciativa se sumaron veintiún países más, formando una fuerza multinacional unificada (*Unified Task Force*, UNITAF).

La acción de la UNITAF, como se ha adelantado, produjo resultados positivos, aunque todavía distantes de lo que hubiera sido necesario para estimarse como decisivos para la solución de la crisis. Frente a este escenario, el Secretario General, analizando la situación, realizó una serie de recomendaciones al Consejo de Seguridad concluyendo que, si el Consejo determinaba que había llegado el momento de que se efectuara la transición de la UNITAF a la ONUSOM II — como él proponía —, ésta última debía estar dotada de poderes coercitivos, con arreglo a lo dispuesto en el Capítulo VII de la Carta, para construir un entorno seguro en toda Somalia. De esta manera, la ONUSOM II completaría la tarea iniciada por la UNITAF para la restauración de la paz y de la estabilidad en Somalia. El nuevo mandato también facultaría a la ONUSOM II a prestar ayuda a los somalíes en la reconstrucción de su vida económica, política y social, mediante todo un proceso de reconciliación nacional que viabilizase la creación de un Estado somalí democrático.

Consciente de los hechos y acatando las recomendaciones del Secretario General — que observaba los efectos de la actuación de la UNITAF y proponía la transición de la fuerza unificada al comando de la Organización —, el Consejo adoptó la resolución 814 (1993),[87] del 26 de marzo.

---

[86] J. F. Escudero Espinosa. *Cuestiones en torno a la intervención humanitaria y el derecho internacional actual, op. cit. supra*, nota 23, p. 116.

[87] Resolución 814 (1993) del Consejo de Seguridad, del 26 de marzo de 1993 (S/RES/814). Acceso en: <http://daccessdds.un.org/doc/UNDOC/GEN/N93/226/20/IMG/N9322620.pdf?OpenElement>

En esta resolución se autorizaba, conforme planteaba el Secretario General, la ampliación del mandato de la ONUSOM, que pasaba a denominarse ONUSOM II, ahora facultada para emplear la fuerza, en caso de que fuera necesario.

La última prórroga del mandato de la ONUSOM II se obtuvo mediante la aprobación de la resolución 954 (1994), del 4 de noviembre, en la que se fijaba el fin del mandato de la operación para el día 31 de marzo de 1995. La decisión fue tomada tras reconocer la condición en la que se encontraba la operación. "[. . .] *la falta de progresos en el proceso de paz de Somalia y en la reconciliación nacional, y en particular la falta de cooperación suficiente de las partes somalíes en cuestiones de seguridad, han socavado en su base los objetivos de las Naciones Unidas en Somalia y, en esas circunstancias, no hay justificación para prorrogar la ONUSOM II más allá de marzo de 1995*"[88].

La evaluación de la operación indica efectos muy positivos relativos a la protección de los derechos humanos, ciertamente habida cuenta de la dimensión del problema humanitario y de las expectativas que se podían tener al respecto. En ese sentido, Escudero Espinosa evalúa que: *"Al finalizar la Operación 'Restore Hope', el balance en el campo humanitario fue altamente positivo pero en estrecha dependencia de los progresos que se hiciesen en el ámbito de la reconciliación nacional. Ámbito que la ONUSOM no logró sus objetivos".*[89]

Realmente no restan dudas en cuanto a los esfuerzos emprendidos por las Naciones Unidas y por las ONGs humanitarias con el objetivo de poner fin a la sistemática violación de los derechos humanos, a la par que se procuraba restablecer la paz y la estabilidad en Somalia. No obstante, la grave crisis que asolaba y asola el país tiene raíces muy profundas. No se puede perder de vista que Somalia ha vivido veintiún años bajo una dura dictadura, durante la cual se cometieron masivos abusos de los derechos humanos, sin que hubiese ninguna movilización internacional. Por tanto, aunque la ONUSOM II haya desempeñado un papel importante al propiciar un poco de estabilidad a la población somalí y dismi-

---

[88] Resolución 954 (1994) del Consejo de Seguridad, del 4 de noviembre de 1994 (S/RES/954). Acceso en: <http://daccessdds.un.org/doc/UNDOC/GEN/N94/431/98/PDF/N9443198.pdf?OpenElement>

[89] J. F. Escudero Espinosa. *Cuestiones en torno a la intervención humanitaria y el derecho internacional actual, op. cit. supra,* nota 23. p. 126.

nuir el sufrimiento humano, no ha logrado la solución del conflicto que, como queda manifestado en la propia resolución 954 (1994), incumbía al pueblo de Somalia el éxito de la reconciliación nacional y de la paz en el país.

Es importante poner de relieve la influencia que ejercieron los medios de comunicación, fundamentalmente en los Estados Unidos, en la decisión del Consejo de Seguridad de crear la ONUSOM y permitir que los Estados miembros hiciesen uso de todos los medios necesario para lograr su objetivo. Los medios registraron de manera sin precedentes el desastre humanitario que estaba ocurriendo en Somalia, lo que contribuyó de inmediato a que la opinión pública presionase por una iniciativa al respecto. Helmut Freudenschuss, en esa misma dirección, destacó también el papel del Secretario General de la ONU.[90]

Al igual que en las demás intervenciones, la doctrina ha ofrecido interpretaciones bastante distintas acerca de su significado para la evolución del derecho internacional en la materia. Algunos autores consideran la Resolución 794 (1992) extremadamente importante en lo que concierne a la noción de la intervención humanitaria, afirmando su papel de pionera al autorizar una intervención con fines exclusivamente humanitarios.[91] En este sentido, Richard Lillich destaca que la resolución, mientras evocaba el Capítulo VII, no hacía ninguna mención a lo que representaba la crisis de Somalia para los países vecinos, particularmente en cuanto al flujo de refugiados. Del mismo modo, durante el debate para alcanzar la aprobación de dicha resolución, se centraban en la violencia y el vandalismo dentro de Somalia, y nada se hablaba sobre los riesgos derivados de una corriente de refugiados a través de las fronteras.[92]

Otros autores, como observa Castro Sánchez,[93] van más allá, al estimar que la resolución establece un verdadero derecho de injerencia hu-

---

[90] H. Freudenschuss. *Between Unilateralism and Collective Security: Authorizations of the Use of Force by the UN Security Council*, European Journal of International Law, 1994. Acceso en: <http://www.ejil.org/journal/Vol5/No4/art2.html#TopOfPage>

[91] C. Castro Sanchez. *El derecho de injerencia humanitaria en el orden internacional contemporáneo: el impacto de la "Operación Libertad para Irak"*, op. cit. supra, nota 34, p. 85.

[92] R. Lillich. *Humanitarian Intervention Trough the United Nations: Towards the Development of Criteria*. In: R. Lillich and H. Hannun. *International Human Rights: Problems of Law, Policy and Practice*. Boston: Little, Brown and Co., 1995, 1160 pp., pp. 652-659, p. 654.

[93] *Id.*, p. 86.

manitaria. Por el contrario, una parte de la doctrina, como es el caso del Profesor de la Universidad de Rennes, Jean Marc Sorel,[94] interpreta la resolución como una mera autorización para la protección, mediante el uso de la fuerza, de la operación de ayuda humanitaria que se llevaba a cabo en el país, lo que reflejaba más bien una asistencia y no una intervención.

2.2.3. El caso de Ruanda (1994)

La guerra civil que tuvo lugar en Ruanda, en 1994 — durante la cual fueron perpetrados severos y sistemáticos abusos de los derechos humanos, crímenes contra la humanidad y genocidio —, es resultado de la conjunción de una serie de factores. Tienen sus raíces en la división de las fronteras que unen y separan a distintos grupos étnicos, en la colonización belga y en la propia descolonización, obtenida el 1 de junio de 1962. Y, paralelamente, como agravante, forman parte de su historia las hostilidades y rivalidades entre los grupos que conforman el país.

La sociedad ruandesa está compuesta por tres grupos étnicos: los *hutus* son mayoría, representando cerca del 85% de la población, los *tutsis* alrededor del 14% y los *twa* el 1%. Las dos etnias mayoritarias, que desde hace décadas se han enfrentando sistemáticamente en la lucha por el comando del país, han establecido sus propias organizaciones políticas y armadas hostiles en sus relaciones. Sus consecuencias más dramáticas serán duramente sentidas durante el genocidio de 1994.

El conflicto interno en Ruanda, que culminó con el genocidio de la población *tutsi* y de los *hutus* moderados, generó, y sigue produciendo, intensas críticas respecto a la actuación de la comunidad internacional en su conjunto, de los países individualmente, y de las Naciones Unidas institucionalmente. Además, fue considerado por el propio Secretario General de la ONU como un ejemplo atroz del fracaso de su sistema.

Antes de tratar la respuesta internacional frente al conflicto de 1994, es importante una breve mención a la trayectoria de los enfrentamientos entre los dos grupos. La rivalidad entre las dos etnias ha sido fomentada durante el período en el que Ruanda estaba sometida a la colonización

---

[94] J. M. Sorel. *La Somalie et les Nations Unies*. Annuaire Français de Droit International, v. XXXVIII, 1992, p. 61-88.

belga. Este país privilegió notoriamente a la minoría *tutsi*. Igualmente, la iglesia católica investía en transformarla en la élite de Ruanda, fomentando para ello la noción de superioridad de esta etnia y situando a ciudadanos *tutsis* en los puestos clave de la administración colonial.[95]

En 1959, los *hutus* emprendieron lo que fue llamada "Revolución Social" — cuya finalidad era la ascensión al poder —. Durante ese proceso fue cometida una extensiva masacre de la población *tutsi*, provocando un enorme flujo de refugiados hacia los Estados vecinos. El objetivo de la "revolución" fue logrado y los *tutsis* pasaron décadas intentando recuperar el poder. En los enfrentamientos entre estos grupos eran cometidas evidentes y constantes violaciones de los derechos humanos.

En octubre de 1990, tras muchas tentativas socavadas por el gobierno ruandés, el Frente Patriótico Ruandés (FPR) — creado por los que habían conseguido escapar de la matanza en 1959, encabezado por Paul Kagame y Fred Rwigyema, e integrado por miles de guerrilleros — decidió invadir Ruanda de forma inesperada. La invasión representó una amenaza tan seria al país que obligó al gobierno a pedir la ayuda militar de Francia y Bélgica para enfrentar al FPR. La reacción del ejército del gobierno, respaldado por aquellos dos países, fue lo suficientemente exitosa para que pocos días después, el 26 de octubre, se llegase al primer compromiso de alto el fuego entre el Gobierno Ruandés y el FPR.[96]

Precisamente, ése fue el primero de una serie de acuerdos negociados en razón de las persistentes violaciones del alto el fuego, principalmente por parte de la FPR. Por fin, las dos partes se comprometieron a

---

[95] La Profesora Itziar Ruiz-Giménez Arrieta examina con detenimiento esta cuestión y afirma que: "*A pesar de su dudosa veracidad y escaso rigor científico, el mito camítico sentó las bases de un gobierno indirecto (la monarquía tradicional), dominado por los tutsis, que excluía de los puestos relevantes, del acceso a la educación, o a la administración y de la economía colonial a quienes eran identificados como hutus (la mayoría de la población). De esta manera, como en tantos otros lugares, el imperialismo europeo lograba 'dividir y vencer' y desarticular las resistencias a la colonización. En el caso ruandés, la fórmula fue especialmente exitosa ya que el mito camítico, transmitido por los misioneros católicos, se incorporó al imaginario colectivo de los propios ruandeses. [...] El pesado bombardeo durante sesenta años de dichos estereotipos 'inflamó el ego cultural de los tutsis y machacó los sentimientos hutus hasta que se fundieron en un agresivo complejo de inferioridad. Se creó una 'peligrosa bomba social' potenciada por las políticas coloniales discriminatorias a favor de los tutsis*." I. Ruiz-Giménez Arrieta. *Las "buenas intenciones": Intervención humanitaria en África*. Barcelona: Icaria Editorial, 2003, 183 pp., p. 108.

[96] J. F. Escudero Espinosa. *Cuestiones en torno a la intervención humanitaria y el derecho internacional actual, op. cit. supra*, nota 23, p. 183.

cumplir el alto el fuego a partir del 9 de marzo de 1993, en observancia del *Acuerdo de Arusha*, firmado el 12 de julio de 1992 en Tanzania.

En respuesta a una petición realizada por Ruanda y Uganda, el Consejo de Seguridad autorizó el despliegue de una Misión de Observadores de las Naciones Unidas en Uganda y Ruanda (UNOMUR, sigla en inglés), mediante la aprobación de la Resolución 846 (1993), el 22 de junio de 1993, para supervisar el cese de las hostilidades.

Así se pudo alcanzar un *Acuerdo de Paz en Arusha*, el 4 de agosto del mismo año, para cuyo cumplimiento ambas partes requirieron la asistencia necesaria de las Naciones Unidas. Por este motivo, el Consejo de Seguridad aprobó la resolución 872 (1993),[97] del 5 de octubre, en la que se autorizaba el establecimiento de una Misión de Asistencia de las Naciones Unidas a Ruanda (UNAMIR, sigla en inglés) cuyo mandato, tal cual lo habían solicitado, se centraba en supervisar la observancia del Acuerdo de Paz proporcionando un ambiente seguro para su puesta en práctica.

Lamentablemente, el aparente clima de paz duró poco. El episodio del derribamiento del avión en el que viajaban los presidentes de Ruanda, el General Juvénal Habyarimana, y de Burundi, Cyprien Ntaryamira, que supuso la muerte de ambos, fue el motivo que faltaba para que empezara una extensiva masacre (más tarde considerada genocidio) y un conflicto que se extendió por todo el territorio ruandés.

Sobre esta cuestión no es menos relevante recordar la postura política asumida por algunos países. La Profesora Ruiz-Giménez Arrieta destaca que el Estado francés *"no fue el único actor que actuaba como mediador y parte en el conflicto"*. Además, revela que *"Estados Unidos también mantuvo su programa de asistencia militar"* y que el Presidente George Bush (padre), para justificarlo, *"se atrevió a declarar que no existían evidencias de abusos sistemáticos de los derechos humanos perpetrados por los militares u otros elementos del gobierno de Ruanda"*.[98]

La reacción internacional fue, además de tardía, insuficiente y fallida. La retirada de los efectivos belgas que integraban la UNAMIR fue una

---

[97] Resolución 872 (1993) del Consejo de Seguridad, del 5 de octubre de 1993 (S/RES/872). Acceso en: <http://daccessdds.un.org/doc/UNDOC/GEN/N93/540/66/PDF/N9354066.pdf?OpenElement>

[98] I. Ruiz-Giménez Arrieta. *Las "buenas intenciones": Intervención humanitaria en África, op. cit. supra*, nota 95, p. 117.

de las primeras respuestas a la matanza que se iniciaba. En seguida, el 21 de abril de 1994, el Consejo de Seguridad aprobó la resolución 912 (1994) en la que, tras expresar su horror por la *"violencia en gran escala [. . .] que ha causado la muerte de miles de civiles inocentes, [. . .] el desplazamiento de una cantidad considerable de la población de Rwanda, incluidos los que pidieron refugio a la UNAMIR, y un aumento significativo del número de refugiados en los países vecinos"*,[99] decidía reducir el personal de la UNAMIR a un efectivo de 270 personas, como había recomendado el Secretario General en su informe del 20 de abril de 1994.[100]

Sin embargo, dado el grave empeoramiento del entorno de matanza desenfrenada, el Secretario General, en un nuevo Informe[101] sobre la situación del país, expresó la necesidad de un cambio en el mandato que autorizase el despliegue de 5.500 soldados para dotar de efectividad los objetivos de la UNAMIR. El Consejo de Seguridad, mediante la resolución 918 (1994), del 17 de mayo, atendió la recomendación autorizando el envío inmediato del efectivo y, actuando en virtud del Capitulo VII, impuso un embargo de armas y materiales conexos a Ruanda. Pese a la decisión, el despliegue de los soldados no se completó hasta octubre del mismo año, cuando casi un millón de seres humanos ya habían sido brutalmente asesinados.

A raíz de la ausencia total de cooperación de los países para ofrecer los recursos y medios necesarios para poner fin al desastre que estaba palmariamente ocurriendo, el Consejo de Seguridad acabó aceptando la propuesta de Francia de emprender una operación similar a la dirigida por los Estados Unidos en Somalia (*"Restore Hope"*), la llamada *"Opération Turquoise"*. Así, el 22 de junio, el Consejo aprobó la propuesta francesa mediante la resolución 929 (1994), aunque muchos hayan manifestado sus recelos en cuanto a las intenciones de Francia.

---

[99] Preámbulo de la resolución 912 (1994) del Consejo de Seguridad, del 21 de abril de 1994 (S/RES/912). Acceso en: <http://daccessdds.un.org/doc/UNDOC/GEN/N94/190/88/PDF/N9419088.pdf?OpenElement>

[100] Informe Especial del Secretario General sobre la Misión de Asistencia de las Naciones Unidas para Ruanda (S/1994/470), del 20 de abril de 1994. Acceso en: <http://documents-dds-ny.un.org/doc/UNDOC/GEN/N94/186/73/pdf/N9418673.pdf?OpenElement>

[101] Informe del Secretario General sobre la Situación de Ruanda (S/RES/565), del 13 de mayo de 1994. Acceso en: <http://documents-dds-ny.un.org/doc/UNDOC/GEN/N94/215/16/img/N9421516.pdf?OpenElement>

Al igual que la operación en Somalia, la fuerza multinacional puesta en marcha en Ruanda estaba autorizada a hacer uso de todos los medios necesarios para alcanzar sus objetivos humanitarios.[102]

Sobre la decisión de Francia de llevar a cabo la denominada *"Opération Turquoise"*, Escudero Espinosa acentúa que:

> Francia, que había sostenido el régimen del General Habyarimana, adiestrado a las milicias *interhamwe* y abastecido de armas a Kigali, necesitaba justificar su nueva intervención en África como una acción estrictamente humanitaria, temporal e imparcial.[103]

En lo concerniente a los resultados de la Operación en el cumplimiento de sus objetivos humanitarios y en observancia de los límites impuestos por el mandato que le fue autorizado, parecen haber sido bastante positivos. Logró ofrecer mayor seguridad para que la asistencia pudiese realizarse de manera más efectiva. Sin embargo, no restan dudas sobre la flagrante falta de voluntad de los Estados para intervenir en el conflicto, y la resolución 912 (1994), que reducía el numero de efectivos de la UNAMIR, ilustra bien esa situación.

Lamentablemente, las consecuencias de todo ese conflicto no pueden estar mejor representadas que por las más de ochocientas mil muertes en un período de tan sólo cuatro meses. No se sabe el número exacto de pérdidas humanas y probablemente nunca se sabrá. Lo que sí está claro es que podría haberse evitado. Los Informes presentados por el Secretario General demostraban la dimensión de la barbarie que estaba ocurriendo en Ruanda. Broutos-Ghali — Secretario General de la ONU en esa época —, en las observaciones de su Informe del 3 de agosto de 1994, revelaba con gran pesar el drama humano que la comunidad internacional no se empeñó en impedir:

> La agonía de un pequeño país a consecuencia de una parte considerable de la matanza de una parte de su población y del desplaza-

---

[102] Resolución 929 (1994) del Consejo de Seguridad, del 22 de junio de 1994 (S/RES/929). Acceso en: <http://daccessdds.un.org/doc/UNDOC/GEN/N94/260/30/PDF/N9426030.pdf?OpenElement>

[103] J. F. Escudero Espinosa. *Cuestiones en torno a la intervención humanitaria y el derecho internacional actual*, op. cit. supra, nota 23, p. 199.

miento de la mitad de los sobrevivientes es uno de los acontecimientos más trágicos de los últimos tiempos. Resulta tanto más trágico porque la comunidad internacional demoró durante largo tiempo su indecisión de intervenir a pesar de que la mayoría de los Estados que la componen han firmado la Convención para la Prevención y la Sanción del Delito del Genocidio. Como señalé en mi Informe del 31 de mayo (S/1994/640), con nuestra incapacidad de reacción hemos consentido la horrible pérdida de incontables vidas humanas y el padecimiento de todo un pueblo.[104]

En ese mismo sentido, Sean Murphy concluye el malogro de la intervención:

The intervention in Somalia did not succeed in addressing the root causes of the widespread starvation and violence in that country. The intervention in Rwanda had a limited success in protecting certain civilians, but came after as many as 500 000 had died in a two-month period and was limited in scope.[105]

3. Recapitulación

En este capítulo se ha analizado un período de la formación histórica de la noción de intervención humanitaria. Se ha señalado cómo esta idea viene de la Antigüedad pero su pleno desarrollo se inicia a partir de la Carta de las Naciones Unidas, que intensificó su debate. Se ha observado cómo los párrafos 4 y 7 del artículo 2 de la Carta abrieron una nueva fase de discusión que, desde que fueron fijados, es continua, polisémica y controvertida. Actualmente, el debate va tomando un camino diferente, aunque con muchas similitudes, superando poco a poco la idea de intervención ideológicamente vinculada a dominación, por la noción de "responsabilidad de proteger". En los próximos capítulos de este estudio se profundizará debidamente en ésta noción.

---

[104] Informe del Secretario General sobre la Situación de Ruanda, del 3 de agosto de 1994 (S/1994/924). Acceso en: <http://documents-dds-ny.un.org/doc/UNDOC/GEN/N94/309/00/img/N9430900.pdf?OpenElement>

[105] S. Murphy. *The United Nations in an Evolving World Order*. Philadelphia: University of Pennsylvania Press, 1996, 448 pp., p. 315.

Si bien el tema de la intervención humanitaria mediante el empleo de la fuerza armada es, indudablemente, una construcción social y jurídica fundamental para las relaciones internacionales, tanto su doctrina como su aplicación son problemáticas por varias razones. La cuestión primordial se sitúa en el conflicto con otros dos principios esenciales: el de la soberanía de los Estados (la no intervención) y el de la abstención del uso de la fuerza en las relaciones internacionales.

Además, muchos Estados — en particular, los pobres o subdesarrollados — consideran la intervención humanitaria como una nueva forma de dominación de las grandes potencias mundiales. En este sentido, cuando se observa la aplicación del principio, la historia viene evidenciando que frecuentemente muchos intereses ocultos (otros no tanto) se mezclan dentro de las razones invocadas para la práctica de las intervenciones o, inversamente, en el propio silencio u omisión a la hora de actuar para proteger determinadas poblaciones.

Notablemente, una característica común a todas las intervenciones ocurridas durante el período de la Guerra Fría fue la timidez con la que fueron alegadas razones humanitarias en el discurso y en la justificación de los Estados. En realidad, es muy difícil encontrar ese argumento durante el período referido, aunque las situaciones demostraban severas violaciones de los derechos humanos. Igualmente, se ha constatado que el principio de la soberanía estatal sirvió de alegato principal para refutar y condenar cualquier intervención externa. Así, el Estado intervenido procuraba calificar la intervención como un acto ilícito según el derecho internacional y se excusaba de "prestar cuentas" de su actuación en el ámbito interno.

Como se ha observado, el periodo en cuestión estuvo marcado por la división doctrinal en torno a la existencia de una verdadera intervención armada por motivos de humanidad. Un sector de la doctrina ha defendido vehementemente la inexistencia de ese tipo de actuación, a raíz, esencialmente, de la presencia de intereses ajenos a la causa y de la propia ausencia de justificaciones en ese sentido.

Sin embargo, de modo general, en todos los casos se pueden encontrar pruebas claras de razones humanitarias para una actuación de la comunidad internacional. Aún así, la contienda bipolar produjo una verdadera parálisis en el seno del Consejo de Seguridad con graves consecuencias para las víctimas de violaciones de los derechos humanos. La permanente disensión política acabó representando más de cuatro décadas de labor ineficiente, retraída y, muchas veces, de la total omisión.

La actuación de la India en Pakistán Oriental, en 1971, por ejemplo, es reconocida por Claribel de Castro Sánchez y por Fonteyne como una operación llevada a cabo por razones humanitarias, aunque existiesen intereses subyacentes. Análogamente, la participación de Francia en la República Centroafricana, en 1979, fue interpretada por Fernando Tesón como una acción "humanitaria por excelencia", al no haber resultado en pérdida de vidas humanas y por haber favorecido al cese de las violaciones de los derechos humanos que estaban siendo cometidas. No obstante, en ambos casos no hubo consenso doctrinal. En el primero, Thomas Franck llega a considerar la operación de la India como un acto de agresión; en el segundo, el propio Estado interventor no ofreció motivaciones humanitarias cuando esgrimió los argumentos para llevar a cabo su acción.

Los dos casos subsiguientes configuran situaciones quizá más ambiguas en cuanto a sus finalidades y justificaciones. La operación de Vietnam en Camboya en 1979, si bien fue llevada a cabo cuando masivos y sistemáticos abusos de los derechos humanos estaban siendo perpetrados, difícilmente puede ser considerada humanitaria, en la medida en que manifiestamente se combinaban otras intenciones en la acción. Sin embargo, autores como la propia Claribel de Castro Sánchez, aunque críticos con la forma y los motivos de la actuación, reconocen motivos éticos — habida cuenta de la magnitud de las violaciones — en su ejecución. La intervención de Tanzania en Uganda también en 1979, inicialmente justificada por el derecho a la legítima defensa y por el apoyo a una guerra de liberación contra un gobierno dictatorial, a posteriori encaminó su discurso hacia la argumentación de la dignidad humana. Autores como Thomas Franck, destacan en este último caso el silencio de la comunidad internacional que pareció adoptar una postura pragmática de aceptar la invasión como parte de un deseado cambio de gobierno en Uganda.

En los tres subsiguientes supuestos examinados, que se sitúan en la pos-Guerra Fría, a diferencia del período anterior, las intervenciones fueron determinadas por el Consejo de Seguridad y encabezadas por algunos Estados. Tras el final del enfrentamiento bipolar, inmediatamente se constató una especie de euforia en las expectativas relativas al desempeño de las Naciones Unidas optimizado por la vislumbre de una mayor cooperación en el seno del Consejo dentro del "nuevo orden".

No obstante, en los tres casos se observa, aunque en grados diferentes, el carácter tardío o la poca efectividad de las operaciones. Sobre la masacre de la población kurda en Irak, la intervención de las Naciones Unidas — liderada por Estados Unidos, Francia y Gran Bretaña — ocurrió cuando el flujo de refugiados kurdos hacia los países vecinos ya superaba el millón de personas y se constataba una significativa masacre de la población al norte de Irak. En el conflicto de Somalia, al igual, la decisión de actuar llegó tarde, tras la notable presión de la opinión pública internacional, y con recursos insuficientes. No obstante, el caso de Ruanda fue, sin lugar a dudas, el ejemplo perfecto de actuación absolutamente tardía, insuficiente y fallida de las Naciones Unidas. El Secretario General, Kofi Annan, manifestó el fracaso de las intervenciones por razones humanitarias: *"hemos consentido la horrible pérdida de incontables vidas humanas y el padecimiento de todo un pueblo"*.

En virtud de todo lo expuesto se verifica la urgente necesidad de adecuación del sistema de seguridad colectiva internacional frente a las sistemáticas violaciones de los derechos humanos. Permanece el evidente interrogante de si los millones de vidas perdidas como consecuencia de masivos abusos de los derechos fundamentales — crímenes tan repugnantes a la consciencia humana — que, seguramente, y al menos en parte, podrían haber sido evitados, han servido como lección a los Estados y a la comunidad internacional. Es decir, si el importante debate de la intervención humanitaria ha sido encaminado hacia su verdadero propósito, en definitiva: no permitir que desastres como estos se repitan ante nuestros ojos y que quedemos como espectadores paralizados, esperando de lejos el final.

Capítulo II
LA INTERVENCIÓN ARMADA DE LA OTAN EN LA EX YUGOSLAVIA: "GUERRA DE KOSOVO" (1999)

EL OBJETIVO DE ESTE CAPÍTULO ES ANALIZAR LA INTERVENción llevada a cabo por la Organización del Tratado del Atlántico Norte (OTAN), en 1999, en la región de Kosovo[106] — situada en la ex Republica Federativa de Yugoslavia (RFY) —, frecuentemente denominada "Guerra de Kosovo". Serán discutidas su legitimidad y licitud con arreglo al derecho internacional y su significado para la doctrina de la intervención humanitaria. Para alcanzar tal objetivo es de fundamental importancia entender el conflicto, sus antecedentes, el proceso seguido y la postura adoptada por la comunidad internacional frente a la crisis que venía progresivamente deteriorándose en la región.

Entre los autores que estudiaron la guerra existen visiones muy diferentes, e incluso opuestas, tanto respecto a los orígenes, como al desarrollo del propio conflicto y a sus consecuencias para la comunidad y el derecho internacionales. Será preciso, por lo tanto, considerar esas perspectivas contrapuestas para lograr una conclusión crítica acerca del tema.

---

[106] Como será visto más adelante, la intervención no fue perpetrada solamente en la provincia de Kosovo, sino en toda la ex RFY.

1. Antecedentes del conflicto

En lo que concierne a los aspectos internos de la grave crisis de Kosovo, que va a culminar en la segunda mitad de la década de los años noventa del siglo pasado, se puede afirmar, no sin cautela, que tiene sus orígenes más lejanos en el siglo XIV, con la derrota de los serbios por los Turcos en 1389, y posteriormente en la propia constitución social de la antigua Yugoslavia. A lo largo de ella, la inestabilidad fue una constante debido a los diversos episodios de disputas entre las etnias que componían el país.[107] La creación de Yugoslavia fue acordada en 1918 — inicialmente con la denominación de Reino de los Serbios, Croatas y Eslovenos —, en ella se agruparon complejamente bajo un mismo Estado cinco naciones[108] con idiomas y religiones diferentes.

Aunque no deja de ser importante considerar esas circunstancias, conviene también tener presente la perspectiva de Victor Yves Ghebali sobre los orígenes del conflicto. Como el autor señala:

> Mais quels que soient leur réalité et leur poids, ces marqueurs identitaires ne pouvaient ipso facto constituer une source directe ou profonde de conflit. Au Kosovo, ils servirent de lentille grossissante, au travers de laquelle Albanais et Serbes interprétèrent leur coexistence imposée ainsi que leur lien ancestral avec un territoire censé leur appartenir en vertu de titres de propriété fondés sur une série de considérations d'ordre historique, juridique et même (pour ce qui est des Serbes) mystique.[109]

---

[107] Sin embargo, en lo tocante a la ruptura violenta de Yugoslavia y los factores que la explican, Aguilera de Prat ultima: *"hay que evitar, sobre todo, el determinismo historicista pues los eventuales conflictos del pasado no explican los actuales. En otras palabras, la desintegración no es el resultado 'inevitable' de un mal nacimiento como Estado unitario. Este punto de vista exime parcialmente de responsabilidades a los dirigentes y a los grupos que han optado por la confrontación bélica ya que los factores históricos pueden influir, pero no establecen una relación directa de causa-efecto"*. C.R. Aguilera Prat. *Los Nacionalismos en la Desintegración de Yugoslavia.* Revista Cidob d'afers internacionals, 27, Barcelona, 1994.

[108] Eslovena, serbia, croata, montenegrina y macedónica.

[109] V-Y, Ghebali. *Totem et tabou dans le conflit du Kosovo : remarques sur les limites naturelles d'une médiation internationale*, Rationalité et Relations Internationales, vol. 2, n. 37, 2000, pp. 5-22. Acceso en: <http://www.conflits.org/document314.html>

Se observa, por lo tanto, que la crisis que tiene lugar en Kosovo, en 1999, remite inexorablemente a los acontecimientos de los años ochenta, específicamente a la abrupta derogación del estatuto de autonomía de la provincia de Kosovo. Sin embargo, es importante considerar el significado político de la muerte del Presidente Josip Broz "Tito", en 1980. Tras décadas de inestabilidad y conflictos internos marcados por el deseo de la autodeterminación de aquellas naciones, la muerte de Tito — que, desde que alcanzara la presidencia al final de la Segunda Guerra Mundial, había luchado por la Yugoslavia unida, socialista y no alineada — representó un drástico cambio político, económico y social, y quizá el estallido que faltaba para la historia de la desintegración del país.

Con la muerte del presidente, no se tardaron mucho en reanudarse los enfrentamientos armados, especialmente en la provincia autónoma de Kosovo, que formaba parte de Serbia, donde surgieron movimientos civiles bajo la bandera de "Kosovo República". La mayor parte de los autores que se refieren a ese momento de la historia relatan diversas manifestaciones de severa represión serbia sobre la población albanesa, que representaba la mayoría en Kosovo. No obstante, hay quienes[110] demuestran que, al contrario, la respuesta de Serbia fue, en un principio, una contra reacción para defenderse de los actos brutales que estaban siendo perpetrados contra la minoría serbia. Por ejemplo, ataques constantes a cuarteles de policía, casos de acoso a los estudiantes en escuelas y universidades y episodios frecuentes de violaciones de mujeres serbias.

No tiene cabida en este trabajo efectuar una recopilación de fuentes capaz de elucidar los argumentos en que se fundamentan esos discursos contradictorios. De cualquier forma, el propio hecho de que esas diferentes perspectivas hayan permanecido durante todo el análisis del conflicto ya aconseja lanzar una mirada menos ingenua hacia la historia.

De vuelta a los hechos, la crisis producida en Kosovo tras la muerte de Tito — que ocasionó un elevado índice de pérdidas humanas — adquirió dimensiones tales que, en 1981, Belgrado (capital de la ex RFY y de Serbia) declaró el estado de emergencia y sustituyó al gobierno kosovar,

---

[110] A. Vuksanovi; P. Lopez Arriba, y I. Rosa Camacho. *Kosovo: la coartada humanitaria*, Madrid: Ediciones Vosa, 2001, 207 pp., p. 142. Esos autores procuran demostrar la satanización que se hizo de los serbios, principalmente a través de los medios de comunicación. Sin dejar de constatar la terrible política llevada a cabo por Serbia en Kosovo, hacen una intensa crítica sobre las manipulaciones en torno al conflicto.

estableciendo un nuevo régimen claramente alineado con los integracionistas.[111]

En 1987, Slobodan Milosevic, entonces líder del Partido Comunista Serbio, alcanzó la presidencia de Serbia (luego de Yugoslavia) y con él entró en escena la idea de que los serbios estaban siendo perseguidos dentro de su propio país, exaltando así el nacionalismo serbio. Dos años más tarde, después de haber declarado nuevamente el estado de emergencia en la provincia, el 28 de marzo de 1989, la Asamblea de Serbia aprobó una drástica reducción de la autonomía de Kosovo, devolviendo a la administración central todas las competencias económicas, policiales y educativas. De inmediato estallaron violentos disturbios que, con la intervención de las fuerzas de seguridad federales — al amparo del estado de emergencia —, causaron cerca de treinta muertes.

La Constitución de 1974 de la RFY garantizaba un estatuto de autonomía a la provincia en el que le otorgaba el derecho de administración completa de sus asuntos internos, con órganos ejecutivos, legislativos y judiciales propios, sin el control de Serbia.[112] Juliane Kokott evalúa así las consecuencias derivadas de aquella maniobra:

> There was no longer a separate judiciary in Kosovo. Moreover, Kosovo's assembly no longer had autonomous legislative powers, as statutes, the highest legal acts of the province, were subject to the prior approval of the National Assembly. This reduced Kosovo's status even below the status provided for municipalities which needed no approval for their statutes by the federal parliament.[113]

Durante las dos primeras semanas de abril de 1989 — bajo el declarado estado de emergencia — más de seiscientos albaneses fueron encarcelados, otros doscientos fueron confinados en celdas solitarias y maltratados por ser considerados contra-revolucionarios.[114]

---

[111] J. Kokott. *Human Rights Situation in Kosovo 1989-1999*, p. 2, in: C. Tomuschat. (Ed), *Kosovo and the International Community: a legal assessment*, 2002, 1-35.

[112] J. F. Escudero Espinosa. *Cuestiones en torno a la intervención humanitaria y el derecho internacional actual, op. cit. supra,* nota 23, p. 228.

[113] J. Kokott. *Human Rights Situation in Kosovo 1989-1999, op. cit. supra,* nota 111, p. 3.

[114] *Id.*, p. 5.

Pocos meses después, el 28 de junio del mismo año, Milosevic pronunció su famoso discurso en Gazimestan (cerca de Pristina) en memoria de los 600 años de la traumática Batalla de 1389 — durante la cual las tropas Otomanas expulsaran a los serbios de Kosovo —, con la presencia de cerca de un millón de serbios que comparecieron para apoyar al Presidente que anunció futuros y potenciales conflictos.

Milosevic no tardó en poner en práctica sus pronósticos y, al mes siguiente, en julio de 1989, forzó la adopción de una legislación secreta que supuestamente estaba dirigida a eliminar las causas del estado de emergencia vigente. Dicha legislación concedía amplios poderes para interferir en la libertad de la población, como restricciones de circulación e incluso prohibió que grupos específicos de personas saliesen de las tierras que les fueron designadas.[115]

En razón de este contexto, los enfrentamientos entre las dos etnias más representativas de Kosovo no cesaron, aunque la reacción de la mayoría albanesa se mostrase casi siempre de forma pacífica. En 1990, una vez más (y se tornaría frecuente a partir de entonces), la población de origen albanés tomó las calles de Pristina en protesta contra las violaciones de los derechos humanos que venían sufriendo y exigiendo libertad, autonomía y democracia.

Dentro de ese panorama de reacción pacífica, el Jefe de la Liga Democrática de Kosovo (LDK), Ibrahim Rugova, ejerció un papel fundamental en la lucha por la independencia de la provincia. Su estrategia se basaba en lograr la creación de un Estado albano-kosovar a través de la desobediencia civil no violenta, evitando siempre la confrontación directa.

No obstante, a lo largo de 1990, los problemas crecían progresivamente como resultado inmediato de la actitud intolerante del gobierno de Belgrado. Ejemplo de ella es la secuencia de decisiones tomadas por el gobierno durante ese año. El 1 de febrero decretó la ley marcial; el 5 de julio disolvió la Asamblea kosovar y proscribió los medios de comunicación en albanés; y el 28 de septiembre derogó formalmente la autonomía de Kosovo con la promulgación de la nueva Constitución serbia.

Por su parte, la contra-reacción liderada por Rugova se encaminó por vías unilaterales, llevando a formar lo que Juliane Kokott caracterizó como un Estado en la sombra.[116] Así, en julio de 1990, los diputados

---

[115] *Ibíd.*
[116] *Ibíd.*

albaneses proclamaron la República de Kosovo y, enseguida, en septiembre, tras la realización de un referéndum, declararon la Constitución de Kosovo. En respuesta, Belgrado, como ya se ha mencionado, disolvió la Asamblea y abolió completamente la autonomía de la provincia.

A pesar de la dura reacción del gobierno central, las iniciativas encabezadas por Rugova no quedaron paralizadas. Escudero Espinosa así describe la situación que se fue estableciendo en la provincia: *"Durante los años que se siguieron se fue creando una estructura estatal paralela que implicó la existencia de un gobierno, fiscalidad, parlamento, partidos y elecciones propias".*[117] Dentro de ese Estado paralelo, Ibrahim Rugova fue electo presidente, en 1992 y 1998, de la clandestina República de Kosovo y dio continuidad a su estrategia de resistencia no violenta a la represión serbia.

Al contrario, el gobierno de Milosevic emprendía una política brutal. La población albanesa era víctima de constantes violaciones de los derechos humanos. Hay relatos de despidos laborales masivos, de prohibiciones a los niños y jóvenes albaneses de frecuentar las escuelas y universidades — abiertas sólo a los serbios —, y de ejecuciones de encarcelados albaneses, entre muchas otras flagrantes violaciones de los derechos humanos.

La reacción internacional en aquel momento — que ya presagiaba un conflicto generalizado (por lo menos desde la abrupta reducción de la autonomía de Kosovo) — no fue otra sino el silencio. En realidad, muchos autores están de acuerdo con la idea de que la guerra por la independencia en Croacia (1991) y, enseguida, la de Bosnia-Herzegovina (1992-95), acabaron dejando en segundo plano lo que estaba ocurriendo, quedando en estado de latencia durante un período de siete años.

Así, la primera resolución referente a Kosovo adoptada por el Consejo de Seguridad fue en 1993. La resolución 855 (1993), del 9 de agosto, se limitaba a exhortar a las autoridades de la RFY a que reconsiderasen su negativa a permitir la continuidad de la misión de la Conferencia sobre la Seguridad y Cooperación en Europa (CSCE) en Kosovo (y otras provincias), en la medida en que, según el Consejo, estaba contribuyendo a promover la estabilidad y contrarrestar los riegos de violencia.[118]

---

[117] J. F. Escudero Espinosa. *Cuestiones en torno a la intervención humanitaria y el derecho internacional actual,* op. cit. supra, nota 23, p. 230.
[118] Resolución 855 (1993) del Consejo de Seguridad, del 9 de agosto de 1993 (S/RES/855). Acceso en: <http://daccessdds.un.org/doc/UNDOC/GEN/N93/441/87/IMG/N9344187.pdf?OpenElement>

En diciembre de 1995, fue firmado en Dayton el *Acuerdo de Paz* que ponía fin a la bárbara contienda en Bosnia. El Acuerdo de Dayton, que trataba, entre otras cuestiones afines, de la paz y de la consolidación del Estado de Bosnia generó, simultáneamente, consecuencias decisivas para el estallido del conflicto en Kosovo. Principalmente porque en el Tratado no fue contemplada la "cuestión de Kosovo" y, a la par, se discurría sobre las fronteras de Bosnia y Yugoslavia, lo que al fin y al cabo representaba, aunque de forma indirecta, un texto legal que incorporaba a Kosovo dentro de los trazados fronterizos yugoslavos. Este hecho, que en cierto modo significaba una victoria para Slobodan Milosevic y sus partidarios, causó una gran decepción para los albaneses que continuaban con su estrategia de resistencia pacífica.

Tal vez se pueda afirmar que parte de los que venían oponiéndose de manera no violenta, o al menos sin emprender otras formas de resistencia que implicasen la violencia, concluyera que los esfuerzos de Rugova para atraer la atención internacional hacia la crisis y denunciar la opresión que estaban sufriendo iban a ser en vano. De modo que no podían seguir tolerando pasivamente los abusos del gobierno serbio y la indiferencia internacional.

Precisamente, en 1996, el Ejército de Liberación de Kosovo (*Ushtria Çlirimtare e Kosovës*, UÇK) — cuya fecha de creación no se conoce con exactitud —, que hasta entonces se había mantenido al margen del conflicto, evitando la confrontación directa,[119] realizó sus primeros ataques a la población, victimando no solamente a los serbios. El principal objetivo del UÇK, considerado internacionalmente una organización terrorista albanesa, era agudizar la situación de Kosovo y trabar una lucha violenta por la independencia que llamase la atención internacional. En palabras de Christopher Chiclet:

> Victimes de la répression de Belgrade, les Albanais du Kosovo avaient longtemps privilégié la désobéissance civile, sans grand résultat. Président élu (mais non reconnu par Belgrade), M. Ibrahim Rugova a répété, dix ans durant, que la guérilla n'était pas viable au Kosovo. Aux

---

[119] Hay relatos de algunos ataques sorpresas contra la policía serbia y de asesinatos de aquellos que consideraban *colaboracionistas* albaneses, pero que en su mayoría eran solamente servidores del Estado. C. Howard. *Kosova*, 1998. Acceso en: <http://www.nodo50.org/triton/KOSOVA.HTM>

yeux des adeptes de la guerre populaire prolongée, en revanche, les exactions serbes ne pouvaient que renforcer l'UCK parmi les Kosovars comme sur la scène internationale. C'était oublier que le régime de M. Slobodan Milosevic attendait justement ce type de provocation pour réaliser le nettoyage ethnique, voire le partage du Kosovo. Figée dans un marxisme-léninisme suranné, mâtiné de nationalisme grandalbanais et de clanisme, l'UCK allait choisir la politique du pire, poussée par certains cercles à Washington, Berlin et Zagreb.[120]

A finales de 1997, el UÇK, cuyos actos de violencia habían adquirido fuerza a partir de 1996, empezó a hacerse conocido públicamente bajo una apariencia guerrillera, incitando a la población a abandonar la estrategia pacífica de Rugova, olvidarse de la ayuda exterior y tomar las armas. Así, cada vez más ataques eran llevados a cabo contra aquello que representaba la presencia serbia: comisarías, edificios del gobierno, etc. A principios del año siguiente, el UÇK anunció que había comenzado la "lucha armada por la unificación con Albania", llegando incluso a hablar de una *Gran Albania* con la unificación de los albaneses de Montenegro y Macedonia. Ese llamamiento y la exaltación nacionalista compusieron el alegato ideal para que los medios oficiales de Belgrado difundiesen una excesiva propaganda antialbanesa, cuyas consecuencias se sentirían poco tiempo después con la acentuación de las hostilidades y la extensión y crudeza del conflicto.

En su análisis de la situación de los derechos humanos en Kosovo, la Amnistía Internacional, en uno de sus Informes de 1998, expuso la gravedad de la cuestión:

> En julio de 1998, la comunidad internacional está siendo testigo de la rapidez con que se deteriora la situación en la provincia de Kosovo, República Federativa de Yugoslavia, y cómo desaparece incluso el más mínimo respeto por los derechos humanos. Las operaciones llevadas a cabo recientemente por la policía y el ejército serbios, aunque en teoría dirigidas contra el Ejército de Liberación de Kosovo — grupo armado de oposición —, en la práctica han causado la muerte de centenares de civiles; al parecer, muchas de esas muertes han sido

---

[120] Ch. Chiclet. *Aux origines de l'Armée de Libération du Kosovo*, Le Monde Diplomatique, mayo 1999. Acceso en : http://www.monde-diplomatique.fr/1999/05/CHICLET/12026

consecuencia de ataques deliberados o indiscriminados. Los ataques contra civiles han sido uno de los motivos que han impulsado a decenas de miles de personas a huir de sus hogares. Los miembros del Ejército de Liberación de Kosovo también han sido responsables de abusos contra los derechos humanos.[121]

En síntesis, la crisis de Kosovo desde hacía mucho tiempo venía indicando que poseía todos los elementos para tener un final trágico. Las violaciones de los derechos humanos eran flagrantes, las hostilidades entre los grupos étnicos sólo aumentaban perdiendo incluso el carácter de *serbios contra albaneses* y *albaneses contra serbios*, para aproximarse a lo que Thomas Hobbes llamó "guerra de todos contra todos". Se calcula que, entre 1989 y 1998, cerca de cuatrocientos mil habitantes de Kosovo dejaron la región, de los cuales la gran mayoría era de origen albanés, aunque había también un gran número de serbios entre ellos.[122]

2. La reacción internacional y el acuerdo de Rambouillet

Como ya se ha referido anteriormente, durante años la comunidad internacional se omitió frente al problema latente de Kosovo. La CSCE fue la primera organización internacional que se ocupó de la cuestión. En 1992, la Conferencia estableció misiones de amplia duración en Kosovo, Sandjak y Voivodina. Sin embargo, como el gobierno de la RFY no acordó renovar el mandato, las misiones fueron retiradas al año siguiente,[123] aunque un Grupo de Trabajo siguió reuniéndose en Viena y presentando informes sobre la situación de la región.

La CSCE hizo importantes esfuerzos para estabilizar la situación en Kosovo y prevenir un futuro conflicto sangriento. No obstante, como

---

[121] Informe Amnistía Internacional, EUR 70/46/98/s Julio de 1998, *República Federativa de Yugoslavia: Crisis de Derechos Humanos en la Provincia de Kosovo*. Documentos serie A: acontecimientos hasta junio 1998. Acceso en: <http://web.amnesty.org/library/Index/ESLEUR700461998?open&of=ESL-2EU>

[122] T. Di Francesco y G. Scotti. *Soixante ans de purifications ethniques,* Le Monde Diplomatique, mayo de 1999. Acceso en : <http://www.monde-diplomatique.fr/1999/05/DI_FRANCESCO/12028>

[123] Informe Anual de 1999 sobre las Actividades de la CSCE, SEC.DOC/2/1999, p. 24, Viena: 17 de noviembre de 1999. Acceso en: <http://www.osce.org/publications/sg/2000/03/14113_282_es.pdf>

observa Wladyslaw Czaplinsk, *"it was clear that the instruments at the disposal of the OSCE were very weak and both main parties to the conflict were in fact not interested in any form of international mediation or intervention".*[124] El conflicto de 1999 es una prueba notoria de la falta de instrumentos adecuados por parte de la CSCE.

Cuando en 1997 la crisis en Kosovo se acentuó, fundamentalmente a raíz de las iniciativas violentas de la UÇK con la consecuente escalada de enfrentamientos, el Grupo de Contacto — formado por Alemania, Reino Unido, Francia, Estados Unidos, Rusia e Italia —, que trataba la cuestión de Bosnia y Herzegovina, incluyó en su agenda el problema de Kosovo. En marzo de 1998, el Grupo se reunió en Londres para analizar la cuestión y adoptó una "Declaración sobre Kosovo" en la que se condenaba tanto el excesivo uso de la fuerza por la policía serbia, como los actos terroristas perpetrados por el UÇK. Al final de la Declaración se describían una serie de medidas a poner en marcha con el objetivo de que el gobierno de Milosevic se dirigiese hacia una vía de solución pacífica mediante la negociación.[125] No obstante, Escudero Espinosa destaca la discordancia existente en torno a la crisis en el propio seno del Grupo:

> [...] el Grupo de Contacto se mostró fuertemente dividido acerca de la forma de abordar la crisis. Por una parte, los Estados Unidos y el Reino Unido preferían una reacción rápida y enérgica, mientras que Francia, Italia y Rusia rechazaban comprometerse con ese tipo de medidas y Alemania abogaba por la mediación.[126]

Es a partir de la Declaración que el Consejo de Seguridad empieza a ocuparse y a preocuparse por la situación de Kosovo. Tomando nota de

---

[124] V. Czaplinski. *The activities of the OSCE in Kosovo*, p. 45. In: C. Tomuschat. (Ed), *Kosovo and the International Community: a legal assessment*, 2002, 37-45.

[125] *Declaración sobre Kosovo adoptada por los miembros del Grupo de Contacto en su reunión celebrada en Londres el 9 de marzo de 1998*, Anexo de la Carta de fecha 11 de marzo de 1998 dirigida al Presidente del Consejo de Seguridad por el Representante Permanente Adjunto del Reino Unido de Gran Bretaña e Irlanda del Norte ante las Naciones Unidas, ONU/S/1998/223. Acceso en: <http://documents-dds-ny.un.org/doc/UNDOC/GEN/N98/062/99/pdf/N9806299.pdf?OpenElement>

[126] J.F. Escudero Espinosa. *Cuestiones en torno a la intervención humanitaria y el derecho internacional actual, op. cit. supra*, nota 23, p. 234.

las medidas expuestas por el Grupo de Contacto aprobó la primera de una serie de resoluciones, la 1160 (1998),[127] del 31 de marzo. En ella, tras afirmar su condena al exorbitado uso de la fuerza por las autoridades serbias y a las prácticas terroristas de la UÇK, el Consejo impuso — en virtud del Capítulo VII — un embargo de armas y materiales conexos a la RFY, como recomendaba la Declaración.

Las actividades del Grupo de Contacto siguieron en marcha y en cooperación con la CSCE fijaron plazos — que nunca fueron acatados — para que el gobierno de la RFY abandonase la violencia y los excesos policiales. No obstante, la desobediencia del Presidente Milosevic, respecto al cumplimiento de las decisiones conjuntas del Grupo y de la Conferencia, condujo a que se congelasen los fondos en el exterior de los gobiernos de Yugoslavia y de Serbia, pero sin contar con el apoyo de Rusia.[128]

En ese ínterin, la situación se deterioraba día a día; los enfrentamientos entre las dos principales fuerzas en combate hacían prever, de modo cada vez más cercano, un gran desastre humanitario. Para hacerse una idea, a finales de mayo de 1998 se estimaba que el número de desplazados internos, incluidos albaneses de Kosovo y la población de origen serbio, superaba la cifra de cuarenta y dos mil. El 4 de junio del mismo año, la Oficina del Alto Comisionado de las Naciones Unidas para los Refugiados (ACNUR) había registrado cerca de seis mil quinientos refugiados y ese número iba en aumento. Esos datos indujeron al ACNUR a elevar su cifra de planificación a veinte mil refugiados.[129] Solamente pocas semanas después, a finales de julio, en un nuevo Informe presentado por el Secretario General el 5 de agosto, se estimaba que la cifra de desplazados internos se encontraba entre setenta y ochenta mil personas.[130]

---

[127] Resolución 1160 (1998) del Consejo de Seguridad, del 31 de marzo de 1998 (S/RES/1160). Acceso en: <http://daccessdds.un.org/doc/UNDOC/GEN/N98/090/26/PDF/N9809026.pdf?OpenElement>

[128] J.F. Escudero Espinosa. *Cuestiones en torno a la intervención humanitaria y el derecho internacional actual,* op. cit. supra, nota 23, p. 236.

[129] Informe del Secretario General preparado en cumplimiento de la Resolución 1160 (1998) del Consejo de Seguridad (S/1998/470), del 4 de junio de 1998. Acceso en: <http://documents-dds-ny.un.org/doc/UNDOC/GEN/N98/155/66/pdf/N9815566.pdf?OpenElement>

[130] Informe del Secretario General preparado en Cumplimiento de la Resolución 1160 (1998), del 5 de agosto de 1998 (S/1998/712). Acceso en: <http://documents-dds-ny.un.org/doc/UNDOC/GEN/N98/227/94/pdf/N9822794.pdf?OpenElement>

No restaban dudas, pues, de que una grave crisis humanitaria estaba sucediendo en Kosovo. El Consejo de Seguridad aprobó entonces la resolución 1199 (1998),[131] del 23 de septiembre, en la que, actuando en conformidad con el Capítulo VII, pedía a las partes que cesasen inmediatamente las hostilidades y estableciesen un alto el fuego. También indicó una serie de medidas a ser cumplidas por la RFY con vistas a una solución política para el problema de Kosovo, y tomó nota de la Declaración conjunta de Rusia y RFY del 16 de junio,[132] en la que el Presidente Milosevic se comprometía a encontrar una salida para la crisis a través de la vía política y pacífica.

En seguida, el Consejo de Seguridad adoptó una nueva resolución, la 1203 (1998), del 24 de octubre, en la que acogía con beneplácito los acuerdos alcanzados entre la RFY y la CSCE, del 16 de octubre, y la RFY y el Comandante Supremo para Europa de la OTAN, del 15 de octubre. En el primer acuerdo el gobierno de Yugoslavia se comprometía a permitir el establecimiento de una misión de verificación de la CSCE en Kosovo. El acuerdo del 15 de octubre disponía sobre la instauración de una misión de verificación aérea sobre Kosovo, que complementaría la misión de la CSCE. A continuación, el Consejo de Seguridad, tras reafirmar que la crisis de Kosovo representaba una amenaza para la paz y la seguridad de la región, reiteraba las medidas adoptadas por las resoluciones anteriores y exigía su cumplimiento.[133]

Pese a las providencias tomadas por el Consejo y los esfuerzos de la CSCE, la realidad de las hostilidades, que causaban innumerables víctimas civiles, y de los enfrentamientos con el UÇK mostraron poca mejora. En este sentido, el cese del fuego acordado en octubre de 1998, aunque durante los meses comprendidos entre octubre de 1998 y enero de 1999 redujo efectivamente el número de personas internamente desplazadas y de vícti-

---

[131] Resolución 1199 (1998) del Consejo de Seguridad, del 23 de septiembre de 1998 (S/RES/1199). Acceso en: <http://daccessdds.un.org/doc/UNDOC/GEN/N98/279/99/PDF/N9827999.pdf?OpenElement>

[132] La Declaración se encuentra en la íntegra en el Anexo de la Carta de fecha de 17 de junio de 1998 dirigida al Secretario General por el Representante Permanente de la Federación de Rusia ante las Naciones Unidas (S/1998/526). Acceso en: <http://documents-dds-ny.un.org/doc/UNDOC/GEN/N98/171/25/pdf/N9817125.pdf?OpenElement>

[133] Resolución 1203 (1998) del Consejo de Seguridad, del 24 de octubre de 1998 (S/RES/1203). Acceso en: <http://daccessdds.un.org/doc/UNDOC/GEN/N98/321/24/PDF/N9832124.pdf?OpenElement>

mas civiles, así como el uso de armas pesadas y la destrucción de bienes y medios de subsistencia, no fue capaz de evitar la persistencia de la violencia en Kosovo. En particular, las violaciones del cese del fuego y la situación en materia de derechos humanos se agravaron aún más, culminando con la trágica matanza de civiles albaneses de Kosovo en Racak.[134] [135]

Ante esos lamentables episodios y las constantes violaciones de los acuerdos, los gobiernos de los países del Grupo de Contacto anunciaron, por fin, que iban a establecer una solución política para la crisis de Kosovo. Para ello, convocaron al gobierno de Belgrado y a los representantes de la comunidad albanesa de la provincia para discutir la cuestión. Esta invitación, en cierto modo, tenía el carácter de ultimátum, al menos en lo que se refiere a la RFY, amenazada de represalias militares si se negara a rendirse. A finales de enero, el Grupo se puso de acuerdo en relación a los principios[136] que debían servir de base para el plan que sería presentado a ambas partes.[137]

Las negociaciones del acuerdo tuvieron lugar en la ciudad de Rambouillet (Francia) durante los días 6 al 23 de febrero y, en Paris, del

---

[134] Informe del Secretario General preparado en cumplimiento de las Resoluciones del Consejo de Seguridad 1160 (1998), 1199 (1998) y 1203 (1998), del 30 de enero de 1999 (S/1999/99). Acceso en: <http://documents-dds-ny.un.org/doc/UNDOC/GEN/N99/023/68/pdf/N9902368.pdf?OpenElement>

[135] *"En el período comprendido entre el 15 y el 18 de enero [1999] se produjeron enfrentamientos en Racak y sus alrededores, cerca de Stimlje. El 15 de enero, según ciertos informes, la policía Serbia y unidades paramilitares entraron en Racak. El 16 de enero la Misión de Verificación en Kosovo informó de que se habían encontrado 45 cadáveres de civiles de Kosovo, entre los que había tres mujeres, al menos un niño y varios ancianos, 11 cuerpos estaban dentro de las casas, 23 en un alto situado detrás de la población y otros en varios lugares de los aledaños. Muchas de las personas parecían haber sido ejecutadas sumariamente, con disparos en la cabeza y el cuello efectuados a quemarropa".* Ibíd.

[136] *Eran un total de diez principios que para el Grupo de Contacto no eran negociables: necesidad de poner un término rápido en la violencia y de respetar el alto el fuego; solución pacífica de la crisis por medio del diálogo entre las partes; transición, en principio de tres años, esperando concretizar una solución definitiva; prohibición de todo cambio unilateral del estatuto provisional de la provincia; integridad territorial de la RFY y, por consiguiente, de los Estados vecinos; respeto del derecho de todas las comunidades, en particular, en lo que concierne a sus lenguas, sus instituciones religiosas y la enseñanza; elecciones libres y bajo el control de la CSCE; ninguna persecución judicial para acciones cometidas durante el conflicto de Kosovo, salvo para crímenes de guerra o contra la humanidad; amnistía y liberación de todos los presos políticos; participación internacional y cooperación de ambas partes para la puesta en ejecución del reglamento sobre el futuro de la crisis.* P-M. De La Gorce. *Histoire secrète des négociations de Rambouillet.* Le Monde Diplomatique, mai 1999. Acceso en : <http://www.mondediplomatique.fr/1999/05/DE_LA_GORCE/12005>

[137] Ibíd.

15 al 19 de marzo de 1999. En Rambouillet, donde el texto de un tratado definitivo fue mostrado, las posiciones de ambas partes evolucionaron muy poco. La parte albanesa, representada por el UÇK, persistía en la negativa a firmar un acuerdo en el que no se previera claramente un referéndum, al final de los tres años de transición, sobre la independencia de la provincia. La delegación yugoslava, aunque no hizo ninguna objeción a las cláusulas políticas del acuerdo, se mostró reticente con relación a las imposiciones militares previstas en el texto, en el que manifiestamente se estipulaba que Yugoslavia sería ocupada por fuerzas de la OTAN. En este sentido, el periodista y autor del libro *Dernier Empire*, Pierre Marie de la Groce, observa que:

> Le représentant du gouvernement de Belgrade à Rambouillet, le président de la Serbie, M. Milan Milutinovic, amorça même l'esquisse d'un compromis. Il évoqua la possibilité d'une présence «internationale» au Kosovo: tout le monde comprit qu'il s'agissait, dans son esprit, de forces provenant de différents pays tels que la Russie, la Grèce ou des Etats d'Europe occidentale, à l'exclusion de troupes dépandant officiellement et directement de l'OTAN — autrement dit d'un commandement américain dépandant lui-même du président des Etats-Unis. Mais, du côté occidental, aucune suite n'y fut donnée...[138]

Las negociaciones llevadas a cabo en Rambouillet y en Paris han sido objeto de numerosas críticas y ensayos que tratan de revelar lo que verdaderamente ocurría por detrás de aquello que los medios de comunicación y los gobiernos de los países miembros del Grupo de Contacto insistieron en difundir. Comprender ambas etapas es fundamental para el análisis de la legitimidad y de la legalidad de la intervención emprendida por la OTAN en la RFY, al igual que para el examen del debate acerca de la noción de la intervención humanitaria a partir de ese momento.

Lo que muchos han denominado "espíritu de Rambouillet" hacía referencia a la emergencia de Europa como un actor diplomático y, al mismo tiempo, una conjunción de esfuerzos de todos los agentes negociadores (la OSCE, la OTAN, el Grupo de Contacto, con sus respectivos

---

[138] *Ibíd.*

representantes)[139] destinados a alcanzar un acuerdo marco entre las dos partes interesadas (la delegación de Kosovo representada por la UÇK y la de la RFY) para poner fin al conflicto. Dichos esfuerzos han sido intensa y constantemente puestos en tela de juicio.

El propio término "negociación" quizá no es fiel a lo que tuvo lugar en Francia, principalmente si se considera que el texto llevado a Rambouillet por los mediadores ya contaba con tres cuartos de la decisión sobre lo que sería la solución para Kosovo y que las dos partes nunca se sentaron frente a frente para pactar un compromiso. Aún más sorprendente es que durante la segunda fase, en Paris, el Grupo de Contacto, así como los demás actores involucrados en la mediación, excluyeron manifiestamente cualquier posibilidad de negociación del plan de Rambouillet.

En vísperas de terminar la primera etapa, tanto el presidente de los Estados Unidos, Bill Clinton, como el Secretario General de la OTAN, Javier Solana Madriagada, reiteraron las amenazas de ofensiva aérea en caso de que el acuerdo fracasase. En las declaraciones de ambos representantes, el postulado fue el de la responsabilidad serbia en la hipótesis de que no se lograse el compromiso.[140] Emmanuel Decaux recoge las palabras de Bill Clinton en su declaración del 19 de febrero de 1999:

'Le pourparlers à Rambouillet doivent finir samedi. Les Kossovars ont faire preuve de courage en allant de l'avant avec l'accord que nous avons proposé, nous autres, alliés de l'OTAN et Russes. Les dirigeants serbes maintenant ont un choix : ils peuvent signer un accord qui tient compte de leurs préoccupations légitimes et démontrer qu'un Kosovo autonome peut exister dans leur pays, ou ils peuvent faire obstacle à l'accord'.[141]

La representación de Kosovo, por medio de una carta dirigida a los co-negociadores[142] del Grupo de Contacto, expresó que podría firmar el

---

[139] E. Decaux. *La Conférence de Rambouillet : Négociation de la dernière chance ou contrainte illicite?.* In: C. Tomuschat. (Ed), *Kosovo and the International Community: a legal assessment,* 2002, pp. 45-64, p. 45.
[140] *Id.* p. 54.
[141] *Ibíd.*
[142] Los co-negociadores eran los encargados de "negociar" en separado con cada una de las partes.

acuerdo pero que deseaba consultar primero a sus asesores en Kosovo. La parte serbia, también por la misma vía, afirmó su compromiso en conceder una autonomía sustancial a Kosovo y acordó estar presente el 15 de marzo (fecha concertada para la firma del acuerdo en Paris) para debatir la puesta en marcha de una presencia internacional en el país.[143]

En los días que se siguieron entre las conferencias de Rambouillet y Paris, permanecieron constantes las amenazas de uso de la fuerza en la suposición de que Serbia no firmara el acuerdo. Al igual que la violencia en Kosovo y la insistencia del Enviado Especial de los Estados Unidos, Richard Holbrooke, en dejar claro que los términos del texto a ser subscrito serían integralmente aquellos de Rambouillet y que la parte que obstaculizara la conclusión positiva del acuerdo sería responsabilizada por el fracaso de la negociación.

El 15 de marzo, en la apertura de la conferencia en Paris, la delegación de Kosovo anunció su aceptación de los acuerdos de Rambouillet y su disposición a firmarlos. Por su parte, la representación yugoslava manifestó su intención de suscribir lo que había quedado expresado en el texto de Rambouillet sobre la autonomía de Kosovo, pero quiso examinar algunos aspectos del contenido concernientes a la presencia militar, llegando incluso a ofrecer una propuesta en la que aceptaría una fuerza internacional en su territorio siempre que no fuera comandada por la OTAN,[144] como constaba en el acuerdo.

Sin embargo, tal cual ya venían anunciando tanto los gobiernos y representantes del Grupo de Contacto, así como los de la OTAN, no estaban dispuestos a permitir la revisión de ningún aspecto de lo que había sido previsto en la fase anterior. Así, rechazaron la propuesta yugoslava, declararon que Belgrado se oponía a firmar el acuerdo de paz y, tan sólo cinco días después de la clausura de la conferencia, tuvo inicio la ofensiva aérea de la OTAN.

La versión sobre la conclusión de las negociaciones transmitida para toda la opinión pública internacional fue que el gobierno serbio se negó a firmar porque la fórmula de Rambouillet vislumbraba la presencia de

---

[143] E. Decaux. *La Conférence de Rambouillet : Négociation de la dernière chance ou contrainte illicite?*, op. cit. supra, nota 139, p. 56.

[144] R. Becker. *Rambouillet: A Declaration of War Disguised as a Peace Agreement.* International Action Centre, 10 de junio 2000. Acceso en : <http://www.iacenter.org/warcrime/rbecker.htm>

fuerzas de la OTAN en Kosovo.[145] Mediante el rechazo, según el discurso oficial, se agotaba la vía diplomática y no restaba otra salida que el uso de la fuerza por la OTAN para poner fin al desastre humanitario en la provincia.

En ese contexto, parece haber cierto consenso, entre los autores que han estudiado los textos de Rambouillet, sobre la constatación de que los actores partes en las negociaciones estaban mucho más inclinados a otros propósitos que al verdadero alcance de la paz en la crisis de Kosovo. Dicha constatación deriva de la lectura del "Apéndice B" de los acuerdos de Rambouillet, cuyo contenido recibió muy poco respaldo internacional. Se guardó silencio al respecto, revelándolo a la opinión pública internacional solamente semanas después del inicio de la intervención.

El Apéndice B, titulado "Estatuto de la Fuerza Multinacional de Ejecución", disponía sobre las características de la presencia militar de la OTAN que deberían ser aceptadas por Yugoslavia.[146]

---

[145] A. Vuksanovi; P. Lopez Arriba, y I. Rosa Camacho, *Kosovo: la coartada humanitaria*, *op. cit. supra*, nota 110.

[146] A continuación se destacan algunos artículos del Apéndice concernientes a esa cuestión: Artículos 6, 7, 8, 9, 10, 11, 21 y 22 del *Apéndice B* de los *"Acuerdos de Rambouillet: acuerdo provisional de paz y gobierno autónomo de Kosovo"*, localizado en el Anexo de la Carta de fecha de 4 de junio de 1999 dirigida al Secretario General por el Representante Permanente de Francia ante las Naciones Unidas, del 7 de junio de 1999 (S/1999/648). Acceso en: <http://www.un.org/spanish/kosovo/s1999648.pdf>

Art. 6. a) La OTAN gozará de inmunidad de jurisdicción civil, administrativa penal.

b) El personal de la OTAN no estará sometido en ninguna circunstancia ni ningún momento a la jurisdicción de las Partes por toda infracción civil, administrativa, penal o disciplinaria que haya podido cometer en la República Federativa de Yugoslavia. Las Partes prestarán asistencia a los Estados participantes en la Operación para el ejercicio de su jurisdicción sobre sus propios nacionales.

Art. 7. El personal de la OTAN no será sometido a ninguna forma de arresto, investigación o detención por las autoridades en la República Federativa de Yugoslavia. El personal de la OTAN arrestado o detenido por error será inmediatamente devuelto a las autoridades de la OTAN.

Art. 8. El personal de la OTAN disfrutará, junto con sus vehículos, embarcaciones, aeronaves y equipo, de libertad de acceso y tránsito por todo el territorio de la República Federativa de Yugoslavia, incluido su espacio aéreo y sus aguas territoriales. Ello incluirá, sin que la enumeración sea exhaustiva, el derecho de vivaquear, maniobrar, alojarse y utilizar cualquier zona o instalación para actividades logísticas, de entrenamiento u operacionales.

Art. 9. La OTAN estará exenta de derechos, impuestos y otras cargas y de toda inspección o formalidad aduaneras, incluida la presentación de inventarios u otros documentos aduaneros habituales, en relación con el personal, los vehículos, las embarcaciones, las aeronaves, los equipos, los suministros y las provisiones que entren, salgan o transiten por el territorio de la República Federativa de Yugoslavia para las necesidades de la operación.

De la lectura de esos artículos se deduce claramente que la presencia militar no contemplaba solamente Kosovo, como habían expresado los mediadores y los gobiernos involucrados, sino todo el territorio de la RFY. Al mismo tiempo, se puede estimar que las condiciones que se pretendía imponer al gobierno de Yugoslavia se aproximaban, como mínimo, a la inmoralidad. En este sentido, Richard Becker observa que los artículos 6 y 7 (véase *supra* nota 144) *"compose the old, hated, colonial concept of 'extraterritoriality'"*[147] y, al igual que Peter Schwarz[148] y Francisco Fernández Buey,[149] concluye que *"it* [el Acuerdo] *required that Yugoslavia allow NATO unfettered access to any and all parts of the country's territory, with all costs to be born by the host country. The accord blatantly*

Art. 10. Las autoridades en la República Federativa de Yugoslavia facilitarán con carácter prioritario y por todos los medios apropiados, el paso del personal, los vehículos, las embarcaciones, las aeronaves, los equipos o los suministros por el espacio aéreo, los puertos, los aeropuertos o las carreteras. No se impondrá a la OTAN ningún derecho de navegación aérea, aterrizaje o despegue de aeronaves, ya sean de propiedad gubernamental o fletadas. Del mismo modo, no se impondrán derechos, gravámenes, peajes o cargas a los buques de la OTAN, ya sean de propiedad gubernamental o fletados, por la simple entrada en los puertos o la salida de los mismos. Los vehículos, embarcaciones y aeronaves utilizados para las necesidades de la Operación no estarán sometidos a prescripciones de licencia o registro ni a seguros comerciales.

Art. 11. La OTAN podrá utilizar los aeropuertos, carreteras, ferrocarriles y puertos sin el pago de los derechos, gravámenes, peajes o cargas devengados por su simple uso. No obstante, la OTAN no podrá reclamar la exención de cargas razonables por servicios específicos solicitados y recibidos, pero las operaciones, los desplazamientos y los accesos no podrán ser obstaculizados en espera del pago de esos servicios.

Art. 12. El personal de la OTAN estará exento de impuestos establecidos por las Partes sobre los sueldos y emolumentos que reciba de la OTAN y sobre cualquier otro ingreso que reciba de fuera de la República Federativa de Yugoslavia.

Art. 21. En el ejercicio de las facultades que les reconoce el presente capítulo, la OTAN podrá proceder a la detención de individuos que entregará lo antes posible a las autoridades competentes.

Art. 22. Es posible que durante el transcurso de la Operación la OTAN necesite introducir mejoras o modificaciones en ciertas infraestructuras en la República Federativa de Yugoslavia como carreteras, puentes, túneles, edificios y otros sistemas públicos. Esas mejoras o modificaciones de carácter no temporal pasarán a formar parte de la infraestructura y seguirán siendo propiedad de su titular. Las mejoras o modificaciones de carácter temporal podrán ser retiradas a discreción del Comandante de la OTAN y la infraestructura devuelta en lo posible a su condición original, con el desgaste lógico de un uso normal

[147] R. BECKER. *Rambouillet: A Declaration of War Disguised as a Peace Agreement*, op. cit. supra, nota 144.

[148] P. SCHWARZ. *How the Balkan war was prepared: Rambouillet Accord foresaw the occupation of all Yugoslavia*, 14 de abril de 1999. Acceso en: <http://www.wsws.org/articles/1999/apr1999/yugo-a14.shtml>

[149] F. Fernández Buey. *¿Qué decían los acuerdos de Rambouillet?* Edualter, 1999. Acceso en: <http://www.edualter.org/material/kosovo/ffbuey.htm>

violated Yugoslavia's sovereignty in so provocative manner that it cannot have been accidental".[150] Los tres autores coinciden en la conclusión de que ningún Estado hubiera consentido en firmar dicho acuerdo en esos términos que, en definitiva, sometía a la RFY a una especie de colonización.

Por esos motivos, como ya se había adelantado, no parece irrazonable preguntarse si las conferencias de Rambouillet y de Paris fueron intencionadamente realizadas más como un pretexto para la guerra que con miras a alcanzar una solución política para el conflicto de Kosovo.

3. La intervención de la OTAN: la "guerra de Kosovo"

Un día antes de empezar la campaña aérea de la OTAN contra Yugoslavia, el Secretario General de la OTAN, Javier Solana, pronunció un discurso ante la prensa en el cual exponía las razones que le habían conducido a autorizar el despliegue de una acción militar en la región. Afirmaba que tomaba esa decisión después de extensas consultas con los aliados y tras haber constatado que no había sido posible llegar a una solución política con Belgrado.[151] Al final de la declaración, Javier Solana concluía:

> Our objective is to prevent more human suffering and more repression and violence against the civilian population. [. . .] We must halt the violence and bring an end to the humanitarian catastrophe now unfolding in Kosovo. [. . .] We must stop an authoritarian regime from repressing its people in Europe at the end of the 20th century. We have a moral duty to do so. The responsibility is on our shoulders and we will fulfil it.[152]

El día 24 de marzo de 1999, la OTAN inició su misión aérea contra la RFY, denominada *"Allied Force"*. Los bombardeos duraron once semanas y los resultados para la población civil de Kosovo fueron catastróficos,

---

[150] R. Becker. *Rambouillet: A Declaration of War Disguised as a Peace Agreement, op. cit.* supra, nota 144.
[151] *Press Statement by Dr. Javier Solana, Secretary General of NATO,* Press Release (1999) 040, del 23 de marzo de 1999. En: <http://www.nato.int/docu/pr/1999/p99-040e.htm>
[152] *Ibíd.*

contrariamente a la intención oficialmente declarada. Según Thomas Franck,[153] simultáneamente al comienzo de los bombardeos, las tropas yugoslavas empezaron una campaña bien planeada de depuración étnica.

Muchos autores[154] afirman que la operación emprendida por la OTAN no sólo contribuyó al agravamiento de la situación de los derechos humanos en Kosovo, sino que fue precisamente a lo largo de su misión cuando se observó un crecimiento constante de violaciones graves de los derechos humanos que acarrearon un verdadero desastre humanitario comparable a lo ocurrido en Ruanda en 1994. Dicha observación es válida sobre todo si se tiene en cuenta que el gobierno de Milosevic se aprovechó de la brutal ofensiva aérea, que afectaba a gran cantidad de civiles, y puso en marcha una agresiva estrategia de evacuar a los albaneses de Kosovo, efectuando lo que algunos calificaron de "limpieza étnica".[155]

En ese sentido, el ex Oficial Militar de la Misión de Observación de la OSCE, Keith Rollie, refiere algunas de las consecuencias humanitarias de la intervención de la OTAN:

> What has transpired since the OSCE monitors were evacuated on March 20, in order to deliver the penultimate warning to force Yugoslavian compliance with the Rambouillet and subsequent Paris documents and the commencement of the NATO air bombardment of March 24, obviously has resulted in human rights abuses and a very significant humanitarian disaster as some 600,000 Albanian Kosovars have fled or been expelled from the province. This did not occur, though, before March 20, so I would attribute the humanitarian disaster directly or indirectly to the NATO air bombardment and resulting anti-terrorist campaign.[156]

---

[153] Th. Franck. *Recourse to Force State: actions against threats and armed attacks, op. cit. supra,* nota 29, p.166.

[154] Véase: B. Stone. *The US-NATO Military Intervention in Kosovo: triggering ethnic conflict as a pretext to intervention*, Centre for Research on Globalization, 29 de diciembre de 2005. Acceso en: <http://www.globalresearch.ca/index.php?context=viewArticle&code=STO20051229&articleId=1666>; R. Keith. *The Failure of Diplomacy: returning OSCE human rights monitors offers a view for the ground in Kosovo*, The Democrat, mayo de 1999. En: <http://www.transnational.org/features/diplomacyfailure.html>

[155] J.F. Escudero Espinosa. *Cuestiones en torno a la intervención humanitaria y el derecho internacional actual, op. cit. supra,* nota 23, p. 248.

[156] R. Keith. *The Failure of Diplomacy: returning OSCE human rights monitors offers a view for the ground in Kosovo, op. cit. supra,* nota 154.

Desde la misma perspectiva, el Representante Permanente de Rusia, en su declaración del 10 de junio de 1999, manifestaba que *"[. . .] la crisis humanitaria de Kosovo se transformó, a causa de los bombardeos de la OTAN, en una gravísima catástrofe humanitaria [. . .]."*[157]

Se guarda mucha cautela al tratar en este apartado de la cuestión de la matanza de los albaneses emprendida por el gobierno serbio y de las consecuencias de la ofensiva militar de la OTAN. Esa prudencia deriva de las muchas manifestaciones contradictorias constatadas cuando se cotejan los discursos oficiales con los reportajes, informes y artículos existentes sobre el tema. Un ejemplo de eso es la comparación entre la versión oficial de los gobiernos parte de la OTAN sobre el número de civiles muertos en Kosovo por las fuerzas yugoslavas y lo que han verificado los expertos que procedieron a la exhumación de los cuerpos:

> The final toll of civilians confirmed massacred by Yugoslav forces in Kosovo is likely to be under 3,000, far short of the numbers claimed by Nato governments during last year's controversial air strikes on Yugoslavia. [. . .] They talked of indiscriminate killings and as many as 100,000 civilians missing or taken out of refugee columns by the Serbs.[158]

La cifra de tres mil muertos no es menos terrorífica, ni quita importancia a la gravedad de la crisis en Kosovo. Tampoco parece que deba ser aceptada como una realidad irrefutable; sin embargo, lo que sí evidencia es el empeño de los miembros de la OTAN y de los partidarios de la intervención en formar una opinión publica mundial que respaldase (y legitimase) la acción. Además de forjar una imagen poco real y bastante arriesgada (cuando no discriminatoria) de los serbios.

La reacción de los países que desde el principio se manifestaron contrarios a cualquier acción militar sin el consentimiento del Consejo de Seguridad de las Naciones Unidas y realizada bajo el comando de la OTAN se puso de manifiesto desde el primer día de la intervención.

---

[157] Declaración del Representante Permanente de la Federación Rusa ante el Consejo de Seguridad (S/PV.4011), del 10 de junio de 1999. Acceso en: <http://documents-dds-ny.un.org/doc/UNDOC/PRO/N99/854/47/pdf/N9985447.pdf?OpenElement>

[158] J. Steele. *Serb killings 'exaggerated' by west*, The Guardian, 18 de agosto de 2000. Acceso en: <http://www.guardian.co.uk/Archive/Article/0,4273,4052755,00.htm>

En una reunión de urgencia del Consejo de Seguridad, solicitada por el Representante Permanente de Rusia, Sergei Lavrov, el mismo día 24 de marzo (fecha de inicio de la ofensiva aérea de la OTAN), el Representante hizo una declaración en la que fue muy tajante en su interpretación sobre la acción de la OTAN:

> Quienes participan en este uso unilateral de la fuerza contra la soberana República Federativa de Yugoslavia — llevado a cabo en violación de la Carta de las Naciones Unidas y sin la autorización del Consejo de Seguridad — deben darse cuenta de la onerosa responsabilidad que asumen al socavar la Carta y otras normas del derecho internacional y al intentar establecer de facto en el mundo la primacía de la fuerza y el *diktat* unilateral.
> [. . .]
> La decisión de la OTAN de utilizar la fuerza militar es especialmente inaceptable desde todo punto de vista, ya que, de hecho, no se han agotado las posibilidades de que los métodos políticos y diplomáticos tengan como resultado un arreglo en Kosovo. Ahora la ingente y complicada labor que ha realizado la comunidad internacional ha recibido un golpe muy fuerte, muy grave y probablemente irreparable.[159]

Dos días después, el 26 de marzo, las representaciones de Belarús, India y Rusia presentaron un proyecto de resolución en el cual, en virtud del Capítulo VII de la Carta, tras haber constatado que el uso de la fuerza por la OTAN constituía una amenaza para la paz y la seguridad internacionales, exigían su cese inmediato y la reanudación urgente de las negociaciones.[160] El proyecto no fue aprobado, a pesar de que muchos otros países se habían manifestado en contra de la campaña aérea.

La intención de la OTAN de seguir con la operación hasta que Milosevic aceptara los términos del acuerdo negociado en Rambouillet resultó en 78 días de bombardeos y no logró enteramente el objetivo. En

---

[159] Declaración del Representante Permanente de la Federación Rusa ante el Consejo de Seguridad de las Naciones Unidas (S/PV.3988), del 24 de marzo de 1999. Acceso en: <http://documents-dds-ny.un.org/doc/UNDOC/PRO/N99/852/12/pdf/N9985212.pdf?OpenElement>

[160] Proyecto de Resolución (S/1999/328), del 26 de marzo de 1999. Acceso en: http://documents-dds-ny.un.org/doc/UNDOC/GEN/N99/086/83/pdf/N9908683.pdf?OpenElement

ese ínterin, los Ministros de las Relaciones Exteriores del Grupo de los Ocho (G-8 — grupo de los siete países más industrializados del mundo más Rusia —) venían realizando encuentros para debatir sobre las posibilidades de poner fin a la ofensiva y las condiciones de un acuerdo político. En ese sentido, el 6 de mayo de 1999, los miembros del G-8 llegaron a un entendimiento acerca de los principios generales que debían servir de base para alcanzar un acuerdo político.[161]

Así, el 3 de junio de 1999, el Parlamento serbio aprobó en una sesión extraordinaria las condiciones del plan de paz internacional para Kosovo, expuestas al Presidente Milosevic por los negociadores de la Unión Europea, Martti Ahtissari, y de Rusia, Viktor Chernomyrdin. El plan estipulaba el cese de la represión y la retirada de todas las tropas militares, policiales y paramilitares serbias de Kosovo, donde sería desplegado, bajo los auspicios de la ONU, una eficaz presencia civil y de seguridad internacional — cuyo mandato debería ser decidido en virtud del Capítulo VII de la Carta — llevada a cabo a través de un mando y control unificado, en el que la OTAN ejercería una *notable participación*.[162]

---

[161] Los principios eran los siguientes:
"— Retiro de Kosovo de las fuerzas militares, policiales y paramilitares;
— Despliegue en Kosovo de una presencia internacional civil y de seguridad eficaz, respaldada y aprobada por las Naciones Unidas y capaz de garantizar el logro de los objetivos comunes;
— Establecimiento de una administración provisional para Kosovo con arreglo a lo que decida el Consejo de Seguridad de las Naciones Unidas, a fin de garantizar a todos los habitantes de Kosovo condiciones de vida pacíficas y normales;
— Regreso, en condiciones de seguridad y libertad, de todos los refugiados y las personas desplazadas, y libre acceso a Kosovo de las organizaciones de ayuda humanitaria;
— Un proceso político encaminado a la concertación de un acuerdo provisional en relación con un marco político en que se un grado considerable de autonomía para Kosovo, teniendo plenamente en cuenta los acuerdos de Rambouillet y los principios de soberanía e integridad territorial de la República Federativa de Yugoslavia y los demás países de la región, y la desmilitarización del Ejército de Liberación de Kosovo;
— Medidas amplias de desarrollo económico y estabilización de la región en crisis".
Anexo de la Carta de Fecha de 6 de Mayo dirigida al Presidente del Consejo de Seguridad por el Representante Permanente de Alemania ante las Naciones Unidas (S/1999/516), Declaración formulada por el Presidente al concluir la reunión de Ministros de Relaciones Exteriores del Grupo de los Ocho, celebrada en el Centro Petersberg, el 6 de mayo de 1999. Acceso en: http://documents-dds-ny.un.org/doc/UNDOC/GEN/N99/132/62/pdf/N9913262.pdf? OpenElement

[162] *Anexo de la Carta de Fecha de 7 de junio de 1999 Dirigida al Presidente del Consejo de Seguridad por el Representante Permanente de Alemania ante las Naciones Unidas (S/1999/649),* del 7 de julio de 1999. Acceso en: <http://documents-dds-ny.un.org/doc/UNDOC/GEN/N99/168/13/pdf/N9916813.pdf?OpenElement>

Acogiendo con beneplácito el plan de paz y su aceptación por el gobierno de Yugoslavia, el Consejo de Seguridad aprobó la (polémica) resolución 1244 (1999), del 10 de junio, en la que se transfería el protagonismo de la acción en Kosovo a las Naciones Unidas y que adoptaba integralmente, en forma de Anexo, los principios y el plan de paz anteriormente mencionados.[163] La resolución fue aprobada con 14 votos a favor y la abstención de China que manifestó su condena a dicha adopción.[164]

Con la medida tomada por el Consejo, quedó jurídicamente establecido el marco de las dos misiones encabezadas por la ONU en Kosovo: la de Administración Civil (*United Nation Mision in Kosovo*, UNMIK) y la de presencia internacional de seguridad (*Kosovo Force*, KFOR). No obstante, la resolución 1244 (1999) ha sido también foco de amplios debates sobre las consecuencias jurídicas que acarreaba en el desarrollo de la noción de intervención humanitaria de conformidad con el derecho internacional, teniendo en cuenta las interpretaciones que abogaron por una autorización o ratificación *post facto* presente en dicha resolución.

3.1. El debate acerca de la justificación de la intervención de la OTAN

El ingente debate que se desprende del uso de la fuerza por la OTAN en Yugoslavia es resultado tanto de las intensas manifestaciones acerca de la legitimidad de los argumentos presentados por la Organización para justificar su decisión, como de la discusión doctrinal en torno al "estado del arte" del principio de la intervención humanitaria, dados los posibles efectos de dicha actuación. Las cuestiones que parecen ser primordiales en esta discusión son: el interrogante sobre los reales intereses que motivaron la actuación, sumado a los arriesgados caminos a los que pueden conducir; y el modo en que la operación fue llevada a cabo, es decir, la observancia del principio de la proporcionalidad, del derecho internacional humanitario, etc.

---

[163] Resolución 1244 (1999) del Consejo de Seguridad (S/RES/1244), del 10 de junio de 1999. Acceso en: <http://daccessdds.un.org/doc/UNDOC/GEN/N99/172/92/PDF/N9917292.pdf?OpenElement>

[164] J.F. Escudero Espinosa. *Cuestiones en torno a la intervención humanitaria y el derecho internacional actual*, op. cit. supra, nota 23, p. 250.

Ante todo, es fundamental tener presentes las alegaciones oficiales de la OTAN en el momento de la decisión. El Secretario General de la Alianza, Javier Solana, el día anterior al inicio de los bombardeos, en las declaraciones públicas que hizo sobre el porqué de la decisión aseveraba:

> We are taking action following the Federal Republic of Yugoslavia Government's refusal of the International Community's demands: Acceptance of the interim political settlement which has been negotiated at Rambouillet; Full observance of limits on the Serb Army and Special Police Forces agreed on 25 October; Ending of excessive and disproportionate use of force in Kosovo. [. . .] It will be directed towards disrupting the violent attacks being committed by the Serb Army and Special Police Forces and weakening their ability to cause further humanitarian catastrophe.[165]

Por lo tanto, es evidente que, según la versión oficial, la intervención militar fue llevada a cabo tras haberse constatado la desobediencia persistente del gobierno de la RFY frente a las medidas adoptadas por la comunidad internacional y el agotamiento de la vía diplomática, materializado en el rechazo yugoslavo a firmar el texto de Rambouillet. La intervención estaba oficialmente motivada por fines humanitarios, es decir, se trataba de una acción armada a raíz de la verificación de masivas violaciones de los derechos humanos dentro del territorio de Kosovo. Además, Javier Solana afirmó, al inaugurar los bombardeos, que la responsabilidad por la consumación de la ofensiva aérea pertenecía absolutamente al Presidente Slobodan Milosevic: *"Clear responsibility for the air strikes lies with President Milosevic who has refused to stop his violent action in Kosovo and has refused to negotiate in good faith"*.[166]

Dada la versión oficial respecto a la operación, no hay dudas sobre su intención en calificarla como una intervención puramente humanitaria. Es el momento, pues, de efectuar un análisis de ese discurso confrontándolo con la práctica descrita en el apartado anterior.

---

[165] *Press Statement by Dr. Javier Solana, Secretary General of NATO,* Press Release (1999) 040, del 23 de marzo de 1999, *op. cit. supra*, nota 144.

[166] *Press Statement by Dr. Javier Solana, NATO Secretary General following de Commencement of Air Operations,* Press Release (1999) 041, del 24 de marzo de 1999. Acceso en: http://www.nato.int/docu/pr/1999/p99-041e.htm

Según manifiesta Nicholas J. Wheeler,[167] se han presentado cuatro razonamientos clave para justificar la intervención de la OTAN. Primeramente, la propia credibilidad de la Alianza como una organización de defensa colectiva estaría en juego, pero obviamente ese argumento no serviría desde el punto de vista legal para emprender una guerra.

En segundo lugar, la conformidad de la acción con las resoluciones anteriores del Consejo de Seguridad adoptadas en virtud del Capítulo VII de la Carta. Sin embargo, el mismo autor observa que no deja de ser una idea equivocada, debido a la evidente objeción de China y Rusia, tanto antes como durante y después de la operación. Desde esa perspectiva, autores como Michael Bothe,[168] Roberto Lavalle[169] y Philippe Weckel[170] han interpretado las resoluciones 1160 (1998), 1199 (1998) y 1203 (1998) como una autorización implícita del Consejo de Seguridad para la intervención armada de la OTAN. Ellos también han tomado la resolución 1244 (1999) como una ratificación *post facto* de la operación por el Consejo de Seguridad. Gutiérrez Espada, en ese sentido, es incisivo al afirmar que el contenido de dichas resoluciones — al calificar la crisis de Kosovo como una amenaza para la paz y considerar (resolución 1199) la toma de futuras medidas adicionales — "*es un prius no la autorización del uso de la fuerza armada*" y ultima "*que en todo caso tendría que decirse por el Consejo de Seguridad no por la OTAN directamente ni por sus Estados miembros*".[171]

En tercer lugar, está la cuestión de que la limpieza étnica que estaba aconteciendo planteaba una amenaza a largo plazo para la paz y la seguridad internacionales de Europa. Por esa razón la OTAN estaba obligada a manifestarse para prevenir y contrarrestar la amenaza. La Profesora Ruth Wedgwood observa que esa idea sugiere claramente que la acción debería ser estimada legal con arreglo al Capítulo VIII de la Carta,[172] que versa

---

[167] N. J. Wheeler. *Saving Strangers: Humanitarian Intervention in International Society*. New York: Oxford University Press, 2002, 352 pp, p. 271.

[168] M. Bothe. *Die NATO nach dem Kosovo-Konflikt und das Völkerrecht*. Sondernummer: SZIER, n. 2, 2000, pp. 177-195.

[169] R. Lavalle. *Legal Aspects of the Kosovo crisis and its outcomes: an overview*. Revue Hellénique de Droit International, n. 53, 2000, pp. 501-36.

[170] Ph Weckel. *L'emploi de la force contre Yougoslavie ou la Charte fissurée*. Revue Général de Droit International Public, v. 104, n. 1, 2000, pp. 19-36.

[171] C. Gutiérrez Espada. *Uso de la Fuerza, Intervención Humanitaria y Libre Determinación (la "Guerra de Kosovo")*. Anuario de Derecho Internacional XVI, 2000, pp. 93-132, p. 97.

[172] R. Wedgwood. *Nato's Campaign in Yugoslavia*. AJIL, vol. 3, n. 4, octubre 1999. pp. 828-832.

sobre los *Acuerdos Regionales*. Pero, por un lado, como apunta el Profesor Gutiérrez Espada, *"en el rigor, la OTAN no es una organización regional ex art. 53, sino un Pacto basado en el art. 51 (legítima defensa colectiva)"*,[173] por otro, el artículo 53 de dicho capítulo es suficientemente claro, y no parece estar obsoleto, al afirmar que *"no se aplicarán medidas coercitivas en virtud de acuerdos regionales o por organismos regionales sin autorización del Consejo de Seguridad"*, por lo tanto, tampoco puede considerarse esta idea como una base legal para la actuación.

Por fin, la justificación de que la operación fue puesta en marcha para impedir una catástrofe humanitaria es, sin duda, el argumento más plausible desde el punto de vista de la legitimidad de la acción. Esta es la postura asumida por gran parte de la doctrina. Evidentemente, a pesar de partir del presupuesto de la legitimidad de una acción armada, en caso de comprobarse violaciones masivas y sistemáticas de los derechos humanos y obedeciendo a determinados criterios, mismo sin la previa autorización del Consejo de Seguridad, no siempre los autores llegaron a desenlaces acordes.

La conclusión natural acerca de los aspectos analizados no puede ser otra que la ilegalidad de la intervención en los términos del derecho internacional que rige en nuestros tiempos. No obstante, el último elemento de las posibilidades de justificación de la OTAN plantea la cuestión primordial de ese trabajo — la legitimidad de una intervención armada por razón exclusivamente humanitaria — pero con características muy equivocas que probablemente es lo que hace tan particular el caso de Kosovo.

Para el examen de ese último argumento, que constituye el foco central de este apartado, se tendrá como base la contribución del Profesor Antonio Cassese en su artículo intitulado *"Ex iniuria ius oritur: Are We Moving Towards International Legitimation of Forcible Humanitarian Countermeasures in the World Community?"*.[174] Cassese sostiene seis condiciones que deben ser estrictamente cumplidas para que se recurra a

---

[173] C. Gutiérrez Espada. *Uso de la Fuerza, Intervención Humanitaria y Libre Determinación (la "Guerra de Kosovo")*, op. cit. supra, nota 171, p. 95.

[174] A. Cassese. Ex iniuria oritur: Are We Moving towards International Legitimation of Forcible Countermeasures in the World Community?, EJIL, vol. 10, n. 1, 1999. p. 27. Acceso en: <http://www.ejil.org/journal/Vol10/No1/com.html>

la fuerza con vistas a la protección de los derechos humanos. Las condiciones matizadas son: (1) existencia de brutales y notorias violaciones de los derechos humanos que impliquen la pérdida de la vida de cientos o miles de personas inocentes, llegando a caracterizar crímenes contra la humanidad, perpetrados en el territorio de un Estado soberano, por las autoridades centrales gubernamentales o con su connivencia y apoyo, o porque el colapso total de tales autoridades no pudo impedir aquellas atrocidades; (2) si los crímenes contra la humanidad son resultado de la anarquía en un Estado soberano, es necesaria la prueba de que las autoridades centrales son completamente incapaces de poner fin a aquellos crímenes y, al mismo tiempo, se niegan a solicitar o permitir a otros Estados u organizaciones internacionales entrar en el territorio para colaborar con el cese de las violaciones. Si, al contrario, tales crímenes hubiesen sido llevados a cabo por las autoridades centrales, se debe demostrar que aquellas autoridades rechazaron totalmente la cooperación de las Naciones Unidas u otras organizaciones internacionales, o que sistemáticamente se negaron a cumplir las peticiones, recomendaciones o decisiones de tales organizaciones; (3) si el Consejo de Seguridad está incapacitado para tomar cualquier medida coercitiva para poner fin a la masacre, en razón del desacuerdo entre sus miembros permanentes o por el ejercicio del derecho de veto de uno o más de ellos. Y, por consiguiente, el Consejo de Seguridad se abstiene de cualquier acción o sólo se limita a lamentar o condenar las matanzas, pero posiblemente, caracterizándolas como una amenaza para la paz; (4) si todos los medios pacíficos que pueden ser explorados — compatibles con la urgencia de la situación — para alcanzar una solución basada en la negociación, u otro medio excepto la fuerza, han sido agotados, sin que ninguna solución pueda haber sido convenida por las partes en el conflicto; (5) si es un grupo de Estados (no una potencia hegemónica, pese a sus fuerzas militares, autoridad política y económica, ni tampoco con el apoyo de un estado aliado) el que decide hacer cesar las atrocidades, con el apoyo o, al menos, la no oposición de la mayoría de los Estados miembros de las Naciones Unidas; (6) el recurso a la fuerza armada debe destinarse exclusivamente al limitado propósito de acabar con las atrocidades y restablecer el respeto a los derechos humanos, no a ningún otro objetivo ajeno a esa estricta finalidad. Consecuentemente, el empleo de la fuerza tiene que ser interrumpido en cuanto se alcance ese objetivo. Aún más, es axiomático que el uso de la fuerza sea conmensurado y proporcional a las exigencias de los derechos humanos en el terreno. Cuanto mayor sea la urgencia de la situación de matanzas y atrocidades, más intensa e inmediata debe ser la respuesta militar. Inversamente, la acción militar no estaría garantizada en el caso de una crisis que vaya revelándose paulatinamente y que todavía presente vías para la solución diplomática aparte de la confrontación armada.[175]

Las condiciones expuestas por Cassese son extremadamente importantes para encontrar alternativas de regulación de la intervención armada por motivos humanitarios y crear un campo propicio para hacer la práctica más transparente. En lo concerniente a la actuación de la OTAN, el autor concluye que fueron efectivamente respetadas esas condiciones y, desde el punto de vista ético, la intervención estaba justificada. Precisamente, es al verificar la observancia de esas condiciones que este estudio diverge de la perspectiva del Profesor Cassese.

El cumplimiento de los requisitos del agotamiento de la vía pacífica y diplomática, así como los de la proporcionalidad en el empleo de la fuerza militar frente a la magnitud de las violaciones de los derechos humanos y el de la ausencia de intereses ajenos al propósito humanitario parece ser muy controvertible. Justamente estas dos últimas condiciones constituyen pilares esenciales para que se produzca una intervención verdaderamente justa.

Para analizar el cumplimiento de esos requisitos, es oportuno abrir un paréntesis para recordar que la Organización del Tratado del Atlántico Norte fue creada en 1949, en el contexto del enfrentamiento ideológico de la Guerra Fría, con el carácter de una alianza fundada en la seguridad colectiva para hacer frente a las amenazas soviéticas dentro del territorio de sus Estados miembros. Lo que significaba que un ataque armado a un Estado parte en el Tratado representaría — según el Tratado — un ataque dirigido contra todos los demás. En consecuencia, si tal ataque se produjese, cada uno de los Estados miembros, en ejercicio del derecho de legítima defensa individual o colectiva, reconocido por la Carta de las Naciones Unidas, ayudaría a la parte o partes atacadas, adoptando de inmediato, de forma individual, y de acuerdo con los otros miembros,

---

[175] *Ibíd.*

las medidas que juzgara necesarias, inclusive el empleo de la fuerza armada, para restablecer la seguridad en la zona del Atlántico Norte.[176]

Con los cambios coyunturales, el propio objeto y fin del tratado parecía haber perdido vigencia, una vez que la amenaza comunista, en la era de la pos Guerra Fría, había dejado de existir. Además, la parálisis del Consejo de Seguridad de la ONU, a raíz del sistemático ejercicio del derecho de veto por una de las potencias enfrentadas, ya había sido superada (por lo menos en los términos del período anterior). Así, en los años que antecedieron la intervención en Kosovo ya se hablaba de la conmemoración del cincuentenario de la OTAN con los ánimos volcados hacia una reformulación de sus objetivos y retos para el siglo XXI, ya que éstos indicaban encontrarse obsoletos en la actualidad.

Después de esas consideraciones, se cierra el paréntesis retomando la cuestión del respeto o no de las condiciones antes mencionadas. En lo que concierne al agotamiento de las vías pacíficas y diplomáticas hay que tener muy en cuenta la alusión hecha anteriormente sobre las Conferencias de Rambouillet y Paris, de febrero y marzo de 1999. Como Tomuschat[177] verificó, los miembros de la OTAN en el Grupo de Contacto no demostraban tener ninguna disposición a escuchar las contra-propuestas del gobierno de la RFY. Lo que sí hubo fue una continua insistencia en que Yugoslavia debería acatar determinadas condiciones, firmando el texto del Acuerdo de Rambouillet. El mismo autor afirma en sus conclusiones que la OTAN amenazó claramente con emprender ofensivas armadas en el caso de que la RFY negara acatar las condiciones impuestas.[178]

Además, el Anexo B del mismo Acuerdo imponía a Yugoslavia una serie de obligaciones positivas y negativas que muchos autores coinciden en reconocer que vulneraban el axioma de la soberanía estatal. Por ello el hecho de que la delegación yugoslava no aceptara firmar dicho texto no parece ser tan disparatado. Más aún, la RFY ofreció una contra-propuesta en la que estaba dispuesta a negociar una presencia militar internacional en su territorio, a condición de que no fuera comandada por la OTAN.

---

[176] Artículo 5 del Tratado del Atlántico Norte.
[177] C. Tomuschat. (Ed.) *Kosovo and the International Community: a Legal Assessment*. The Hague, London, New York: Martinus Nijhoff Publishers, 2002, 354 pp, p. 329.
[178] *Ibíd.*

La situación descrita evidencia al menos dos aspectos referentes al agotamiento de los medios diplomáticos en la solución de la crisis de Kosovo. En primer lugar, el gobierno de la RFY, pese a la persistente desobediencia de las resoluciones adoptadas por el Consejo de Seguridad (que también habían sido violadas por la otra parte del conflicto), todavía demostraba disposición a negociar una solución pacífica para la crisis, aunque no en los términos literales de Rambouillet.

En esta misma dirección, Robert Uerpmann defiende la idea de que los Estados miembros de la OTAN no agotaron todos los caminos pacíficos disponibles en el sistema internacional. Antes de recurrir al empleo de la fuerza unilateralmente (el autor hace suyas las palabras de Jean Pierre-Marie Dupuy y considera la intervención: "*collective mais néanmois unilatérale*"[179]) debieron haber demandado a los órganos competentes de las Naciones Unidas y, en caso de que el Consejo de Seguridad estuviera paralizado, podían haber buscado la legitimación conferida por un procedimiento en la Corte Internacional de Justicia.[180]

El segundo aspecto reside en las amenazas de uso de la fuerza, a lo largo del proceso, por los Estados miembros de la OTAN, en el supuesto de que no fuese firmado en Paris el llamado "Acuerdo de Paz" de Rambouillet en su integridad. Y, a la par, la insistente asignación de la responsabilidad al gobierno de la RFY en la hipótesis de que fracasase la firma del tratado. Sobre este asunto es importante tener presente el Art. 52 de la "Convención de Viena sobre el Derecho de los Tratados" de 1969, titulado "*Coacción sobre un Estado por la amenaza o el uso de la fuerza*" que dispone: "*Es nulo todo tratado cuya celebración se haya obtenido por la amenaza o el uso de la fuerza en violación de los principios de derecho internacional incorporados en la Carta de las Naciones Unidas*".[181] Este terreno, no obstante, también se presta a interpretaciones contrapuestas, toda vez que hay espacio para afirmar que dichas amenazas representaban sobre todo una forma de presión internacional[182] para que se alcanzara un acuer-

---

[179] R. Uerpmann. *La primauté des droit de l'homme: licéité ou illicéité de l'intervention humanitaire. in*: C. Tomuschat. (Ed), *Kosovo and the International Community: a legal assessment*, 2002, pp. 65-85, p. 84.
[180] *Ibíd.*
[181] Artículo 52 "Coacción sobre un Estado por la amenaza o uso de la fuerza" de la Convención de Viena sobre le Derecho de los Tratados del 23 de mayo de 1969.
[182] E. Decaux. *La Conférence de Rambouillet : Négociation de la dernière chance ou contrainte illicite?, op. cit. supra*, nota 139, p. 63.

do definitivo, destinado a poner fin lo antes posible a la crisis humanitaria, y no una concreta coacción. De todos modos, la suposición contraria redundaría en un tratado jurídicamente viciado y por lo tanto nulo. Según Bernard Adam, no sólo era nulo a causa de la coacción (que él sí entiende que la hubo), sino también por poner en entredicho la soberanía de Yugoslavia,[183] como se observó en la lectura del Anexo B del texto de Rambouillet.

Paralelamente, hay quienes defienden lo contrario, es decir, que sí fueron utilizados todos los medios pacíficos y diplomáticos para llegar a una solución. Antonio Cassese, desde esa perspectiva, entiende que tanto las negociaciones promovidas por los Estados a través del Grupo de Contacto, como los esfuerzos de Rambouillet y Paris, son la prueba del agotamiento de esos recursos.[184]

El requisito del cumplimiento del principio de la proporcionalidad, o sea, el empleo de la fuerza militar para hacer cesar las violaciones de los derechos humanos teniendo absolutamente presente la magnitud de dichas violaciones, a fin de no aportar un mayor sufrimiento a las víctimas, tampoco parece haber sido efectivamente satisfecho, lo que conduce inexorablemente (si la sugerencia es aceptada) a declinar la estimación de una intervención éticamente avalada.

En una región donde la población civil estaba viviendo bajo una constante sensación de miedo, tanto por el uso excesivo de la fuerza por parte del ejército yugoslavo como por los atentados cometidos por el UÇK, los intensos bombardeos aéreos comandados por la OTAN — destinados a debilitar las estructuras militares de la RFY en Kosovo — configuraron un componente más del temor de aquella población. Una simple observación técnica sobre la estrategia de los bombardeos refuerza la evaluación anterior. Por motivos de '*force protection*', la OTAN decidió ejecutar la misión desde altitudes extremadamente altas, lo que implicó un elevado número de errores denominados '*pilots errors*'.[185] Torstein Stein

---

[183] B. Adam. (Ed,), *La Guerre du Kosovo: Éclairages et Commentaires*. Bruselas: Editions Complexe, GRIP, 1999, 179 pp. p. 41

[184] A. Cassese. *Ex iniuria oritur: Are We Moving towards International Legitimation of Forcible Countermeasures in the World Community?*, op. cit. supra, nota 174, p. 28.

[185] T. Stein. *Kosovo and the International Community. The Attribution of Possible Internationally Wrongful Acts: Responsibility of Nato or of its Member States?* In: C. Tomuschat. (Ed) *Kosovo and the International Community: a legal assessment*, 2002, pp. 181-192, p. 190.

ilustra la información relatando una serie de esos casos en los cuales la población civil fue víctima, algunos de ellos:

> One pilot attacked what he thought was a Serbian military convoy; it turned out to be a convoy of refugees. Another pilot attacked a bridge (certainly a dual use object) at the very moment when a civilian train began to cross the bridge. The bridge and the train were destroyed.[186]

En base a esa línea de argumentación, Añaños Meza agudiza el debate de la operación de la OTAN puntualizando que:

> Los bombardeos aéreos de la OTAN en territorio de la RFY no dan lugar a duda alguna del uso de la fuerza de alta intensidad por parte de la OTAN y, por tanto, de la naturaleza de contienda militar o estado de guerra asimétrica entre una alianza de países poderosos con armamento sofisticado y un país pobre, ya azotado con la miseria de guerras civiles y que soporta en su territorio la lluvia de bombas [...].[187]

Los resultados de la ofensiva son constatados también por el Profesor de la Universidad de Ottawa, Michael Chossudovsky, mediante el análisis de informes de la UNICEF. El autor demuestra el gran sufrimiento humano, tanto inmediato como en sus consecuencias futuras, fruto de la dimensión de los bombardeos.[188]

---

[186] *Ibíd.*

[187] M. C. Añaños Meza. *Algunas reflexiones sobre la legalidad de la intervención militar de la OTAN en Kosovo.* Centro de Derechos Humanos de Nuremberg. Acceso en: <http://www.menschenrechte.org/beitraege/menschenrechte/beit007.htm>

[188] *"NATO's 'humanitarian bombings' have been stepped up leading to mounting civilian casualties and human suffering. Thirty percent of those killed in the bombings are children. In addition to the use of cluster bombs, the Alliance is waging a 'low intensity nuclear war' using toxic radioactive shells and missiles containing depleted uranium. Amply documented, the radioactive fall-out causes cancer potentially affecting millions of people for generations to come. According to a recent scientific report, 'the first signs of radiation on children including herpes on the mouth and skin rashes on the back and ankles' have been observed in Yugoslavia since the beginning of the bombings.*
In addition to the radioactive fall-out which has contaminated the environment and the food chain, the Alliance has also bombed Yugoslavia's major chemical and pharmaceutical plants. The bombing of Galenika, the largest medicine factory in Yugoslavia has contributed to releasing dangerous, highly toxic fumes. When NATO forces bombed plants of the Pancevo petrochemical complex in mid-April "fire broke out and huge quantities of chlorine, ethylene dichloride and

Se entiende, por lo tanto, que la OTAN, además de ejecutar bombardeos desproporcionados (quizás a causa de eso mismo), carecía de un plan estratégico bien elaborado que considerase las necesidades y particularidades de la población de Kosovo. Para que se cumpla el principio de la proporcionalidad frente a una masacre, para no resultar una amenaza adicional a la vida humana, es primordial un conocimiento profundo de las condiciones tanto humanitarias como físicas y geográficas de la región donde se emprenderá la acción. Rollie Keith es incisivo al comentar esa cuestión y las consecuencias provocadas por haber fallado en el cuidado necesario del plan de bombardeo:

> [...] the NATO bombardment has been counterproductive, as it has created a significant European humanitarian problem of more than 600,000 external refugees that threaten to destabilize the surrounding vulnerable nations, exacerbating regional security. Another estimated 600,000 plus internally-displaced Kosovars are also being subjected to the deprivations of the full-scale civil war. Then in the end the international community will also have to rebuild not only Kosovo, but the rest of Yugoslavian to ensure their future participation in the new Europe of the 21st century, This is what the failure of diplomacy with its consequent ill-prepared and ill-conceived air bombardment has accomplished.[189]

En lo referente al principio de la proporcionalidad en la operación emprendida por la OTAN, Cassese[190] no menciona explícitamente si fueron observadas las premisas por él propuestas para defender la legitimidad de la acción. No obstante, al finalizar su articulo hace hincapié en la extrema importancia de la proporcionalidad en las intervenciones humanitarias: "*[. . .] resort to forcible countermeasures must in any event be*

---

vinyl chloride monomer flowed out. Workers at Pancevo, fearing further bombing attacks that would blow up dangerous materials, released tons of ethylene dichloride, a carcinogen, into the Danube". M. Chossudovsky. *NATO's War of Aggression against Yugoslavia*. Centre for Research on Globalization. Septiembre 2003. Acceso en: <http://www.globalresearch.ca/articles/CHO309C.html>

[189] R. Keith. *The Failure of Diplomacy: returning OSCE human rights monitors offers a view for the ground in Kosovo*, op. cit. supra, nota 154.

[190] A. Cassese. *Ex iniuria oritur: Are We Moving towards International Legitimation of Forcible Countermeasures in the World Community?*, op. cit. supra, nota 174.

conducted in conformity with the canons of international humanitarian law, including the Basic principle of proportionality".[191]

La tercera y última condición que se estima no haber sido efectivamente respetada por la OTAN — en contraposición a la tesis defendida por Antonio Cassese — es la de la ausencia de otros intereses ajenos al fondo humanitario en la decisión de desplegar la intervención. Quizás, al efectuar su análisis, Cassese, a diferencia de lo que se hace aquí, haya dado más importancia al hecho de que la intervención no tuvo una fuerte oposición por la gran mayoría de los Estados miembros de las Naciones Unidas y, más aún, que la propuesta de resolución condenando la intervención y solicitando su inmediato fin haya sido rechazada por 12 votos en contra y solamente 3 en su favor,[192] que a la propia cuestión concerniente a los propósitos que motivaron la acción.

Conviene destacar que, tal y como se expuso en el capítulo anterior, es prácticamente imposible que una intervención armada sea llevada a cabo en ausencia de un grado mínimo de interés propio. Sin embargo, mediante las observaciones anteriores y las que se hacen a continuación, parece que la actuación de la OTAN estuvo fundamentada mucho más en intereses propios que en la verdadera intención humanitaria.

Como ya se ha mencionado, en el discurso oficial se declaraba que la operación tenía como único objetivo poner fin a las atrocidades que estaban siendo cometidas por el ejército yugoslavo sobre la población kosovar. Para ello, no se dudó en prescindir de la autorización del Consejo de Seguridad de la ONU, ni tampoco se buscaron otras vías de legitimación como podría ser un procedimiento ante la Corte Internacional de Justicia. Aparte de las conclusiones a las que se puede llegar sobre los medios empleados en las Conferencias realizadas en Francia en febrero y marzo de 1999. Con todos los elementos expuestos, cabe oportunamente preguntarse: ¿por qué la OTAN decidió precipitarse por esos arriesgados caminos para el futuro del sistema de seguridad internacional? ¿La intención era integralmente la de salvar vidas?

Christian Tomuschat comenta que, según Wolfgang Graf Vitzthum, el motivo decisivo latente en la operación de la OTAN no era precisamente el deseo de evitar el sufrimiento de los albaneses, sino más bien el temor de

---

[191] *Id.*, pp. 29-30.
[192] Propuesta de resolución patrocinada por Bielarús, Rusia e India (S/1999/328).

tener que enfrentarse a las complicaciones derivadas de un flujo de refugiados en una región severamente afectada por conflictos armados.[193]

Otra cuestión relevante a tener presente — en lo referente a los otros posibles intereses — es la riqueza de recursos minerales existente al norte de Kosovo. Chris Hedges, columnista del *New York Times*, escribió un artículo un año antes de la intervención de la OTAN en Yugoslavia, en el que revelaba la extensión de los recursos minerales tras entrevistar a un director, a un ex director y a un encargado de una de las minas de la región. En las palabras del propio autor:

> The metal cage tumbled to the guts of the Stari Tng mine, with its glittering veins of lead, zinc, cadmium, gold and silver, its stagnant pools of water and muck, its steamy blasts, its miles of dank, gloomy tunnels and its vast stretches of Stygian darkness. [...] 'There is over 30 percent lead and zinc in the ore', said Novak Bjelic, the mine's beefy director. 'The war in Kosovo is about the mines, nothing else'. [...] 'We export to France, Switzerland, Greece, Sweden, the Czech Republic, Russia and Belgium. We export to a firm in New York, but I would prefer not to name it. And in addition to all this Kosovo has 17 billion tons of coal reserves [...]'.[194]

Bajo otro ángulo, no sería exagerado suponer que la crisis de Kosovo representara una oportunidad para adecuar la función de la OTAN al contexto del nuevo siglo, al no corresponder más a la finalidad para la cual fue creada. Siguiendo esa línea de reflexión, hay que destacar que actualmente las amenazas a la seguridad internacional ya no provienen, en la mayor parte de los casos, de las relaciones y hostilidades inter-estatales. Los embates actuales son, sobre todo, de naturaleza interna, intra-estatales, como guerras civiles, genocidios o conflictos entre minorías étnicas. Ellos adquieren una dimensión internacional en razón, principalmente, del flujo de refugiados que generan, además de la consumación de graves y sistemáticas violaciones de los derechos humanos que ya está demostrado no concernieren exclusivamente al plan

---

[193] C. Tomuschat. (Ed.) *Kosovo and the International Community: a Legal Assessment.* op. cit. supra, nota 177, p. 332.

[194] C. Hedges. *Stari Tng Journal; Below It All in Kosovo, A War's Glittering Prize.* New York Times, 8 de Julio de 1998. Acceso en: <http://www.mtholyoke.edu/acad/intrel/stari.htm>

interno (soberanía) del Estado.[195] Igualmente, la complejidad, la interdependencia entre los Estados y las dinámicas de las relaciones en la comunidad internacional actual, necesariamente conllevan que los reflejos de aquellos conflictos puedan ser sentidos en cualquier parte del globo.

En consecuencia, es evidente que las amenazas y contiendas de dimensiones internacionales hoy tienen lugar fuera de la zona de competencia de la OTAN. Paralelamente, comenta el Profesor canadiense Albert Legault, "*les États-Unis ne veulent plus assurer seuls la défense du monde dit libre et souhaitent donner à l'OTAN de nouvelles missions et confier aux alliés un rôle accru dans le partage de ces fonctions*".[196] Es oportuno añadir que, con el fin de la Guerra Fría, los Estados Unidos han insistido en la necesidad de un sistema internacional basado en el multilateralismo y en decisiones colectivas que desempeñen una labor legitimadora de todas las acciones en el ámbito de la seguridad internacional (ejemplo claro es la intervención en Irak, en 1991).

Fue en ese contexto que se situó el debate acerca de la nueva identidad de la OTAN. Las discusiones sobre la nueva concepción estratégica de la Alianza se iniciaron en la Cumbre de Londres, en julio de 1990, y pasaron por diversas etapas. En 1991, en Roma, fue definido parte de ese nuevo concepto estratégico y, posteriormente, fue reexaminado en la Cumbre de Madrid, en 1997. En Madrid, el Comunicado Ministerial de la Alianza ya indicaba la vía por la cual la organización habría de encaminarse para adaptarse a los nuevos desafíos. En el párrafo 3 de la declaración se sostiene que: "*While maintaining our core function of collective defence, we have adapted our political and military structures to improve our ability to meet the new challenges of regional crisis and conflict management [. . .]*".[197]

La Alianza finalizó la revisión de su estrategia a tiempo para la celebración de su quincuagésimo aniversario, en abril de 1999. En las primeras fases de su revisión se concluyó que los riesgos para la seguridad de la

---

[195] Los derechos humanos más fundamentales ya forman parte del *ius cogens* internacional que generan obligaciones *erga omnes*.

[196] A. Legault. *L' intervention de l'OTAN au Kosovo: le contexte légal.* Revue Militaire Canadiense, vol. 1, n. 1, primavera de 2000, 80 pp., p. 65.

[197] *Madrid Declaration on Euro-Atlantic Security and Cooperation.* Issued by the Head of States and Government at the Meeting of the North Atlantic Council. Press release M-1 (97)81, Madrid 8 de Julio de 1997. Acceso en: <http://www.nato.int/docu/pr/1997/p97-081e.htm>

Alianza tomaban "formas complejas" y provenían de "direcciones múltiples", pero añadía el mismo postulado de que "preservar el equilibrio estratégico en Europa" constituía la primera tarea de la Organización. Siguiendo ese animo de renovación, la OTAN se otorgaba nuevas misiones, como la de mantener caso por caso las actividades de conservación de la paz emprendidas mediante al amparo de la Conferencia para la Seguridad y la Cooperación en Europa, trasformada en OSCE desde 1994. Se ofrecía, paralelamente, con la finalidad de responder a la crisis creciente en Yugoslavia, a emprender misiones encargadas a la ONU, siempre con la debida autorización del Consejo de Seguridad.[198]

Antes de la realización de la Cumbre de los 50 años de la Alianza, en Washington, y del inicio de la intervención en Yugoslavia, el subsecretario de Estado del Departamento de Estado Americano, Sr. Strobe Talbott, en un discurso pronunciado en Bonn, el 4 de febrero de 1999, fue probablemente mucho más lejos de lo que deseaban los países aliados. Después de haber insistido en la extraordinaria sinergia que existía entre las diferentes instituciones internacionales de seguridad, particularmente entre las Naciones Unidas y la OTAN, resaltó que era de importancia primordial *"no subordinar la OTAN a otro organismo internacional o de no comprometer la integridad de su estructura de mando"*. Desde su perspectiva, la Alianza podría efectivamente *"colaborar con otras organizaciones y respetar sus fines y principios"*, pero la OTAN debería, según él, *"reservarse el derecho y la libertad de actuar si sus miembros, teniendo como base el consenso, lo consideran necesario".*[199] La afirmación no fue en vano, teniendo en cuenta que menos de dos meses después se inauguraban los bombardeos aéreos en Yugoslavia.

En sentido análogo, el Profesor Remiro Brotóns comenta la conexión existente entre el evento de los cincuenta años de la Alianza con su campaña en Kosovo:

> Como la "campaña militar" en Yugoslavia coincidió (abril de 1999) con la adopción en Washington, culminando los fastos del cincuentenario de la OTAN, del "Nuevo Concepto Estratégico" de la Alianza,

---

[198] A. Legault. *L' intervention de l'OTAN au Kosovo: le contexte légal, op. cit. supra*, nota 196, p. 65.
[199] *Ibíd.*

contamos ya con los elementos para apreciar que el "Nuevo Orden" se articula sobre valores morales cribados por el cedazo de intereses de Estados Unidos y de sus socios minoritarios en la Organización, aplicados selectiva, arbitraria y discriminatoriamente, de ser preciso mediante la fuerza armada.[200]

Dando continuidad a la reflexión, no sin cautela, se concluye — al mismo tiempo que se deja abierta la cuestión — que la demostración de una organización fuerte, bien estructurada, con capacidad y medios militares para responder a una crisis de manera rápida y eficaz, aunque fuera del ámbito de su competencia y en ausencia de la autorización del Consejo de Seguridad, puede haber resultado la vía de facto más apropiada para su inevitable reestructuración. Más aún, la propia credibilidad de la Alianza parecía estar en primer plano junto con la expectativa estadounidense de no dar margen a una posibilidad de disolución de la Organización y, por consiguiente, perder espacio en el mantenimiento de la seguridad internacional en el ámbito regional. Michael Ignatieff,[201] desde una óptica cercana, afirma que la intervención de la OTAN en Kosovo no ocurrió sólo por motivos humanitarios sino también para fortalecer el domínio de Estados Unidos dentro de la Alianza.

En síntesis, se puede decir que las motivaciones reales que indujeron a la OTAN a la acción en Kosovo y la total veracidad relativa al conflicto interno difícilmente se sabrán con exactitud.

Ahora bien, puede sonar absolutamente contradictoria la conclusión que se alcanza — sobre la actuación de la OTAN — cuando el lector verifica que, en este trabajo, lo que se defiende es la prioridad que debe ser otorgada a salvar las vidas que estén siendo brutalmente exterminadas por gobiernos (o grupos) perversos e impedir que se sigan cometiendo esos abusos. En ese sentido, hay que tener siempre presente que, en estos supuestos, las víctimas no pueden esperar. Es imperioso que la reacción internacional sea rápida y eficaz, haciendo todo lo posible para

---

[200] A. Remiro Brotóns. *Un nuevo orden contra el Derecho Internacional: El caso de Kosovo.* Revista Electrónica de Estudios Internacionales, 2000, 14 pp., p. 1. Acceso en: <http://www.reei.org/reei1/Remiro.reei.PDF>
[201] M. Ignatieff. *State Failure and nation-building.* In: J.L. Holzgrefe. and R.O. Keohane. (Eds.) *Humanitarian Interventions: Ethical, Legal and Political Dilemmas.* Cambridge: Cambridge University Press, 2003, 362 pp., pp. 229-321, p.306.

disminuir y contrarrestar el sufrimiento humano. Y, para ello, en el presente estudio no se toma como un postulado irrefutable la máxima de la ilegitimidad de una acción armada en razón de humanidad, sin la autorización previa del Consejo de Seguridad, (¡ojo!) en hipótesis, evidentemente, de que dicha instancia no actúe efectivamente en esa dirección y vidas humanas estén bajo grave e inminente peligro.

Aclarado eso, y ante todo lo expuesto, no puedo concebir la intervención de la OTAN como moralmente justa, tal y como postulan las condiciones propuestas por Antonio Cassese. Son fuertes los indicios de premeditación — por parte del interventor — y de manipulación acerca de los hechos que estaban sucediendo en el terreno (también por parte de los miembros de la OTAN, a través principalmente de los medios de comunicación). La constatación de que la manera como fue conducida la operación, en lugar de impedir la catástrofe humanitaria, contribuyera a aumentar el sufrimiento humano, induce inexorablemente a la conclusión de que en este caso — debido principalmente al deterioro de la situación de los derechos humanos durante los bombardeos —, contrariamente a la máxima de Nicolás Maquiavelo, los fines no justifican los medios.

De cualquier forma, por encima de todo, esta situación recomienda cautela y tal vez lo más prudente sea, al menos, reconocer que estamos frente a una situación sobre la cual prevalece la incertidumbre. Bajo esta perspectiva, sería comprensible la posición de aquellos que han defendido el carácter ético de la acción cuando alegan que, si la OTAN no hubiera reaccionado, continuaríamos paralizados y omisos con la mirada fija en la crisis, dejando que se fraguase una "nueva Ruanda". En este sentido, estoy de acuerdo con Gutiérrez Espada en que "*la nobleza de su finalidad no puede discutirse*",[202] mas añadiría que así sería, si la nobleza de los propósitos no se encontrara ensombrecida y, por frágil, puesta intensamente en tela de juicio por el conjunto de factores mencionados a lo largo de este capítulo.

3.2. La "Guerra de Kosovo": ¿Una nueva tendencia?

En el contexto del debate acerca de las posibles justificaciones conforme al derecho internacional de la intervención de la OTAN en Yugos-

---

[202] C. Gutiérrez Espada. *Uso de la Fuerza, Intervención Humanitaria y Libre Determinación (la "Guerra de Kosovo")*, op. cit. supra, nota 171, p. 107.

lavia, estuvo patente la discusión sobre sus implicaciones para el futuro del sistema de seguridad colectiva, centrado en el Consejo de Seguridad, fundamentalmente en el marco de la figura de la intervención armada por motivos humanitarios.

La importancia de la intervención armada de la OTAN — mucho más que representar un marco concreto de referencia para la práctica internacional o un modelo a seguir o no (¡no!) — reside en algunos indicativos que ponen de manifiesto la situación en que realmente se encuentra la cuestión de la protección de los derechos humanos en la practica (y no en la retórica de los Tratados) y el espacio que ocupa en la comunidad internacional, habida cuenta de las ingentes consecuencias que dicha protección supone.

No cabe más discutir si la situación de Kosovo configuraba un cuadro de violaciones masivas y sistemáticas de los derechos humanos. Eso ya ha sido demostrado y reiterado en los diversos Informes del Secretario General de la ONU y de ONGs que se ocuparon de la cuestión. En este momento, carece de relevancia indagar sobre quienes, en mayor o menor grado, las perpetraban cuando lo que está en juego es la evidente omisión de las Naciones Unidas y, en definitiva, del Consejo de Seguridad, en impedir, a través de medidas rápidas y eficaces, que continuasen las violaciones de los derechos humanos ya constatadas. Una reacción nada atípica en las seis décadas de funcionamiento del Consejo de Seguridad.

Como consecuencia de la actuación ilegal de la OTAN, resurge con énfasis la inquietud sobre la obligación imperativa y moral de impedir que catástrofes humanitarias se produzcan, frente al conjunto de normas (también imperativas) del derecho internacional actual. En sentido conexo, la intervención acabó acentuando la perversidad del proceso decisorio sobre los temas de seguridad y paz internacionales, manifestando su ineficacia (a raíz de la propia manera en que está instituido) para enfrentar las urgencias humanitarias.

Desde un enfoque similar, Gutiérrez Espada asevera que si la intervención emprendida por la OTAN en Yugoslavia *"es tan generalizadamente contemplada desde una perspectiva moral o ética, de legitimidad más que de legalidad, es precisamente por la situación de crisis en que el derecho internacional se encuentra en este punto"* y categóricamente afirma que *"la insistencia en la legitimidad de una acción es síntoma de un Derecho enfer-*

mo".²⁰³ Análogamente, Thomas Franck alerta que "*When law permits or even requires behaviour that is widely held to be unfair, immoral, or unjust, it is not only persons but also the law that suffers*".²⁰⁴ Y sigue concluyendo que "*So, too, if law prohibits that which is widely believed to be just and moral. Consequently, it is in the law's self-interest to narrow the gap between itself and the common sense of what is right in a specific situation*".²⁰⁵ En síntesis, el principal aspecto que se extrae de dicha intervención, como se ha mencionado anteriormente, es exactamente la inadecuación del derecho, tal y como se encuentra en nuestros días, para hacer frente a los desafíos que supone la protección de los derechos humanos.

Se deduce, pues, que el caso singular de Kosovo fue propicio para atizar el debate sobre la necesidad de asentar las bases para la ejecución de la intervención humanitaria justa (por paradójico que pueda sonar). Se puede afirmar que la magnitud alcanzada por el "debate-Kosovo" agudizó el dilema²⁰⁶ entre la moral y el derecho que la operación de la Alianza puso de manifiesto en una flagrante violación de las normas internacionales. Por lo tanto, en lugar de considerar que Kosovo inspiró una nueva tendencia, es preferible señalar que representa un *síntoma*, reproduciendo el término empleado por el Profesor Gutiérrez Espada.

No obstante, si se pretende argumentar que Kosovo constituyó un verdadero precedente de intervención humanitaria y, a partir de este presupuesto, vislumbrar la aparición de una tendencia en la práctica de los Estados y organizaciones regionales, no se puede dejar de considerar los potenciales riesgos de esa posición para la comunidad internacional. Bajo esa perspectiva, Thomas Franck alerta sobre lo peligroso que puede ser contemplar el uso de la fuerza por la OTAN en Kosovo como un precedente para la reinterpretación de la prohibición absoluta del uso discrecional de la fuerza contenida en el artículo 2§4 de la Carta. Su sustitución por un principio más "razonable", que acomode el uso de la fuerza por un Estado para impedir lo que él cree significa una extrema violación de

---

[203] *Id.* p.109.
[204] Th. Franck. M. *Interpretation and change in the law of humanitarian intervention.* In: J.L. Holzgrefe. and R.O. Keohane. (Eds.) *Humanitarian Interventions: Ethical, Legal and Political Dilemmas.* Cambridge: Cambridge University Press, 2003, 362 pp, pp. 204-231, p. 211.
[205] *Ibíd.*
[206] Thomas Franck denomina ese dilema de "*conundrum*" de la intervención humanitaria. Véase: *supra* nota 204.

los derechos humanos fundamentales en otro Estado, podría lanzar el sistema internacional por el abismo de la anarquía.[207]

Desde otra óptica, el Profesor Antonio Cassese parece haber llegado a la conclusión de que está en curso el proceso de formación de una norma internacional consuetudinaria. Según él, habida cuenta de la premisa del uso de la fuerza por la OTAN y de las circunstancias que rodeaban su acción, seguramente, esta particular brecha del derecho internacional debe, gradualmente, favorecer la cristalización de una regla general, autorizando contramedidas armadas con el exclusivo propósito de poner fin a las atrocidades de gran escala que configuren crímenes contra la humanidad y constituyan una amenaza para la paz.[208] El autor sugiere, por tanto, que esa regla debería constituir una excepción, tal y como es el artículo 51 (legítima defensa), del sistema de seguridad colectiva de la Carta de las Naciones Unidas basado en la autorización del Consejo de Seguridad.[209] Sin embargo, en un artículo posterior, Cassese, tras analizar la postura de los Estados involucrados en la operación de la OTAN y la reacción de los demás, dentro y fuera de las Naciones Unidas, ultima que, pese al indicio de que la norma estaba en proceso de cristalización, esto no ha sucedido sin oposición y, por lo tanto, la "contramedida humanitaria" sigue sin vigencia en el derecho internacional.[210]

Independientemente de estar o no de acuerdo con la observación del Profesor Cassese, todo el contexto internacional revela como nunca la emergencia de una pluralidad de discursos por parte de los Estados, sosteniendo lo que les pueda resultar favorable, pero, en la gran mayoría de los casos, coincidiendo en el total vigor de los principios de la Carta que prohíben el uso de la fuerza, al margen del Consejo de Seguridad (con la excepción de la legitima defensa), y la excepcionalidad del caso. En consecuencia, dicha emergencia pone una vez más de manifiesto las contradicciones y debilidades del actual sistema y acentúa aún más el dilema antes comentado.

---

[207] Th. Franck. *Recourse to Force State: actions against threats and armed attacks, op. cit. supra*, nota 29, p.172.

[208] A. Cassese. *Ex iniuria oritur: Are We Moving towards International Legitimation of Forcible Countermeasures in the World Community?, op. cit. supra*, nota 174, p. 29.

[209] Ibíd.

[210] A. Cassese. *A Follow-up: Forcible Humanitarian Countermeasures and* Opinio Necessitatis. EJIL, Vol. 10, n. 4, 1999, pp. 791-799. Acceso en: <http://www.ejil.org/journal/Vol10/No4/100791.pdf>

En esta misma línea, respecto a la disyuntiva legalidad y legitimidad, la Comisión Independiente sobre Kosovo que realizó un estudio profundo sobre el conflicto presentó un Informe (*"Kosovo Report: Conflict, International Response, Lessons Learned"*) en el cual hacía un llamamiento a la comunidad internacional sobre la base de lo ocurrido en Kosovo:

> Experience from the NATO intervention in Kosovo suggests the need to close the gap between legality and legitimacy. The Commission believes that the time is now ripe for the presentation of a principled framework for humanitarian intervention which could be used to guide future responses to imminent humanitarian catastrophes and which could be used to assess claims for humanitarian intervention. It is our hope that the UN General Assembly could adopt such a framework in some modified form as a Declaration and that the UN Charter be adapted to this Declaration either by appropriate amendments or by a case-by-case approach in the UN Security Council. We also suggest a strengthening of the level of human rights protection contained in the UN Charter — aware of course of the political problems of implementing such a change.
>
> The Commission is aware that in many countries of the world there is a much stronger commitment to the protection of their sovereignty than currently exists in the West. Given the dual history of colonialism and the Cold War, there is widespread concern about Western interventionism. The growing global power of NATO creates a feeling of vulnerability in other parts of the world, especially in a case such as Kosovo where NATO claims a right to bypass the United Nations Security Council.
>
> The Commission, composed as it was of citizens of many non-European, non-Western societies, puts great emphasis on the continued importance of the United Nations. It advocates increased funding and the need to consider ways to reform the main bodies of the United Nations, especially the Security Council, so that they are better suited to the post-Cold War environment.
>
> Finally, the Commission is acutely aware that the world has not given the same priority to humanitarian catastrophes outside

Europe as it gave to Kosovo. It is the Commission's hope that, after the Kosovo experience, it will be impossible to ignore tragedies such as the genocide in Rwanda in other parts of the world, and that the lessons of the Kosovo conflict will help us to develop a more effective response to future humanitarian catastrophes wherever they occur.[211]

La apelación que hace la Comisión sintetiza la perspectiva aquí defendida de que no se trata de una tendencia en sentido estricto. Al mismo tiempo que insinúa la atención especial dada al caso de Kosovo al formar parte del territorio Europeo e insiste en que es ese el momento para cerrar la brecha entre la legalidad y la legitimidad presente en el tema de la intervención humanitaria. La resistencia en entender Kosovo como una tendencia en términos estrictos es fruto, principalmente, de que los propios Estados no han querido ver la intervención como un precedente. Lo que sí cabe resaltar es el resurgimiento con mayor intensidad que nunca del debate institucional para encontrar una salida efectiva para el "conundrum", el dilema, la crisis en la que se halla el derecho internacional en ese terreno.

4. La "Guerra de Kosovo" desde una perspectiva jurisprudencial: el TPIY y la CIJ

4.1 Tribunal Penal Internacional para la ex Yugoslavia (TPIY)

Habida cuenta de las masivas violaciones de los derechos humanos y del derecho internacional humanitario cometidas a lo largo del conflicto en Kosovo, tanto antes como después del inicio de los bombardeos aéreos de la OTAN, el Tribunal Penal Internacional para la antigua Yugoslavia (TPIY) dio inicio al proceso de investigación y enjuiciamiento de los presuntos autores de estos crímenes.

El TPIY fue establecido en 1993, mediante la aprobación por el Consejo de Seguridad de la resolución 808 (1993), del 22 de febrero, en

---

[211] *Executive Summary* of the Independent International Commission on Kosovo, *Kosovo Report: Conflict, International Response, Lessons Learned*. Oxford: Oxford University Press, 2000, 384 pp.

la que tras reafirmar las resoluciones anteriores sobre la situación en Yugoslavia y la amenaza que constituía para la paz y la seguridad internacionales, decidió que se estableciera un tribunal internacional para el enjuiciamiento de los presuntos responsables de las violaciones graves del derecho internacional humanitario en el territorio de la ex Yugoslavia.[212]

A continuación, el Consejo aprobó la resolución 827 (1993),[213] del 25 de mayo, en la que, en virtud del Capítulo VII de la Carta, precisaba los términos de la resolución 808 (1993) y aprobaba el Estatuto del TPIY, quedando la sede situada en La Haya. La estructura del Tribunal fue también determinada y se componía por once magistrados, asignados en tres Salas (Sala I de Juicios con tres magistrados, Sala II de Juicios con tres magistrados, Sala de Apelaciones con cinco magistrados).

No es el objetivo de este apartado hacer un recorrido de toda la labor del TPIY desde su establecimiento. El período que interesa aquí es a partir de la decisión de investigar los crímenes (y enjuiciar a sus autores) cometidos durante el conflicto de Kosovo y, particularmente, la cuestión de las supuestas violaciones graves del derecho internacional humanitario por parte de algunos miembros del ejército de los Estados parte de la Alianza durante su campaña en Kosovo.

El TPIY se caracteriza por ser un tribunal *ad hoc*, de carácter no permanente y con una jurisdicción limitada, *ratione materia, ratione personae, ratione temporis y ratione locis*. En lo que concierne a la competencia del Tribunal para ocuparse del asunto de Kosovo no había muchas dudas. En el Estatuto[214] se establecen los ámbitos y límites de su jurisdicción: los artículos primero y octavo expresan que la competencia *ratione loci* abarca todo el territorio de la ex Yugoslavia, comprendiendo evidentemente la región de Kosovo; la competencia *ratione temporis* tratada también en

---

[212] Resolución 808 (1993) del Consejo de Seguridad, del 22 de febrero de 1993 (S/RES/808). Acceso en: <http://daccessdds.un.org/doc/UNDOC/GEN/N93/098/24/IMG/N9309824.pdf?OpenElement>

[213] Resolución 827 (1993) del Consejo de Seguridad, del 25 de mayo de 1993 (S/RES/827). Acceso en: <http://daccessdds.un.org/doc/UNDOC/GEN/N93/306/31/IMG/N9330631.pdf?OpenElement>

[214] Estatuto del Tribunal Penal Internacional para la ex Yugoslavia con el texto completo de todas las resoluciones del Consejo de Seguridad que lo precisaron o lo enmendaron. Acceso en: <http://www.un.org/icty/legaldoc-e/index.htm>

el artículo 8 solamente menciona a partir de cuándo el Tribunal está facultado para proceder a la investigación (1 de enero de 1991), no cuando finaliza dicha competencia. Es decir, únicamente determina un *dies ad quo* pero no el *dies ad quem*,[215] por tanto, no hay dudas respecto al periodo del conflicto en Kosovo; el artículo 6 dispone sobre la *ratione personae*, afirmando que el TPIY tiene competencia exclusivamente sobre personas físicas, es decir, excluye cualquier posibilidad de que se juzgue, por ejemplo, a un Estado o una organización; la competencia *ratione materiae*, desdoblada en los artículos 2 al 5, se refiere a las violaciones graves de los Convenios de Ginebra de 1949, a la violación de las normas o costumbres relativas a la guerra (*jus in bello*), al genocidio y a los crímenes de lesa humanidad.

En suma, el problema que podría surgir acerca de si el Tribunal gozaba de jurisdicción sobre el caso parece estar muy claro. Además, su competencia abarca, por supuesto, todas las partes en el conflicto, evidentemente incluyendo a los miembros del ejército de los países de la OTAN que participaron en el bombardeo. En pocas palabras se puede decir que el Tribunal se ocupaba de la responsabilidad penal de los individuos que hubieran planeado, incitado, cometido, ayudado o alentado, de cualquier manera, a cometer los crímenes previstos en los artículos 2 al 5 del Estatuto. En lo concerniente a las posibles violaciones por un Estado del derecho internacional humanitario o de las normas que regulan los conflictos armados, como se ha señalado, el TPIY no posee jurisdicción. En ese sentido, la Corte Internacional de Justicia sí, en un principio, puede ser competente.

A lo largo de la campaña aérea de la Alianza en Kosovo, y después de finalizada, muchos individuos y ONGs enviaron varios informes[216] a la

---

[215] S. Boelaert-Suominen. *The International Criminal Court for the former Yugoslavia and the Kosovo conflict*. International Review of the Red-Cross, n. 837, 31 de marzo 2000, pp. 217-252. Acceso en: <http://www.icrc.org/Web/Eng/siteeng0.nsf/iwpList177/121C6E914D F47662C1256B66005E38C2>

[216] Véase por ejemplo: Informe sometido por un grupo de abogados: *Notice of the existence of information concerning serious violations of international humanitarian law within the jurisdiction of the Tribunal*, en el que citaba el nombre de cada uno de los individuos que consideraban haber cometido esas violaciones. Acceso en: http://www.jurist.law.pitt.edu/icty.htm; Informe de la Amnistía Internacional: *Yugoslavia: "Collateral Damage" or Unlawful Killings? Violations of the Laws of War by NATO during Operation Allied Force*, de junio de 2000.

oficina del fiscal del Tribunal manifestando lo que según ellos constituían crímenes de guerra perpetrados por soldados y también oficiales de la fuerza de la OTAN.[217]

Al recibir esos informes de posibles crímenes cometidos durante el bombardeo de la OTAN por su personal, el fiscal del TPIY creó un Comité para evaluar dichas informaciones y asesorarlo sobre si efectivamente existían fundamentos jurídicos suficientes para abrir una investigación.

El resultado del trabajo del Comité fue: "*On the basis of information available, the committee recommends that no investigation be commenced by the OTP in relation to the NATO bombing campaign or incidents occurring during the campaign*".[218] Tras analizar caso por caso de los supuestos que *prima facie* algunos individuos de la fuerza de la OTAN podrían haber violado el derecho internacional humanitario, el comité consideró que ni una investigación a fondo relacionada con la campaña de bombardeo de modo general, ni tampoco investigaciones relacionadas con incidentes específicos, serían justificables. En todos los casos, el Comité estimó que la ley no es suficientemente clara o que, probablemente, las investigaciones no terminarían con la adquisición de evidencias suficientes para justificar cargos contra los acusados de alto o bajo nivel por ofensas tan atroces.

Sobre esa cuestión, Natalito Ronzitti asevera que ambos argumentos del Comité no son excusas válidas. Afirmar que el derecho no está claro (*non liquet*) o que es difícil obtener suficientes pruebas no son elementos que justifiquen que el Fiscal no abra la investigación. Habida cuenta que su labor es precisamente "*interpretar y 'dilucidar' el derecho*", y que "*la obtención de pruebas es una labor difícil y dispendiosa*". Para eso es que, según el mismo autor, "*el artículo 18 del TPIY otorga al fiscal la facultad de 'interrogar a los sospechosos, las víctimas y los testigos'*

---

[217] RONZITTI, N. *¿Es aceptable el non liquet del Informe Final del Comité instituido para examinar la campaña de la OTAN en contra la República Federativa de Yugoslavia?* Revista Internacional de la Cruz Roja, n. 840, 31 de diciembre de 2000, pp. 1017-1027. Acceso en: <http://www.icrc.org/Web/spa/sitespa0.nsf/iwpList358/63D2A74D7B612A8BC1256DE100637849>

[218] Final Report to the Prosecutor by the Committee Established to Review the NATO Bombing Campaign Against the Federal Republic of Yugoslavia, Acceso en: <http://www.un.org/icty/pressreal/nato061300.htm>

y de 'reunir pruebas'". O sea, *"el fiscal goza de facultades sustanciales para recabar evidencia"*.[219]

La conclusión del Comité representaba simplemente una recomendación sin ningún carácter obligatorio. Así pues, en definitiva, cabía al Fiscal decidir cómo proceder frente a las denuncias. La decisión de la Fiscal Carla del Puente, en la que concluía no iniciar ninguna investigación criminal sobre cualquier aspecto de la campaña aérea de 1999 de la OTAN contra Yugoslavia, fue dirigida al Consejo de Seguridad el 2 de junio de 2000. El 13 de junio de 2000, se leía la decisión en el comunicado de prensa del TPIY:

> the Prosecutor has announced her conclusion, following a full consideration of her team's assessment, that there is no basis for opening an investigation into any of the allegations or into other incidents related to the NATO air campaign. Although some mistakes were made by NATO, the Prosecutor is satisfied that there was no deliberate targeting of civilians or unlawful military targets by NATO during the campaign.[220]

Se observa (no sin indignación), por tanto, que a pesar de la existencia de fuertes indicios de violaciones graves del derecho internacional humanitario por parte de miembros de las fuerzas de la OTAN, se prefirió caracterizarlas como errores aceptables en lugar de abrir una investigación que permitiese revelar con transparencia lo que realmente ocurrió.

En caso de que la decisión hubiese sido la inversa se ganaría con todos los posibles veredictos. Por un lado, la conclusión de que efectivamente las violaciones hubiesen sido cometidas impediría la impunidad de sus responsables. Por otro, si a partir de una investigación profunda, utilizándose los recursos disponibles destinados a ello, se hubiera constatado que los presuntos autores de estos crímenes (tal y como constaba en

---

[219] N. Ronzitti. *¿Es aceptable el non liquet del Informe Final del Comité instituido para examinar la campaña de la OTAN en contra la República Federativa de Yugoslavia?, op. cit. supra*, nota 217.

[220] Press Release, Communiqué de presse (PR/ P.I.S./ 510-e). *Prosecutor's Report on the NATO bombing campaign*. La Haya, 13 de junio de 2000. Acceso en: <http://www.un.org/icty/pressreal/p510-e.htm>

los Informes) eran inocentes, igualmente, se estaría dotando al TPIY de mayor credibilidad y transparencia y a las víctimas de justicia. Más aún, la comunidad internacional de modo general estaría más satisfecha. Se tendría la seguridad de que se trata de un órgano cuyos supuestos criminales disfrutan de igualdad en la apreciación de las acusaciones que les fueron imputadas.

4.2. Corte Internacional de Justicia (CIJ)

La Corte Internacional de Justicia, a diferencia del TPIY, recibe demandas de Estados contra Estados. Así pues, el 29 de abril de 1999 la República Federativa de Yugoslavia (Serbia y Montenegro, a partir de febrero de 2003) depositó diez demandas contra los Estados aliados de la OTAN involucrados en la campaña aérea de 1999. Los países demandados eran: Bélgica, Alemania, Francia, Estados Unidos, España, Italia, Reino Unido, Portugal, Canadá y Holanda.

Como observa Escudero Espinosa, las demandas se fundamentaban en la violación de la prohibición del uso de la fuerza y todas ellas estaban redactadas en lenguaje casi idéntico.[221] El objeto del litigio era expresado en los siguientes términos, variando, por supuesto, el país al que se dirigía:

> The subject-matter of the dispute are acts of The United Kingdom of Great Britain and Northern Ireland by which it has violated its international obligation banning the use of force against another State, the obligation not to intervene in the internal affairs of another State, the obligation not to violate the sovereignty of another State, the obligation to protect the civilian population and civilian objects in wartime, the obligation to protect the environment, the obligation relating to free navigation on international rivers, the obligation regarding fundamental human rights and freedoms, the obligation not to use prohibited weapons, the obligation not to deliberately inflict

---

[221] J. F. Escudero Espinosa. *La incompetencia ratione personae de la Corte Internacional de Justicia en los asuntos relativos a la Legalidad del Uso de la Fuerza (Serbia y Montenegro v. ocho Estados Miembros de la OTAN), Sentencias del 15 de diciembre de 2004*. Revista Española de Derecho Internacional, n. 2, 2005.

conditions of life calculated to cause the physical destruction of a national group.[222]

La RFY pedía a la Corte que declarase a estos diez Estados culpables de dichas violaciones y, como consecuencia, les obligase a proporcionarle la debida compensación por los daños producidos.[223] Como fundamento para la jurisdicción de la CIJ, Yugoslavia evocaba, para los diez Estados, el artículo IX de la "Convención para prevención y sanción del delito del genocidio", de 1948. Además, en relación con Alemania, Francia e Italia alegaba el artículo 38§5 del Reglamento de la Corte y con Canadá, España, Reino Unido, Portugal, Bélgica y Holanda el artículo 36§2 del Estatuto de la CIJ. También, respecto a estos dos últimos países se refería a otros dos tratados bilaterales.

Inmediatamente después de haber interpuesto las demandas, la RFY también solicitó medidas provisionales destinadas a hacer cesar de inmediato los bombardeos de la OTAN en su territorio. El 2 de julio de 1999, la Corte rechazó esa demanda, por considerar que *prima facie* no tenía competencia.

Esa ausencia de competencia era todavía más manifiesta en los casos de España y Estados Unidos, que en el mismo día fueron retirados de la lista de asuntos pendientes y las respectivas demandas fueron archivadas. En los demás ocho casos, aunque no fueron concedidas las solicitudes de medidas provisionales, la CIJ permitió que la instancia continuase.

La Corte, en primer lugar, debía dilucidar la cuestión procesal relativa a su competencia para ocuparse de las demandas. Lo fundamental, en ese sentido, era saber si la RFY era o no parte contratante del Estatuto de la CIJ (y miembro de las Naciones Unidas) en el momento en que depositó las aplicaciones. Por lo tanto, el problema de la (i)legalidad del uso de la fuerza por parte de esos países de la OTAN no podía ser analizado hasta que la Corte decidiera sobre dicha cuestión formal. Y únicamente si

---

[222] Application, *Legality of use of Force (Yugoslavia v. United Kingdom of Great Britain and Northern Island)*, del 29 de abril de 1999, ICJ Reports (2006).
[223] J. F. Escudero Espinosa. *La incompetencia* ratione personae *de la Corte Internacional de Justicia en los asuntos relativos a la Legalidad del Uso de la Fuerza (Serbia y Montenegro v. ocho Estados Miembros de la OTAN), Sentencias del 15 de diciembre de 2004, op. cit. supra,* nota 221.

se concluyese la admisión de la demanda sería posible entrar en el fondo del caso.

Sin embargo, con el fin del régimen liderado por Milosevic, el nuevo gobierno de Belgrado solicitó la adhesión de su país a las Naciones Unidas (cuestión que había sido central en el análisis de la competencia de la CIJ), siendo concretada en noviembre de 2000.

Así, el 20 de diciembre de 2002, cuando Yugoslavia depositó junto a la Corte sus observaciones escritas acerca de las excepciones preliminares alegadas por los ochos países demandados, se verificaba un sensible cambio en su postura. La RFY afirmaba que, en virtud de su adhesión en 2000 a las Naciones Unidas, no era, pues, en la fecha de su aplicación (29 de abril de 1999), parte del Estatuto ni tampoco de la Convención de 1948 sobre el genocidio. En ese momento, Yugoslavia pidió a la Corte que decidiese sobre la cuestión de la jurisdicción en base a los elementos reseñados en sus observaciones.

Ese cambio de actitud en la postura yugoslava, que parecía más bien aproximarse a las partes adversarias, fue de tal manera inédita y poco usual que llevó al abogado del Reino Unido, el Profesor Christopher Greenwood, durante un pronunciamiento oral de las alegaciones, a hacer una analogía con un personaje del cuento "Alicia en el País de las Maravillas":

> None of the long line of authorities cited yesterday by counsel for the Applicant comes anywhere near suggesting a different conclusion. Indeed, he might have done better to have relied on the older authority of Humpty Dumpty, who told Alice, in Alice Through the Looking Glass that 'when I use a word it means just what I want it to mean; neither more nor less' (Lewis Carroll, Alice through the Looking Glass, Chap. 6). Appropriately enough, Mr. President, Alice Through the Looking Glass is a fantasy story. Indeed, Humpty Dumpty might have been rather impressed with the Applicant's approach to the meaning of words, since Humpty Dumpty appears to have thought that, once used, his words retained the same meaning, while the Applicant's words are clearly expected to change with its changing intentions.[224]

---

[224] *Legality of Use of Force* (Serbia and Montenegro v. United Kingdom), CR 2004/19, ICJ, La Haya, párr. 30.

Por tanto, no fue una sorpresa que en sus sentencias del 15 de diciembre de 2004 (en términos absolutamente similares), la Corte, tras recapitular la secuencia de los eventos relevantes para establecer el estatus jurídico de la RFY con relación a las Naciones Unidas, se haya declarado incompetente *ratione personae* sobre todas las demandas interpuestas por la RFY. La CIJ no encontró base jurisdiccional sobre la cual pudiera entrar en el fondo de las demandas de la RFY, por considerar que el demandante no tenía acceso a la Corte con arreglo a los párrafos 1 y 2 del artículo 35[225] de su Estatuto.

No hay intención aquí de analizar los posibles efectos jurídicos que pueden derivarse de la elección de la base de las sentencias por la Corte, principalmente, en el curso de otros dos procesos en andadura.[226] La preocupación acerca de las posibles consecuencias indeseables se observa en las declaraciones de los Magistrados sobre las sentencias, que pese a la consideración unánime de la ausencia de competencia de la Corte, diferirían sobre su base jurídica.[227]

Habría sido muy relevante para la trayectoria del derecho y de las relaciones internacionales que la jurisdicción internacional hubiese podido apreciar el fondo de la demanda. Sin embargo, a lo largo del desarrollo del derecho internacional no se ha querido establecer un sistema de jurisdicción obligatoria. El supuesto contrario hubiera servido para que asuntos de la mayor importancia, como el que se acaba de describir en el presente capítulo, no quedasen bloqueados por cuestiones procesales del derecho, dejando de contar con una decisión judicial cuya relevancia es innegable.

De lo visto en este apartado se concluye que la "Guerra de Kosovo", que ha despertado tanta polémica en todos los ámbitos de la vida inter-

---

[225] Párrafos 1 y 2 del artículo 35 del Estatuto de la CIJ: 1. La Corte estará abierta a los Estados partes en este Estatuto. 2. Las condiciones bajo las cuales la Corte estará abierta a otros Estados serán fijadas por el Consejo de Seguridad con sujeción a las disposiciones especiales de los tratados vigentes, pero tales condiciones no podrán en manera alguna colocar a las partes en situación de desigualdad ante la Corte.

[226] Las demandas de Bosnia-Herzegovina y de Croacia en las que acusan a la RFY de crímenes como el genocidio.

[227] Véase a ese respecto: J. F. Escudero Espinosa. *La incompetencia* ratione personae *de la Corte Internacional de Justicia en los asuntos relativos a la Legalidad del Uso de la Fuerza (Serbia y Montenegro v. ocho Estados Miembros de la OTAN), Sentencias del 15 de diciembre de 2004, op. cit. supra*, nota 221.

nacional, no pudo servirse de una valoración jurisprudencial. Indudablemente hubiera sido muy significativo también para la propia noción de la intervención humanitaria, tanto desde la perspectiva de la prohibición del uso de la fuerza en las relaciones internacionales, como, en lo que se refiere al TPIY, de la manera como se llevan a cabo estos tipos de intervenciones. Todo ello, en razón, principalmente, de que la OTAN justificara su operación en términos humanitarios.

5. Recapitulación

Probablemente, toda la verdad respecto al conflicto interno de Kosovo y a los motivos reales que indujeron a la OTAN a llevar a cabo su acción en Yugoslavia, en 1999, sólo se sabrá en un futuro un tanto lejano, si es que algún día llega a saberse. No obstante, a partir del análisis del conjunto de circunstancias referido a lo largo del capítulo, existen elementos suficientes para alcanzar la deducción de que la intervención no puede ser considerada puramente humanitaria, tal y como rezan las condiciones sugeridas por Antonio Cassese y otros importantes autores que sostienen la misma postura.

Paralelamente, solo hay que lamentarse la ausencia de pronunciamiento de la jurisdicción internacional sobre el tema. Habría sido muy significativo que se llegara a una conclusión desde la óptica jurisprudencial, particularmente, al tratarse de un asunto de importancia tan fundamental para el derecho y las relaciones internacionales, además de ser una fuente generadora de voces absolutamente contrapuestas.

Partiendo de otro ángulo, se ha constatado que el caso de Kosovo, por sus particularidades, favoreció la acentuación del debate sobre la necesidad de acomodar las bases para la práctica de la intervención humanitaria justa. Se concluye que la dimensión adquirida por el "debate-Kosovo" contribuyó a agudizar el dilema[228] entre la legitimidad y la legalidad que la operación de la Alianza puso de relieve al infligir el derecho internacional. Por tanto, en lugar de considerar que el conflicto de Kosovo inspiró una verdadera tendencia en la dirección del desarrollo de la no-

---

[228] Thomas Franck denomina ese dilema de "*conundrum*" de la intervención humanitaria. Véase: *supra* nota 204.

ción de intervención humanitaria, se prefiere sugerir que ha representado un *síntoma* de una enfermedad que el derecho internacional está sufriendo

Pruebas concretas del resurgimiento con gran ímpetu del debate institucional son los Informes (2001, 2004, 2005)[229] elaborados a raíz de esa situación de crisis en la que se encuentra el derecho internacional, que se destinan, entre otros propósitos, a examinar el estado de la cuestión y presentar propuestas reales para una posible solución. Esos Informes serán objeto de estudio en el próximo capítulo.

---

[229] Informe de la Comisión Internacional sobre Intervención y Soberanía Estatal (2001); Informe del Grupo de Alto Nivel sobre las propuestas de reforma de la Carta (2004); Informe del Secretario General para la Cumbre de septiembre de 2005.

Capítulo III
¿EXISTE YA UNA OBLIGACIÓN DE PROTEGER?

EL LOS CAPÍTULOS ANTERIORES HA SIDO ESTUDIADA LA PRÁCtica internacional, y sus particularidades, en materia de intervenciones armadas en razón de graves violaciones de los derechos humanos, así como la evolución de la propia noción dentro de los diferentes contextos históricos. Se ha observado que tanto la acción como la inacción de la comunidad internacional, más específicamente, del Consejo de Seguridad, generó intensas críticas por parte de los propios Estados y de la doctrina sobre el tema.

Se ha puesto de manifiesto la evidente necesidad de encontrar una salida para llenar el vacío no sólo entre lo moral y lo legal presente en la idea de intervención humanitaria, sino también entre la retórica y la aplicación efectiva de los tratados y declaraciones en materia de protección de los derechos humanos. Ha llegado, pues, el momento de preguntarse si, frente a todo lo expuesto, ya estamos ante una obligación internacional de proteger a los seres humanos, estén donde estén, contra los graves y sistemáticos abusos de los derechos humanos. En caso de una respuesta afirmativa al interrogante, surgen otra serie de preguntas acerca de los procedimientos, los límites, las instancias competentes para autorizarla, los medios, entre muchas otras.

Felizmente los vientos parecen soplar a favor de una respuesta positiva. Los más recientes debates sugieren que ya es hora de impedir que nuevas "Ruandas", "Somalias" y, por qué no, "Kosovos" vuelvan a ocurrir. Es más: el caso objeto de estudio del capítulo anterior es una muestra cabal de que la inacción del Consejo de Seguridad probablemente no volverá a resultar en la inacción de otros actores internacionales. Por lo tanto, lo más viable sería llegar al establecimiento de bases jurídicamente sólidas para el problema, en conformidad con los pilares del derecho internacional actual. Sin embargo, no hay que dejarse llevar por la euforia: el resultado de la Cumbre de 2005 de la ONU (que será examinado en el capítulo final), Darfur, Congo y otros casos nos recuerdan la dura realidad cuando se trata de la práctica.

Por ahora, se procurará responder a esa cuestión analizando fundamentalmente a tres importantes documentos que han abordado el tema y que sugieren las direcciones que se pueden (o deben) tomar en el camino hacia la protección consistente de los derechos humanos, teniendo en cuenta los nuevos desafíos de la realidad internacional actual. Los documentos son: el Informe de la Comisión Internacional sobre Intervención y Soberanía Estatal (2001): *La Responsabilidad de Proteger*; el Informe del Grupo de Alto Nivel (2004): *Un Mundo Más Seguro: la responsabilidad que compartimos*; y el Informe del Secretario General (2005): *Un concepto más amplio de libertad: Desarrollo, Seguridad y Derechos Humanos para todos*.

1. Su reconocimiento y contenido

Para un considerable sector doctrinal, aunque no sin opiniones rigurosamente inversas, no cabe duda en cuanto a la legitimidad del empleo de la fuerza para salvaguardar la vida humana en caso de graves violaciones de los derechos humanos, evidentemente siempre en conformidad con determinados principios rectores. En ese sentido, se encuentran autores como Fernando Tesón[230], Abdul G. Koroma[231], Serge Sur[232], que defienden la idea de que en lo que concierne a la práctica de

---

[230] Véase: F. R. Tessón. *Collective Humanitarian Intervention*. Michigan Journal of International Law, n. 17, 1996, pp. 323-371.

[231] Véase: A. G. Koroma. *Humanitarian Intervention and Contemporary International Law*, Swiss Review of International and European Law, n. 4, 1995.

[232] Véase : S. Sur. *Aspects juridiques de l'intervention de pays membres de l'OTAN au* Kosovo. Revue Défense National, n. 12, diciembre de 1999. Acceso en : <http://www.defnat.com/>

los Estados se está frente a una excepción del artículo 2§4 de la Carta que prohíbe el uso de la fuerza en las relaciones internacionales. Es decir, que la protección efectiva de los derechos humanos en caso de graves abusos (genocidios, masacres, limpiezas étnicas) no puede ser negligenciada por una lectura absolutista de aquel principio (con la salvedad de las dos excepciones previstas). Serge Sur, dentro de esa perspectiva, tras constatar que dicho artículo versa sobre una reglamentación restrictiva del uso de la fuerza entre los Estados y no sobre una total prohibición, afirma que éste no debe ser entendido en sentido contrario a la intervención humanitaria:

> [. . .] l'intervention d'humanité n'est pas réellement contraire à l'article 2 § 4, car son objet n'est nullement d'utiliser la force contre l'indépendance politique ou l'intégrité territoriale d'un État, mais de prévenir ou de faire cesser des atteintes systématiques et massives au droit humanitaire. À ce titre, elle n'est certes pas incompatible avec les buts des Nations unies. Elle n'est pas davantage contraire à l'article 2 § 4 que ne l'est la légitime défense, droit inhérent des États, qui n'est pas fondé par la Charte, mais simplement réglementé par elle dans son article 51. À cet argument, on peut ajouter un argument positif. La Charte n'est pas un texte pacifiste, elle prévoit les instruments militaires du maintien de la paix et de la sécurité. Son préambule indique notamment que ". . . il ne sera pas fait usage de la force des armes, sauf dans l'intérêt commun". Il est clair que l'intervention d'humanité *constitue l'une de ces hypothèses d'usage de la force dans l'intérêt commun*.[233]

Evidentemente, no han faltado interpretaciones opuestas a la concepción de dichos autores. La corriente que abogaba por la total ilegalidad de la intervención humanitaria en virtud del artículo 2§4 de la Carta se mantuvo siempre presente. Sin embargo, aunque con mayor intensidad durante los años de la Guerra Fría, en el momento actual parece haber manifestado un sensible cambio en el fundamento de su discurso, habida cuenta de las transformaciones en el escenario internacional a

---

[233] Ibíd.

raíz de la política estadounidense asumida tras los atentados del 11 de septiembre de 2001.

Otro aspecto generador de voces diametralmente opuestas, como se ha visto en el curso de este libro, es la defensa del sacrosanto[234] principio de la soberanía estatal (consagrado en la Carta por el artículo 2§7) frente a cualquier posibilidad de intervención externa en los asuntos internos, aunque las causas sean las más nobles y las circunstancias las más terribles. Desde ese punto de vista, por supuesto, se incorpora el interrogante de si cuando un Estado no puede, no es capaz de impedir violaciones masivas de los derechos humanos, o es él mismo quien ejecuta esas violaciones, el principio de la soberanía estatal entendido de la forma más estricta no da lugar a otro principio de rango similar del derecho internacional: la protección de los derechos humanos como una obligación *erga omnes* para la comunidad internacional. Chris Abbott, investigador del *Oxford Research Group*, comenta en esa dirección que el concepto westafaliano de soberanía estatal junto a la noción de guerra justa significa, de manera general, que lo que pasase dentro de las fronteras de un Estado era asunto de su incumbencia siempre conforme los límites del derecho internacional. Sin embargo, prosigue el autor, desde el inicio de los años noventa existe una tendencia creciente a reconocer que hay algunos casos en los que están ocurriendo violaciones de los derechos humanos tan severas que el uso de la fuerza es la única opción razonable para frenarlas y, por tanto, la noción de no intervención debe, a veces, elevar a la competencia internacional la salvaguardia de aquella población.[235]

El Secretario General de las Naciones Unidas, Kofi Annan, preocupado con las implicaciones que resultan de aquel análisis restrictivo de la soberanía, con ocasión de la Cumbre del Milenio en 2000, insistió en lo que ya había cuestionado un año antes e hizo un llamamiento a la comunidad internacional para que se llegara a un consenso en la conciliación de los principios en disputa:

---

[234] El término empleado hace alusión al artículo de Jarat Chopra y Thomas G. Weiss, de 1992, intitulado "*Sovereignty Is No Longer Sacrosant: Codifying Humanitarian Intervention*".

[235] C. Abbott, *Rights and Responsibilities: Resolving Dilemma of Humanitarian Intervention*. Oxford Research Group, septiembre de 2005, 17 pp., p. 1. Acceso en: <http://www.oxford researchgroup.org.uk/publications/briefings/rightsresponsibilities.pdf>

[...] si la intervención humanitaria es, en realidad, un ataque inaceptable a la soberanía, ¿cómo deberíamos responder a situaciones como las de Rwanda o Srebrenica y a las violaciones graves y sistemáticas de los derechos humanos que transgreden todos los principios de nuestra humanidad común?[236]

1. 1. Informe: "Responsabilidad de Proteger"

Ante el dilema puesto de manifiesto por el Secretario General, el Primer Ministro de Canadá, Jean Chrétien, declaró durante la misma Cumbre que el gobierno de su país establecería una comisión independiente que llevase a cabo la tarea de dirimir la cuestión enunciada por Kofi Annan y tratar de presentar salidas consistentes al problema. Fue creada, pues, la Comisión Internacional sobre Intervención y Soberanía Estatal (ICISS, siglas en inglés) formada por *"expertos en operaciones de gestión de crisis, de mantenimiento de la paz, en Derecho Internacional humanitario, antiguos Jefes de Estado o personalidades de la diplomacia y la política",*[237] según destaca Gutiérrez Espada. La Comisión realizó un extenso estudio para el cual se llevó a cabo una amplia revisión de la bibliografía del tema y diversos encuentros con representantes de organizaciones gubernamentales e inter-gubernamentales, de ONGs y de la sociedad civil, de centros universitarios, institutos de investigación y grupos de expertos, en total más de 200 personas.[238]

El resultado de un año de trabajo fue la publicación del Informe titulado *"Responsabilidad de Proteger",* publicado a finales de 2001. El Informe es un documento completo en el cual se hace un amplio análisis de toda la problemática acerca de la "intervención humanitaria" tal y como

---

[236] Informe del Secretario General presentado para la Cumbre del Milenio: *Nosotros los pueblos: la función de las Naciones Unidas en el siglo XXI,* del 27 de marzo de 2000 (A/54/2000), par. 216

[237] C. Gutiérrez Espada. *El "Uso de la Fuerza" en los Informes del Grupo de Alto Nivel (2004), del Secretario General (2005) y, a la postre, en el Documento Final de la Cumbre de los Jefes de Estado y de Gobierno (Naciones Unidas, Nueva York, Septiembre 2005).* Anuario de Derecho Internacional vol. XXI, 2005, pp. 13-49.

[238] Informe de la Comisión Internacional sobre Intervención y Soberanía Estatal: *La Responsabilidad de Proteger,* International Development Research Centre, Ottawa, diciembre de 2001, 91 pp. *Prefacio.*

parecía ser entendida, principalmente en lo concerniente a la soberanía estatal (que es la clave del problema) sobre la cual el Informe ofrece otra dimensión. Plantea un cambio en los términos hasta ahora empleados en el debate y propone medidas concretas que deberían ser tomadas, principalmente por los órganos de las Naciones Unidas, con miras al establecimiento de mecanismos y vías para proporcionar efectividad en la protección de la gente "ordinaria" que esté en riesgo de sufrir verdaderas violaciones de sus derechos más fundamentales.

El Informe está dividido en ocho capítulos que, en líneas muy generales, tratan de lo siguiente: 1. *"El Desafío Político"*, que expone la problemática a diversos niveles, destacando el cambio en la naturaleza de los conflictos respecto al momento en el cual la Carta fue establecida y la necesidad de una nueva mirada, con nuevos conceptos como el de "seguridad" y la inclusión fundamental de la "seguridad humana". Anuncia también lo que será tratado más adelante que es una relectura de los conceptos de soberanía e intervención; 2. *"Un Nuevo Planteamiento: La Responsabilidad de Proteger"*, en el que define el concepto de soberanía, en el cual hay espacio para la acción internacional para la protección de las víctimas de violaciones graves de los derechos humanos. Continúa presentando los nuevos estándares de los derechos humanos, el significado de la seguridad humana y la practica emergente y, finalmente, propone un cambio en los términos del debate. Los capítulos 3, 4 y 5 son el desmembramiento de la *"Responsabilidad de Proteger"* que el Informe abarca de forma completa. Esto comprende respectivamente: *"La Responsabilidad de Prevenir"*, que sería la responsabilidad anterior a la existencia de las violaciones a gran escala, creando mecanismos destinados a impedir que lleguen a acontecer; *"La Responsabilidad de Reaccionar"* cuando las violaciones ya estén siendo perpetradas, exponiendo los criterios fundamentales (y otros) a considerar y las medidas que deben ser adoptadas antes de llegar a la opción del empleo de la fuerza armada; y *"La Responsabilidad de Reconstruir"*, obligación posterior al cese de las violaciones. Es decir, la responsabilidad no termina cuando tiene fin la masacre, por ejemplo, sino que continúa con la necesidad de reconstruir en la mayor parte de los casos. Para ello se presentan los límites de esa reconstrucción y precisa que la administración debe realizarse bajo la autorización de la ONU. El capítulo 6 contempla *"La Cuestión de la Autoridad"* para autorizar una operación armada destinada a contrarrestar las violaciones flagrantes y masivas de los derechos humanos. Estima la incontestable responsabilidad primordial y preferible del Consejo de Seguridad. Así, indica cómo éste debería actuar para no quedarse atrapado por el ejercicio del veto por alguno de sus miembros permanentes. Pero considera también la eventualidad de que no actúe, dando pie a otras formas de emprender la operación (diseña las posibilidades). Al final alerta sobre las consecuencias de la inacción. El penúltimo capítulo está dedicado a "*La Dimensión Operacional*" de todos los ámbitos tratados en los capítulos 2 al 6. Por fin, el último delinea los pasos que deben dar desde el análisis a la acción: "*La Responsabilidad de Proteger: Próximos Pasos*".

Durante todo el texto del Informe, en todas las secciones, la Comisión de expertos no se limita a teorizar o a apuntar deseos de una comunidad internacional más eficiente, sino que indica constantemente las medidas que deben ser tomadas para concretar sus propuestas.

No es la intención aquí, y tampoco sería posible, realizar un análisis pormenorizado de todos los elementos tratados por la Comisión. Se destacarán, por tanto, los puntos considerados de mayor relevancia para este trabajo.

La propuesta de transformación en la terminología hasta ahora utilizada es una de las grandes contribuciones del grupo. En ese sentido, la Comisión defiende que cambiar los términos es también cambiar la perspectiva, a través de una revisión de la propia concepción tradicional y añadiendo elementos nuevos. Según ella, las expresiones "derecho de intervención humanitaria" o "derecho de intervenir" son inadecuadas en al menos tres aspectos: en primer lugar, y que aquí se estima fundamental, por centrar "*necesariamente la atención en las reivindicaciones, los derechos y las prerrogativas de los posibles Estados participantes en la intervención y no en las urgentes necesidades de los posibles beneficiarios de la acción*". El segundo aspecto, que va a redundar en otra aportación de peso de la Comisión, es que "*al limitarse al acto de intervención, esta formulación tradicional no tiene debidamente en cuenta que es preciso emprender iniciativas preventivas o de asistencia después de la intervención, dos aspectos que con demasiada frecuencia se han pasado por alto en la práctica*". Y, en tercer lugar, "*el discurso familiar contribuye de hecho a situar a la intervención por encima de la soberanía desde el inicio del debate: concede ventaja a la intervención antes siquiera de que co-*

mience la discusión, pues tiende a deslegitimar cualquier disensión tildándola de antihumanitaria".[239]

Así pues, la Comisión aboga por el desplazamiento de la atención del "derecho a intervenir" hacia la "responsabilidad de proteger", habida cuenta de que la primera expresión satisface mucho más la reclamación de un derecho por parte de quienes intervienen, es decir, el cumplimiento de su interés, de su derecho, que la verdadera necesidad de aquella población que está sufriendo. Por el contrario, considera que la "responsabilidad de proteger" engloba los aspectos que forman parte de la esencia del tema y así lo describe:

> En primer lugar, la responsabilidad de proteger implica evaluar los problemas desde el punto de vista de los que piden o necesitan apoyo y no de los que consideran la posibilidad de intervenir. La terminología preferida por la Comisión vuelve a centrar la atención internacional donde siempre debiera haber estado: en el deber de proteger a las comunidades de los asesinatos masivos, a las mujeres de las violaciones sistemáticas y a los niños del hambre.
>
> En segundo lugar, la responsabilidad de proteger presupone que la responsabilidad principal a este respecto corresponde al Estado interesado y que sólo si ese Estado no puede o no quiere cumplirla, o si él mismo es el culpable, incumbirá a la comunidad internacional actuar en su lugar. En muchos casos, el Estado tratará de cumplir con su responsabilidad colaborando plena y activamente con representantes de la comunidad internacional. Así, la "responsabilidad de proteger" es más bien un concepto que sirve para salvar la diferencia entre intervención y soberanía, mientras que la expresión "derecho o deber de intervenir" tiene intrínsecamente un matiz más claro de confrontación.
>
> En tercer lugar, la responsabilidad de proteger no significa únicamente "responsabilidad de reaccionar," sino también "responsabilidad de prevenir" y "responsabilidad de reconstruir". Este concepto hace hincapié en el precio y el resultado de la acción frente a la inacción y establece vínculos conceptuales, normativos y operacionales entre la asistencia, la intervención y la reconstrucción.[240]

---

[239] *Id*. Párr. 2.28.
[240] *Id*. Párr. 2.29.

El segundo aspecto abordado por la Comisión en la cita anterior representa otra importante aportación. Tras observar que el principio de la soberanía estatal en un mundo marcado por la desigualdad es para muchos Estados lo mejor o lo único que poseen en su defensa, y constatar que él sigue siendo de fundamental importancia para todos los Estados, la Comisión afirma que el principio no significa que un Estado detente un poder ilimitado y absoluto que le posibilite a actuar arbitrariamente con relación a su propio pueblo. La soberanía comporta una doble responsabilidad: externa e interna. Externamente los Estados deben respetar la soberanía de otros Estados e, internamente, deben respetar la dignidad y los derechos básicos de toda la población del Estado. "*La soberanía como responsabilidad ha pasado a ser el requisito mínimo para que los Estados puedan ser considerados buenos ciudadanos de la comunidad internacional*".[241]

Es justamente a partir de ese análisis, tratando la "soberanía como responsabilidad", que la Comisión logra compaginar la "responsabilidad de proteger" con el principio de la soberanía. Al formar parte de las Naciones Unidas, aceptando los términos de la Carta, los Estados no transfieren ni disuelven su soberanía, pero ésta necesariamente pasa por una redefinición que, según el grupo, va de una comprensión de la soberanía como control a la soberanía como responsabilidad. Al pasar a la condición de miembro de las Naciones Unidas, la comunidad internacional le acoge como integrante responsable de la comunidad de naciones. Además, al firmar la Carta el Estado asume las responsabilidades que ello conlleva.[242] La Comisión sigue el examen del tema constatando tres elementos sustanciales respecto a esa "nueva" manera de entender la soberanía:

> [. . .] en primer lugar, implica que las autoridades estatales son responsables *de* proteger la seguridad y la vida de los ciudadanos y promover su bienestar; en segundo lugar, sugiere que las autoridades políticas nacionales son responsables *ante* los ciudadanos a nivel interno y ante la comunidad internacional a través de las Naciones Unidas; y, en tercer lugar, significa que los agentes del Estado son

---

[241] *Id*. Párr. 1.35.
[242] *Id*. Párr. 2.15.

responsables de sus actos, es decir, que han de *rendir cuentas* de sus actos u omisiones. Este concepto de soberanía está respaldado por la creciente influencia de las normas de derechos humanos y la mayor presencia en el discurso internacional del concepto de seguridad humana.

En consecuencia, la obligación de proteger a los seres humanos ante las violaciones graves de sus derechos emana de la propia soberanía: es el Estado el responsable de dicha salvaguardia. Es él el más capacitado para prevenir que determinadas actitudes alcancen una situación de conflicto. Sin embargo, cuando ése Estado no es capaz o no desea proteger a su población, o es él mismo quien comete dichas violaciones, la responsabilidad de la protección por parte de la comunidad internacional es activada. Es más, la Comisión afirma que dicha responsabilidad no puede ser entendida únicamente como la de reaccionar frente a una catástrofe que ya esté ocurriendo, sino que la responsabilidad engloba la prevención y la reconstrucción posterior. Dos elementos absolutamente ineludibles que son constantemente relegados en los debates del tema.

Al elevarse al ámbito internacional la obligación de salvaguardar a determinada población de una masacre, por ejemplo, la acción de la comunidad internacional puede incluso llegar a la autorización del empleo de la fuerza armada. Pero la Comisión hace hincapié que ése debe ser el último recurso y, para que no haya abusos de ninguna orden, deben seguirse unos principios y límites rigurosamente. En la sinopsis del Informe la Comisión ordena de forma muy objetiva y clara los principios que deben regir en caso de una intervención militar y los agrupa en cuatro puntos: (1) *El criterio Mínimo: Causa Justa*: grandes pérdidas de vidas humanas, "depuración étnica" a gran escala; (2) *Principios Precautorios*: intención correcta, ultimo recurso, medios proporcionales, posibilidades razonables; (3) *Autoridad Competente* (que será comentado a continuación); (4) *Principios Operacionales*.[243] Gutiérrez Espada sintetiza esos principios afirmando que si en un Estado se producen pérdidas de vidas humanas a gran escala, genocidio o limpieza étnica, sea "*dolosa, negligentemente o por colapso de sus instituciones*", el Consejo de Seguridad tiene el

---

[243] *Id*. Sinopsis.

deber de autorizar a actuar a aquellos Estados que estén dispuestos a efectuar una intervención militar destinada a proteger a los seres humanos, tras la rápida evaluación de las circunstancias.[244]

El planteamiento que despierta las más enfrentadas perspectivas sobre el uso de la fuerza militar para proteger a una población de una catástrofe humanitaria es quién o quiénes tienen la competencia para autorizar su despliegue o decidirla. La Comisión estima que no cabe duda de que es el Consejo de Seguridad el órgano mejor y más apropiado para ocuparse de la intervención militar con propósitos humanitarios. Pero la Comisión tiene muy presente la eventual inacción del Consejo o la posibilidad de que la actuación no se de en un tiempo razonable, y *"considera que hay dos posibles alternativas: Una, acudir a la resolución Unión Pro Paz*[245] *y otra que una Organización regional o subregional actúe en el marco de su jurisdicción y 'posteriormente' solicite la autorización del Consejo".*[246]

Además, y quizás de mayor importancia todavía, la Comisión en ese contexto pide (recomienda) al Consejo de Seguridad que no se quede paralizado por el ejercicio del veto:

Que los cinco miembros permanentes del Consejo de Seguridad consideren la posibilidad de alcanzar un acuerdo, y lo intenten, para abstenerse de utilizar su derecho de veto, en asuntos que no comprometan sus intereses nacionales, para obstaculizar la aprobación de resoluciones que autoricen una intervención militar con fines de protección humana y que cuenten con el apoyo mayoritario.

Y alerta sobre las consecuencias de la inacción con dos mensajes dirigidos al Consejo de Seguridad:

---

[244] C. Gutiérrez Espada. *El "Uso de la Fuerza" en los Informes del Grupo de Alto Nivel (2004), del Secretario General (2005) y, a la postre, en el Documento Final de la Cumbre de los Jefes de Estado y de Gobierno (Naciones Unidas, Nueva York, Septiembre 2005), op. cit. supra,* nota 237. p. 32.

[245] Resolución adoptada por la Asamblea General en 1950, cuando el Consejo de Seguridad se hallaba paralizado y por lo tanto incapaz de responder a las necesidades que surgían en materia de paz y seguridad internacionales.

[246] C. Gutiérrez Espada. *El "Uso de la Fuerza" en los Informes del Grupo de Alto Nivel (2004), del Secretario General (2005) y, a la postre, en el Documento Final de la Cumbre de los Jefes de Estado y de Gobierno (Naciones Unidas, Nueva York, Septiembre 2005), op. cit. supra,* nota 237. p. 32.

El primero es que si el Consejo de Seguridad no cumple con su responsabilidad en situaciones que conmuevan las conciencias y exijan una actuación inmediata, no cabrá esperar que los Estados interesados descarten otros medios y formas de acción para hacer frente a la gravedad y urgencia de la situación. Si las organizaciones colectivas no autorizan intervenciones conjuntas contra regímenes que desprecian las normas más elementales que regulan un comportamiento gubernamental legítimo, seguramente se intensificarán las presiones en pro de la intervención ejercidas por coaliciones creadas ad hoc o por Estados concretos. Y entonces se correrá el riesgo de que esas intervenciones, sin la disciplina y las limitaciones impuestas por la autorización de las Naciones Unidas, no se lleven a cabo por las razones correctas ni con el debido respeto de los necesarios principios precautorios.

El segundo mensaje es que si, ante la inacción del Consejo, una coalición ad hoc o un Estado concreto llevan a cabo una intervención militar que respeta *efectivamente* todos los criterios que hemos establecido y se ve coronada por el éxito — y la opinión pública mundial así lo estima — ello podría menoscabar de forma grave y duradera el prestigio y la credibilidad de las Naciones Unidas.

Es decir, para garantizar la propia credibilidad del Órgano y de las Naciones Unidas, de modo general, es de su propio interés que el tan celosamente defendido derecho de veto no sea ejercido cuando la cuestión en el seno del Consejo abarque la intervención militar con miras a la protección de los derechos humanos flagrantemente violados.

Después de haber verificado parte de la labor de la Comisión — pudiendo estar o no de acuerdo con sus consideraciones – hay que reconocer el mérito de la gran tarea realizada y es lamentable que haya quedado en el "cajón de sastre" de las Naciones Unidas tras los terribles atentados terroristas en tierra estadounidense del 11 de septiembre de 2001. No obstante, como se verá enseguida, parece posible afirmar que, aunque el escenario internacional convulsionado por el episodio haya acarreado la escasa relevancia concedida al Informe, sus contribuciones han sido claramente percibidas en los otros dos Informes que serán abordados a continuación.

Los atentados del 11 de septiembre han representado un verdadero antes y después en las relaciones internacionales de este nuevo siglo. Las medidas adoptadas por el gobierno de los Estados Unidos a raíz de ellos han desplazado por algunos años de la escena internacional la prioridad que estaba siendo otorgada a la búsqueda del consenso sobre el tema que aquí se aborda para dar lugar a una "lucha contra el terror" encabezada por dicho país y a su discreción. Aunque no se va a entrar en el terreno de ese debate, se considera que esa acción se sitúa absolutamente fuera del ámbito de la responsabilidad de proteger la vida humana, tal y como se ha asumido en el presente trabajo, si bien algunos gobiernos han intentado interpretar lo contrario.

En 2003, el Secretario General de las Naciones Unidas, en un discurso que pronunció ante la Asamblea General[247], tras haber indicado que nos encontrábamos en un momento decisivo para las Naciones Unidas y en particular para las aspiraciones de proporcionar seguridad colectiva para todos, anunció la convocatoria de un *grupo de alto nivel de personas eminentes* para que le proporcionara una perspectiva amplia y colectiva de la manera de *avanzar hacia la solución de los problemas críticos que nos encontramos.* El Grupo de Alto Nivel estaba encargado de evaluar las amenazas de ese nuevo contexto para la paz y la seguridad internacionales, el éxito con que la institución había enfrentado dichas amenazas, y de formular recomendaciones destinadas a vigorizar las Naciones Unidas para que lograra suministrar *seguridad colectiva para todos en el siglo XXI.*[248]

1.2. Informe: "Un mundo más seguro: la responsabilidad que compartimos"

En aquel mismo discurso Kofi Annan fue bastante incisivo al afirmar que frente a la situación que la comunidad internacional estaba viviendo, los Estados tenían dos alternativas: podían ponerse a la altura de las circunstancias y conjurar las nuevas amenazas o correr el riesgo de ir desapareciendo en vista de la discordia cada vez mayor entre ellos y de su

---

[247] Communiqué de Presse, "*Le Secrétaire Générale de l'ONU plaide pour de profondes réformes institutionnelles afin de renforcer l'ONU*" (SG/SM/8891), del 23 de septiembre de 2003.

[248] *Nota del Secretario General*, seguimiento de los resultados de la Cumbre del Milenio (A/59/565), de 2 de diciembre de 2004.

actuación unilateral (clara alusión a la actuación internacional de los Estados Unidos y de Gran Bretaña).

El Grupo de Alto Nivel, integrado por dieciséis personalidades independientes, presentó el resultado de esta solicitud el 1 de diciembre de 2004 en un Informe titulado "*Un Mundo más seguro: la responsabilidad que compartimos*".[249]

El Informe está estructurado en cuatro partes: (I) Hacia un nuevo consenso en materia de seguridad; (II) La seguridad colectiva y el desafío de la prevención; (III) La seguridad colectiva y el uso de la fuerza: (IV) Unas Naciones Unidas más eficaces para el siglo XXI.

La Profesora Amparo Sanjosé Gil define el trabajo del Grupo en los siguientes términos: "*El informe constituye, sin duda, uno de los proyectos más exhaustivos que se han realizado a lo largo de los casi 60 años de vida de la Organización con la finalidad de introducir reformas*".[250]

Se considera que una de las grandes aportaciones que el Informe presenta para la comunidad internacional en su conjunto, pero particularmente para el avance de las Naciones Unidas en el nuevo contexto internacional, es la acepción de la seguridad colectiva de manera amplia, global e interdependiente, cuya amenaza proviene de una enorme pluralidad de aspectos y de actores estatales y no estatales. "*Tras su identificación se examina cómo mejorar el sistema de seguridad colectiva, el desafío de la prevención, el uso de la fuerza y el reto de la consolidación de la paz para proteger la población civil*".[251]

El Informe cita expresamente seis grupos de amenazas que el mundo enfrenta en ese momento y posiblemente enfrentará en las próximas décadas: guerras entre Estados; violencia dentro del Estado, incluyendo guerras civiles, abusos a gran escala de los derechos humanos y genocidio; pobreza, enfermedades infecciosas y degradación del medio ambiente;

---

[249] Informe del Grupo de Alto Nivel, *Un mundo más seguro: la responsabilidad que compartimos* (A/59/565), del 1 de diciembre 2004. Acceso en: <http://www.un.org/spanish/secureworld/report_sp.pdf>

[250] A. Sanjosé Gil. A. *Algunas reflexiones sobre el Informe del Grupo de Alto Nivel creado por el Secretario General y el futuro de la seguridad colectiva de las Naciones Unidas.* REEI, n. 9, 2005, p. 1. Acceso: <http://www.reei.org/reei9/A.Sanjose(reei9).pdf>

[251] R. Bermejo García y E. López-Jacoiste Díaz. "*Un mundo más seguro: la responsabilidad que compartimos*". *Informe del Grupo de Alto Nivel sobre la Amenazas, los Desafíos y el Cambio.* UNISCI Discussion Papers, n. 10, enero 2006. Acceso en: <http://www.ucm.es/info/unisci/UNISCI10PORTA.pdf>

armas nucleares, radiológicas, químicas y biológicas; terrorismo; y delincuencia transnacional organizada.[252] Y, frente a esas amenazas, alerta que la respuesta más que nunca debe ser conjunta, colectiva y en total cooperación entre los Estados. No una cooperación de los países desarrollados con aquellos Estados pobres o en colapso, ni tampoco hacia un Estado agredido o amenazado, como se había vislumbrado en 1945. Habida cuenta de los cambios en la propia naturaleza de las amenazas, en este nuevo siglo los mecanismos para hacerlas frente también deben adecuarse. "[. . .] *Las amenazas son colectivas, la seguridad de los Estado es interdependiente, y, en consecuencia, ningún Estado puede por sí solo hacer frente a las amenazas, por lo que es indispensable contar con estrategias colectivas, instituciones colectivas y un sentido de responsabilidad colectiva".*[253]

Para cumplir con el objetivo del presente trabajo evidentemente no se van a puntualizar todos los elementos abarcados por el Grupo, sino aquellos aspectos más relevantes para la consolidación de la obligación de proteger a los seres humanos frente a los severos abusos de los derechos humanos, en particular mediante el empleo de la fuerza armada. Como se verá, el Informe del Grupo de Alto Nivel posee muchas semejanzas con el trabajo de la ICISS anteriormente analizado y ha servido de base para el Informe presentado por el Secretario General en 2005, que será oportunamente referido.

El Informe da por asentado lo que la Comisión de expertos en el documento "Responsabilidad de Proteger" planteaba respecto al nuevo concepto de soberanía como responsabilidad. Así se denota en su párrafo 29:

> Al suscribir la Carta de las Naciones Unidas, los Estados no sólo se benefician de los privilegios de la soberanía, sino también asumen sus responsabilidades. Cualesquiera hayan sido las percepciones prevalecientes cuando el concepto de la soberanía estatal surgió tras la Paz de Westfalia, hoy día dicho concepto conlleva claramente la obligación de los Estados de proteger el bienestar de su población y de cumplir sus obligaciones con la comunidad internacional en gene-

---

[252] Informe del Grupo de Alto Nivel, *Un mundo más seguro: la responsabilidad que compartimos, op. cit. supra*, nota 249 párr. 18-23.

[253] A. Sanjosé Gil. *Algunas reflexiones sobre el Informe del Grupo de Alto Nivel creado por el Secretario General y el futuro de la seguridad colectiva de las Naciones Unidas, op. cit. supra*, nota 250, p. 2

ral. Pero la historia nos enseña claramente que no puede darse por sentado que todos los Estados podrán o querrán siempre cumplir las obligaciones que les incumben en relación con su propia población y no causar daño a sus vecinos. Y en tales circunstancias los principios de la seguridad colectiva significan que parte de esa obligación debe ser asumida por la comunidad internacional, actuando de conformidad con la Carta de las Naciones Unidas y la declaración Universal de Derechos Humanos para crear la capacidad o proporcionar la protección necesarias, según el caso.[254]

A partir de la lectura de ese párrafo parece, pues, que la obligación de proteger ya es una figura reconocida internacionalmente y que la alegación del principio de la soberanía estatal para obstaculizar una acción internacional frente a una masacre, al genocidio, a limpiezas étnicas y similares, carece de fundamento en el curso actual de las relaciones y derecho internacionales. Y así lo manifiesta el Grupo:

Aprobamos la norma que se está imponiendo en el sentido de que existe una responsabilidad internacional colectiva de proteger, que el Consejo de Seguridad puede ejercer autorizando la intervención militar como último recurso en caso de genocidio y otras matanzas en gran escala, de depuración étnica o de graves infracciones del derecho internacional humanitario que un gobierno soberano no haya podido o no haya querido prevenir.[255]

O sea, *"acepta palmariamente que la comunidad internacional no puede ya permanecer impasible ante catástrofes humanitarias".*[256] Parece, de hecho, que ya no se trata de un derecho de intervenir sino de la obligación/responsabilidad internacional de proteger. La obligación surge, tal y como había dispuesto el Informe de la ICISS, cuando el Estado no puede o no quiere prevenir a su población de graves violaciones de derechos humanos, o es él mismo el autor de ellas. No obs-

---

[254] Informe del Grupo de Alto Nivel, *Un mundo más seguro: la responsabilidad que compartimos, op. cit. supra,* nota 249, párr. 29.
[255] *Id.* Párr. 203.
[256] C. Gutiérrez Espada. *El Estado de Necesidad Cabalga de Nuevo.* Revista Española de Derecho Internacional, vol. LVI, n. 2, 2004, pp. 669-704.

tante, hay que poner muy de relieve que el Grupo, a diferencia en parte del planteamiento de la ICISS, vincula integralmente la responsabilidad de proteger "con su ejecución por un órgano determinado":[257] el Consejo de Seguridad.

El Grupo, a lo largo del Informe, al ocuparse de las seis clases de amenazas a la seguridad colectiva, considera extremadamente importante la prevención por medios pacíficos, y concreta los mecanismos y vías para lograrla. Asume una postura muy cercana a la expuesta por la ICISS cuando entendía la responsabilidad de proteger de manera global, es decir, considerando las medidas que deben ser puestas en práctica antes, durante y después de una potencial o verdadera catástrofe.

No obstante, observa también la potencial necesidad de recurrir a la fuerza en caso de que las amenazas distantes se hagan inminentes, que las inminentes se tornen reales o en la hipótesis de que las amenazas no inminentes cobren un carácter muy real. Para que el uso de la fuerza militar sea legítimo está claro que hay que seguir rigurosamente unos principios y límites que el Grupo define al trazar cinco directrices o criterios básicos que el Consejo de Seguridad debe tener en cuenta, aparte de cualesquiera otras consideraciones, en el debate de la autorización o no del empleo de la fuerza:

a) *Gravedad de la amenaza.* La amenaza de daño a la seguridad del Estado o del ser humano, ¿es de índole tal y es suficientemente clara y grave como para justificar a primera vista el uso de la fuerza militar? En el caso de las amenazas internas, reales o que se consideren inminentes, ¿entrañan genocidio u otras matanzas en gran escala, actos de depuración étnica o infracciones graves del derecho internacional humanitario?

b) *Propósito correcto.* ¿Queda de manifiesto que el objetivo primordial de la acción militar que se propone consiste en poner fin a la amenaza o evitarla, cualesquiera que sean los demás motivos o propósitos que estén en juego?

---

[257] C. Gutiérrez Espada. *El "Uso de la Fuerza" en los Informes del Grupo de Alto Nivel (2004), del Secretario General (2005) y, a la postre, en el Documento Final de la Cumbre de los Jefes de Estado y de Gobierno (Naciones Unidas, Nueva York, Septiembre 2005)*, op. cit. supra, nota 237, p. 28.

c) *Último recurso.* ¿Se han considerado todas las demás opciones no militares para hacer frente a la amenaza y hay fundamentos razonables para creer que no arrojarán resultados?
d) *Proporcionalidad de los medios.* La escala, la duración y la intensidad de la acción militar que se propone ¿constituyen el mínimo necesario para hacer frente a la amenaza?
e) *Balance de las consecuencias.* ¿Hay posibilidades razonables de que la acción militar logre hacer desaparecer la amenaza sin que sus consecuencias sean peores que las de no hacer nada?[258]

El Grupo recomienda en ese sentido que esas directrices sean incorporadas en resoluciones declaratorias del Consejo de Seguridad y de la Asamblea General y que los Estados, miembros o no del Consejo, se adhieran a ellas.[259]

Paralelamente, no parece irrazonable la apreciación de que el Informe podría haberse revestido de mayor prudencia a la hora de tratar la "norma que se esta imponiendo en el sentido de que existe una responsabilidad internacional colectiva de proteger" y ofrecer una definición expresa de su alcance, límites y condiciones, para evitar los abusos e interpretaciones contradictorias que ha ocurrido siempre con el tema de la intervención humanitaria. En esa línea afirma la Profesora Sanjosé Gil:

> [. . .] este proceso de revisión fáctica implica, por seguridad jurídica, una necesaria regulación. La afirmación de la aceptación de un nuevo principio es positiva y no necesitaría una reforma formal de la Carta. Pero la aceptación de esa "responsabilidad internacional colectiva de proteger" pensamos que sí debería ser regulada formalmente estableciendo expresamente, en primer lugar, que se trata de una obligación colectiva de la Comunidad internacional que sólo puede ser ejercida de forma colectiva y no de forma unilateral por parte de sus Estados miembros y, en segundo lugar, en qué circunstancias la Comunidad internacional podría ejercer ese deber de proteger. En este sentido, en nuestra opinión, el Grupo ha sido parco en

---

[258] Informe del Grupo de Alto Nivel, *Un mundo más seguro: la responsabilidad que compartimos, op. cit. supra,* nota 249, párr. 207.
[259] *Id.* Párr. 208 y 209.

su postura, limitándose a "aprobar la norma que se está imponiendo" sin hacer propuestas de incorporación del principio y de su regulación en la Carta.[260]

Aunque desde la perspectiva de la autora de este trabajo no se comparte con la idea de la absoluta prohibición de una acción unilateral cuando el Consejo se halle paralizado, como menciona la Profesora, sí que verdaderamente resulta necesaria una regulación para que las cosas estén claras y transparentes.

Es justamente en ese aspecto del empleo de la fuerza que me parece que el Grupo debería haberse apoyado más en los planteamientos del Informe de la ICISS, es decir, haber previsto la posible inacción del Consejo y ofrecido alternativas al problema. Así pues, son enteramente acertadas las observaciones que hace el Profesor Gutiérrez Espada al analizar el presente Informe y el del Secretario General del año 2005, que también conecta estrictamente la responsabilidad de proteger mediante el uso de la fuerza al Consejo de Seguridad. Sus palabras:

> Pero yo me pregunto, ¿y si el Consejo de Seguridad solo interviene tarde, mal y parcialmente o lo que es peor, y hay también ejemplos sangrantes en la mente de todos, simplemente no actúa?; porque se observará que el Informe del Secretario General no menciona para nada en contexto tal la eliminación o la restricción del derecho de veto. [...][261]
>
> ¿Por qué si existe una "obligación internacional de proteger" no se ha ido más allá y se ha sido más claro?. Puesto que existe una "obligación internacional de proteger", llegado el caso y como último recurso, ¿no *podrían* (al menos) los Estados intervenir con la fuerza por razones de humanidad [. . .]?. En suma, ¿no hubiera sido conveniente que el Grupo de Alto Nivel y sobre todo el Secretario General

---

[260] A. Sanjosé Gil. *Algunas reflexiones sobre el Informe del Grupo de Alto Nivel creado por el Secretario General y el futuro de la seguridad colectiva de las Naciones Unidas*, op. cit. supra, nota 250, p. 18.

[261] C. Gutiérrez Espada. *El "Uso de la Fuerza" en los Informes del Grupo de Alto Nivel (2004), del Secretario General (2005) y, a la postre, en el Documento Final de la Cumbre de los Jefes de Estado y de Gobierno (Naciones Unidas, Nueva York, Septiembre 2005)*, op. cit. supra, nota 249, pp. 29-30

hubieran concretado en sus propuestas esta "obligación" que reconocen?.[262]

El "grito" del Profesor es absolutamente comprensible. El informe de la ICISS sí había proporcionado respuestas oportunas a la cuestión que plantea Gutiérrez Espada y provoca cierta indignación percibir que de alguna manera se retrocedió, teniendo que aceptar que, aunque las oportunidades claramente existieron, el dilema parece no haber sido efectivamente solucionado.

Como ya es sabido, el ejercicio del derecho de veto es uno de los principales obstáculos a la hora de emprender una acción eficaz frente a una masacre. El veto practicado por razones políticas (o de cualquier otro orden ajeno al fondo de la cuestión) entre los miembros permanentes del Consejo es frecuentemente utilizado tanto en estos casos como en otros, pero las consecuencias producidas en los supuestos de gravísimas violaciones de los derechos humanos no hace falta rememorarlas. Sobre esa cuestión, lo único que hace el Informe del Grupo es recomendar al Consejo alternativas para su ampliación de modo que se vuelva más democrático en las tomas de decisiones. Conviene recordar que la ICISS expresamente recomendaba al Consejo a no hacer uso del derecho de veto cuando son violaciones masivas de los derechos humanos las que están en juego.

1.3. Informe: "Un concepto más amplio de la libertad: desarrollo, seguridad y derechos humanos para todos"

El Informe del Secretario General de 2005, al que ya se aludió, representa cierta continuidad, pero con la profundización de determinadas cuestiones sacadas a la luz en el Informe anterior. Como el propio Kofi Annan expresa, además de haberse basado en su experiencia personal de ocho años como Secretario General de las Naciones Unidas, en sus convicciones y su conciencia, así como en su forma de entender la Carta, se inspiró también en el Informe del Grupo de Alto Nivel (2004) y en el Proyecto del Milenio elaborado por 250 expertos encargados de diseñar

---

[262] *Id.* p.31.

un plan de acción para alcanzar en 2015 los objetivos de desarrollo del Milenio.

El Informe del Secretario "Un concepto más amplio de la libertad: desarrollo, seguridad y derechos humanos para todos"[263] presentado el 21 de marzo de 2005, corresponde al plan de seguimiento de los resultados de la Cumbre del Milenio y ofrece una serie de recomendaciones a ser analizadas en la Cumbre de 2005, destinadas a dotar a las Naciones Unidas, a través de sus órganos, de mayor eficacia. Propone un fortalecimiento del sistema de la Carta que, según él, brinda las bases para hacer frente a todas las necesidades y amenazas de este nuevo siglo.

Las propuestas realizadas por Kofi Annan están vinculadas a "un nuevo concepto de libertad" que sólo se alcanzará mediante el desarrollo, la seguridad y los derechos humanos entendidos de forma absolutamente interdependiente. Así pues, *"no tendremos desarrollo sin seguridad, no tendremos seguridad sin desarrollo y no tendremos ni seguridad ni desarrollo si no se respetan los derechos humanos"*.[264]

El Informe está dividido en seis partes. A lo largo de las cuatro primeras, el Secretario desarrolla aquellos tres elementos que componen la libertad en su sentido amplio, revelando los medios para alcanzarlos. Las dos últimas partes están dedicadas al fortalecimiento de las Naciones Unidas, con recomendaciones a cada uno de sus órganos para lograrlo, incluso con algunas importantes reformas y la creación de una Comisión de Consolidación de la Paz. Concluye que es ése el momento único, oportuno e ideal para pasar de la retórica a la práctica efectiva. El Secretario General enfatiza tres áreas elementales de disenso entre los Estados respecto al uso de la fuerza: el uso anticipatorio cuando la amenaza es inminente, el uso de la fuerza militar en caso de amenazas latentes o no inminentes y el derecho o la obligación de usar la fuerza para salvaguardar una población bajo el riesgo de una masacre o crímenes similares. Se centrará la atención aquí en la tercera discusión esbozada.

La institución de una Comisión de Consolidación de la Paz concretaría los planteamientos anteriores y los del mismo Secretario sobre la

---

[263] Informe del Secretario General, *Un concepto más amplio de la libertad: desarrollo, seguridad y derechos humanos para todos* (A/59/2005), del 21 de marzo de 2005. Acceso en: <http://www.un.org/spanish/largerfreedom/contents.htm>

[264] *Id.* Párr. 17.

importante y urgente necesidad de acompañar y cooperar de cerca en la resolución de los conflictos para que no resulten en nuevas catástrofes humanitarias, habida cuenta que "*aproximadamente la mitad de los países que salen de una guerra vuelven a caer en la violencia en un plazo de menos de cinco años*".[265] Significa, por lo tanto, la responsabilidad de proteger de modo extenso y eficaz. La prevención, como no podría dejar de serlo, es entendida como una de las claves de la seguridad.

Es importante destacar que la propuesta de establecimiento de esa Comisión fue también manifestada por el Grupo de Alto Nivel. Sin embargo, a diferencia del Secretario, cuya mayor inquietud radica "*en encontrar asistencia en la consolidación de la paz después de un conflicto, el Grupo concede gran importancia al papel preventivo que puede desempeñar la Comisión a evitar el colapso de un Estado y que éste se precipite hacia la guerra*".[266]

Tras identificar que la mayor laguna en el mecanismo institucional de las Naciones Unidas reside en la ausencia de un componente del sistema que se ocupe de ayudar a los países en la fase de transición entre la guerra y la paz duradera,[267] la Comisión de Consolidación de la Paz — según el modelo del Secretario General — desempeñaría las siguientes funciones: (1) mejorar la planificación de las Naciones Unidas para, inmediatamente después de acabada una guerra, lograr una recuperación sostenida, centrándose al principio en establecer las instituciones necesarias; (2) ayudar a conseguir una financiación previsible de las primeras actividades de recuperación; (3) mejorar la coordinación de las múltiples actividades que desarrollan los fondos, programas y agencias de la ONU después de los conflictos; (4) examinar periódicamente los progresos realizados; y (5) mantener la atención política en la fase de recuperación después de los conflictos.[268]

Efectivamente, el establecimiento de esa Comisión parece contribuir al sistema de la Carta a cumplir con sus Propósitos de promoción de la paz y seguridad internacionales, así como, en consecuencia, la protección y fomento de los derechos humanos.

---

[265] *Id.* Párr. 114.
[266] ALMQVIST, J. *Un concepto más amplio de la libertad: un segundo llamamiento a la creación de la Comisión de Consolidación de la Paz*. FRIDE, 2005, 6 pp., p. 3. Acceso en: <http://www.fride.org>
[267] Informe del Secretario General, *Un concepto más amplio de la libertad: desarrollo, seguridad y derechos humanos para todos*, op. cit. supra, nota 263, párr. 114.
[268] *Id.* Párr. 115.

Dentro del apartado en el que se propone la creación de la Comisión, "Libertad para vivir sin temor", el Secretario General hace enteramente suyo el enfoque general del Grupo de Alto Nivel a favor de un concepto más amplio de seguridad colectiva que incorpore las viejas y nuevas amenazas y que tenga en cuanta los intereses de todos los Estados en materia de seguridad, como ya se ha abordado anteriormente.

En ese sentido, al igual que los documentos antes analizados, el Secretario hace hincapié en la necesidad de la prevención de conflictos y en el establecimiento, mantenimiento y consolidación de la paz, cuyo corolario es la preservación de millones de vidas humanas. Además, reconoce también que incumbe a los propios Estados la obligación de proteger su población. Pero si ellos no lo hacen, la comunidad internacional debe hacerse responsable y estar obligada a impedir una catástrofe, incluso mediante el uso de la fuerza, en caso de que se constate la necesidad.

El Informe del Grupo de Alto Nivel, como ya se ha citado expresamente, se refería a la responsabilidad internacional de proteger las poblaciones en riesgo de sufrir una masacre, genocidio o similares, como una norma emergente en la comunidad internacional.[269] Esencialmente, el Secretario General asume su existencia e importancia:

> [. . .] Aunque soy bien consciente de lo delicado de la cuestión, concuerdo totalmente con ese punto de vista. Debemos asumir la responsabilidad de proteger y, cuando sea necesario, debemos actuar en consecuencia. Esa responsabilidad recae, primordialmente, en cada Estado, cuya principal razón de ser y obligación es proteger a su población. Pero si las autoridades nacionales no están dispuestas a proteger a sus ciudadanos o no pueden hacerlo, se traslada a la comunidad internacional la responsabilidad de utilizar medios diplomáticos, humanitarios y de otro tipo para ayudar a proteger los derechos humanos y el bienestar de la población civil. Cuando esos métodos parecen ser insuficientes, el Consejo de Seguridad, puede si lo exigen las circunstancias, decidir adoptar medidas al amparo de la Carta de las Naciones Unidas, incluso, si es necesario, medidas coercitivas. En

---

[269] Informe del Grupo de Alto Nivel, *Un mundo más seguro: la responsabilidad que compartimos, op. cit. supra,* nota 249, párr. 203

ese caso, como en otros, debe guiarse por los principios enunciados en la sección III supra.[270]

Precisamente este párrafo representa el punto clave que se plantea en este trabajo, integrando toda la problemática relativa al tema. De la perspectiva del Secretario expresada anteriormente se concluye que la eventual necesidad de utilizar la fuerza militar para salvaguardar la vida humana está ampliamente reconocida y que su legitimidad parece dejar de estar en tela de juicio. Sobre ese aspecto, el Profesor Niels Blokker comenta que es muy significativo que tanto el Secretario General como el Grupo de Alto Nivel en sus respectivos Informes promuevan de manera tan intensa la responsabilidad de proteger porque todavía, según él, no es un concepto generalmente aceptado. En sus palabras: *"Significant, because this concept is not yet generally established and accepted. [. . .] In particular a number of developing countries indicated that they did not accept this concept".*[271]

Pese al reconocimiento expresado por el Secretario General, el problema de su aplicación que emana de la autoridad competente para decidir sobre el empleo de la fuerza, juntamente con el conjunto de consecuencias intrínseco a ella, parece permanecer intacto o, quizás, sin el deseo de tratarlo.

Al igual que el Informe del Grupo, el Secretario conecta la obligación de proteger haciendo uso de la fuerza al Consejo de Seguridad y para ello recomienda que dicho órgano apruebe una resolución en la cual exprese las condiciones y los principios rectores (los mismos definidos por el Grupo) a la hora de decidir sobre el empleo de la fuerza militar[272] y que se comprometa a guiarse por ella, ofreciendo así mayor transparencia y legitimidad a sus decisiones.[273]

Una vez más resurge el interrogante (aquel "grito" del Profesor Gutiérrez Espada) de ¿si el Consejo no actúa o lo hace tardíamente, los

---

[270] Informe del Secretario General, *Un concepto más amplio de la libertad: desarrollo, seguridad y derechos humanos para todos, op. cit. supra,* nota 263, párr. 135.

[271] N. Blokker. *The Law of the Use of Force and the Responsibility to Protect: Straitjacket or Life Jacket?* In: C. Espósito y J. Almqvist. (Ed.), *Building a New Role for the United Nations: the Responsibility to Protect.* FRIDE, septiembre 2005, pp. 12-15, p. 14. Véase: <www.fride.org>

[272] C. Gutiérrez Espada. *El "Uso de la Fuerza" en los Informes del Grupo de Alto Nivel (2004), del Secretario General (2005) y, a la postre, en el Documento Final de la Cumbre de los Jefes de Estado y de Gobierno (Naciones Unidas, Nueva York, Septiembre 2005), op. cit. supra,* nota 237, p. 29.

[273] Informe del Secretario General, *Un concepto más amplio de la libertad: desarrollo, seguridad y derechos humanos para todos, op. cit. supra,* nota 263, párr. 126.

Estados deben permanecer pasivos a espera de las consecuencias, o deberían, siguiendo los parámetros y condiciones que deben regir el uso de la fuerza, procurar salvar aquellas vidas en riesgo?

Es extremadamente oportuno subrayar que en el presente trabajo no se aboga por el empleo de la fuerza de manera unilateral, ni mucho menos por la marginalización del Consejo de Seguridad. Al contrario, se cree vehementemente que una acción colectiva, decidida en foros multilaterales, es el mejor camino hacia la defensa y protección de los derechos humanos de forma legitima, eficaz y sostenible. Además de prevenir el empleo discrecional de la fuerza armada por parte de los Estados. Sin embargo, no hace falta mencionar las decenas de casos de violaciones masivas y sistemáticas de los derechos humanos ante los cuales la comunidad internacional ha respondido con el silencio, la negligencia o con una actuación tardía e insuficiente. Por lo tanto, si no se establecen los mecanismos para una respuesta efectiva capaz de impedir los crímenes más repugnantes a la conciencia humana, resulta muy complicado sostener la ilegitimidad presente en las actitudes de aquellos que lo hagan.

En este sentido, el ejercicio o amenaza de ejercicio del derecho del veto por los miembros permanentes del Consejo de Seguridad parece ser, como ya se ha dicho, la piedra en el camino hacia la decisión de intervenir. El Informe del Secretario parece haberse "olvidado" de ese verdadero problema que resulta del sistema convenido en la Carta. La propuesta de ampliación del Consejo de Seguridad anunciada por el Grupo, acogida y trabajada por el Secretario General, que insta a los miembros permanentes a llegar a un consenso sobre esos términos, con miras a una mayor representatividad y democratización en la labor del Consejo, no indica ser la vía adecuada para solventar la cuestión. Sobre la ausencia de voluntad acerca del tema, opina Gutiérrez Espada:

> No desconozco, claro, que no hay voluntad política alguna de acometer reformas en este punto, como en el Informe del Secretario General se demuestra: ni al tratar del uso de la fuerza aún cuando aborda la reforma del Consejo de Seguridad se altera en lo más mínimo la regulación actual del derecho del veto.[274]

---

[274] C. Gutiérrez Espada. El *"Uso de la Fuerza"* en los *Informes del Grupo de Alto Nivel (2004), del Secretario General (2005) y, a la postre, en el Documento Final de la Cumbre de los*

En sentido equivalente el Profesor Faramiñán Gilbert comenta la iniciativa positiva de dotar de más eficiencia al Consejo, a pesar de que no es posible defender su utilidad si el derecho al veto se mantiene intacto. En palabras del autor:

> Sin embargo, a pesar de las buenas intenciones por mejorar el funcionamiento del Consejo de Seguridad, en ninguno de los dos modelos se hace referencia a la supresión del sistema del veto como señera anacrónica de un mundo controlado por los más fuertes que clama contra la transparencia y el modelo democrático que pretenden ser los criterios inspiradores de la reforma del Consejo.[275]

Sobre la misma cuestión la Profesora Rosa Riquelme Cortado afirma: *"hoy no se trata — o no se trata sólo — de un problema de número. Como se ha repetido hasta la saciedad, la composición del Consejo de Seguridad está en agudo contraste con las realidades del siglo XXI y, en consecuencia, sus decisiones carecen de legitimidad".*[276]

Como señala Gutiérrez Espada, la petición[277] que hacía el Grupo en su Informe, a pesar de hallarse muy lejos de una restricción o eliminación de ese derecho cuando lo que esté en discusión sea la salvaguardia

---

Jefes de Estado y de Gobierno (Naciones Unidas, Nueva York, Septiembre 2005), op. cit. supra, nota 237, p. 30

[275] FARAMIÑÁN GIBERT, J.M., *Las necesarias modificaciones en las Naciones Unidas en un mundo globalizado*, Revista Electrónica de Estudios Internacionales, n. 10, 2005. 19 pp., p. 9. Acceso en: <http://www.reei.org/reei%2010/JM.Faraminian(reei10).pdf>

[276] RIQUELME CORTADO, R.: *La reforma del Consejo de Seguridad. ¿Llegó su oportunidad?*.Revista de la Asociación para las Naciones Unidas (ANUE), n. 30, junio de 2005, p.10.

[277] Párrafos 256 y 257, respectivamente transcritos a continuación, del Informe del Grupo de Alto Nivel, véase *supra*, nota 249.

"En ninguno de los dos modelos se amplía el veto ni se modifican las atribuciones que tiene el Consejo de Seguridad según la Carta. Reconocemos que cabía al veto la importante función de dar seguridades a los miembros más poderosos de las Naciones Unidas de que sus intereses quedarían protegidos. No vemos forma práctica alguna de cambiar el veto que tienen algunos miembros. Sin embargo, en general la institución del veto es anacrónica, lo que no es adecuado para la institución en una era de democracia cada vez mayor e instaríamos a que únicamente se utilizara en cuestiones en que realmente estuviesen en juego intereses vitales. Pedimos también a los miembros permanentes que, a título individual, se comprometan a abstenerse de utilizar el veto en casos de genocidio y abusos en gran escala de los derechos humanos. Recomendamos que en ninguna propuesta de reforma se prevea una ampliación del veto.

Proponemos que se instituya un sistema de "voto indicativo" en virtud del cual los miembros del Consejo de Seguridad podrían pedir una indicación pública de las posturas respecto de una decisión que se propusiera. En este sistema los votos en contra no tendrían

de la vida humana, desaparece en el Informe del Secretario General.[278] Realmente Kofi Annan no hace mención alguna en ese sentido, lo que lleva a la conclusión de que posiblemente en un nuevo supuesto de abusos severos de los derechos humanos nos quedaremos atrapados por la sombra de la misma traba de las últimas décadas.

2. La posible concreción

Después de todo lo examinado en el apartado anterior cabe preguntarse ¿cuál o cuales son las posibles vías por las que se podría caminar hacia una práctica efectiva de la protección contra las violaciones masivas de los derechos humanos? En otras palabras, ¿cómo hacer efectiva la aplicación del principio que obliga a la comunidad internacional a tomar las medidas necesarias para proteger a los seres humanos contra masacres, genocidios y crímenes comparables en el supuesto de inacción del Consejo o de que éste no actúe adecuadamente?

En el Informe "Un concepto más amplio de libertad..." el Secretario General reproduce la propuesta realizada por el Grupo de Alto Nivel sobre la aprobación de una resolución por el Consejo en la que se dispongan los criterios rectores a la hora de decidir sobre el empleo de la fuerza y por los cuales el Consejo debería guiarse. Realmente, tal y como el Secretario considera, dicha resolución maximizaría las posibilidades de que en el seno del Consejo se lograra un consenso sobre cuando es apropiado el uso de la fuerza — al igual que el apoyo internacional a la decisión — y minimizaría la posibilidad de que un Estado individualmente evitara llevar la cuestión al Consejo. Sin embargo, Niels Blokker observa que esos criterios no podrán nunca garantizar que la decisión sea tomada cuando exista una responsabilidad de proteger por parte del Consejo.[279] Y el autor sigue, pues, con la misma indagación que se ha manifestado en líneas anteriores:

---

un efecto de veto ni el resultado final tendría fuerza alguna. La segunda votación oficial respecto de cualquier resolución tendría lugar con arreglo a los procedimientos vigentes en el Consejo. A nuestro juicio, ello haría que el veto se utilizara en forma más responsable."

[278] C. Gutiérrez Espada. *El "Uso de la Fuerza" en los Informes del Grupo de Alto Nivel (2004), del Secretario General (2005) y, a la postre, en el Documento Final de la Cumbre de los Jefes de Estado y de Gobierno (Naciones Unidas, Nueva York, Septiembre 2005), op. cit. supra,* nota 237, p. 30.

[279] N. Blokker. *The Law of the Use of Force and the Responsibility to Protect: Straitjacket or Life Jacket? op. cit. supra,* nota 271, p. 14.

Therefore the big question will not go away: what if no decisions are taken when necessary? [. . .] These criteria will not change the legal situation. It will continue to be controversial whether or not in a specific case unilateral military intervention for humanitarian reasons will be lawful. A lot will depend on the facts of the case.[280]

El Profesor Carlos Espósito comenta que quizás el Secretario General haga bien en no entrar en la cuestión relativa a la eventualidad de que en el caso de que el Consejo no actúe, los Estados o una organización regional estén legitimados para hacerlo. Es así *"porque si ya hay reservas para aceptar la autoridad del Consejo para tomar medidas sobre la base del principio de responsabilidad de proteger, la cuestión relativa a la autoridad de las organizaciones regionales o los Estados genera una profunda división"*[281]. Efectivamente, desde una óptica realista, hacer que los Estados acuerden legitimar mediante la aprobación de cualquier texto de naturaleza jurídica el uso de la fuerza fuera del ámbito del Consejo de Seguridad parece en este momento absolutamente inviable y peligroso para el mantenimiento de un necesario orden internacional.

Entonces el interrogante permanece: ¿Qué se puede hacer cuando el Consejo no actúa o lo hace demasiado tarde? Porque claro está que, conforme al derecho internacional que nos rige, es el Consejo el único órgano competente para decidir sobre el empleo de la fuerza, con la salvedad de la legítima defensa. Más claro todavía es que el Consejo muchas veces no actúa como debería para impedir una catástrofe humanitaria y que ante crímenes como el genocidio o limpiezas étnicas la comunidad internacional no puede permitirse la pasividad. ¿Y entonces?

Pese a la importancia de la aprobación de una resolución que siente las bases para una actuación más transparente y adecuada del Consejo cuando se trata de usar la fuerza, ella no resuelve la cuestión.

En el Informe "Responsabilidad de Proteger" de la ICISS, como ya se ha mencionado anteriormente, el grupo de expertos contempla la posibilidad de que el Consejo no tome las medidas necesarias y en el tiempo

---

[280] *Ibíd.*
[281] C. Espósito. *Uso de la fuerza y responsabilidad de proteger. El debate sobre la reforma de la ONU.* FRIDE, n. 3, julio de 2005, 11 pp., p. 7. Acceso en: <www.fride.org>

preciso para contrarrestar una amenaza o un desastre humanitario ya en curso. Las alternativas que se proponen en ese Informe resultan ser bastante razonables.

La primera de las que aborda la Comisión está fundamentada en la resolución de la Asamblea General "Unión Pro Paz" de 1950. Esa resolución dispone que en caso de que el Consejo de Seguridad no cumpla con sus funciones la Asamblea General es competente para examinar el asunto y adoptar determinadas medidas para lograr el objetivo de la Carta de mantenimiento de la paz y seguridad internacionales. Así resuelve la Asamblea:

> Resuelve que si el Consejo de Seguridad, por falta de unanimidad entre sus miembros permanentes, deja de cumplir con su responsabilidad primordial de mantener la paz y la seguridad internacionales en todo caso en que resulte haber una amenaza a la paz, un quebrantamiento de la paz o un acto de agresión, la Asamblea General examinará inmediatamente el asunto, con miras a dirigir a los miembros recomendaciones apropiadas para la adopción 'de medidas colectivas', inclusive, en caso de quebrantamiento de la paz o acto de agresión, el uso de fuerzas armadas cuando fuere necesario, a fin de mantener o restaurar la paz y la seguridad internacionales. De no estar a la sazón reunida, la Asamblea General puede reunirse en período extraordinario de sesiones de emergencia dentro de las 24 horas siguientes a la presentación de una solicitud al efecto. Tal período extraordinario de sesiones de emergencia será convocado si así lo solicita el Consejo de Seguridad por el voto de siete cualesquiera de sus miembros, o bien la mayoría de los Miembros de las Naciones Unidas.[282]

De conformidad con los mecanismos expuestos en dicha resolución, el Informe de la Comisión propone que, en ausencia de actuación eficiente del Consejo, se logre que la Asamblea General respalde la acción militar durante un período extraordinario de sesiones de emer-

---

[282] Resolución *Unión Pro Paz* de la Asamblea General del 3 de noviembre de 1950, A/RES/377 (V). Apartado: A.

gencia. Destaca la importancia de una respuesta rápida en los casos de violaciones masivas de los derechos humanos y que dicha rapidez parece estar bien contemplada en la resolución, ya que se convocaría un período extraordinario de sesiones de emergencia en las 24 horas siguientes a la presentación de la solicitud, y además, la Comisión resalta que, con arreglo al artículo 63 del Reglamento de la Asamblea General, *"esta se reunirá en sesión plenaria únicamente y procederá a examinar directamente el tema cuyo examen se haya propuesto en la petición de convocación de tal período de sesiones, sin remisión previa a la Mesa ni a ninguna otra comisión".*[283]

Ese recurso realmente podría representar una alternativa legítima para la inacción del Consejo y, en ese sentido, la propia Comisión afirma que aunque la Asamblea no es competente para decidir que una acción de ese carácter, es decir, sobre el empleo de la fuerza militar, deba ser llevada a cabo, *"una decisión favorable a la acción adoptada por la Asamblea con el apoyo de la gran mayoría de los Estados Miembros otorgaría un alto nivel de legitimidad a la intervención posterior y alentaría al Consejo de Seguridad a reconsiderar su postura".*[284] Y finaliza afirmando que *"la Comisión estima que la mera posibilidad de que pudiera adoptarse una decisión en tal sentido supondría un estímulo adicional para que el Consejo de Seguridad actuara de forma decisiva y adecuada".*[285]

La otra alternativa vislumbrada por la Comisión trata de la posibilidad de emprender una operación a través de una organización regional, dentro de su ámbito de actuación, obedeciendo ciertos límites y ejecutada de manera colectiva, con la posterior autorización (o ratificación) del Consejo de Seguridad. En defensa de ese planteamiento, la Comisión observa que casi siempre los Estados vecinos del país en el cual está ocurriendo una masacre son muy afectados por ella, principalmente por el flujo de refugiados que supone. Además, esos Estados conocen mejor el contexto del conflicto y la situación del país y están más interesados en la estabilidad de la región y, por todo ello, pueden a

---

[283] Informe de la Comisión Internacional sobre Intervención y Soberanía Estatal: *La Responsabilidad de Proteger, op. cit. supra,* nota 238, párr. 6.29.
[284] *Id.* Párr. 6.30.
[285] *Ibíd.*

menudo (aunque no siempre) desempeñar de manera más eficiente una operación. Esa actuación podría articularse dentro del Capítulo VIII de la Carta que reconoce la función legítima de las organizaciones regionales. Sin embargo, la Comisión observa que "*la letra de la Carta exige en sentido estricto que la acción de las organizaciones regionales se supedite siempre a la autorización previa del Consejo de Seguridad*".[286] Pero completa que "*ha habido casos recientes en que se ha solicitado la autorización a posteriori, es decir, después de la operación (Liberia y Sierra Leona), lo que puede conceder cierto margen de maniobra para futuras acciones en este sentido*".[287]

Ambas opciones, más que ofrecer otras bases para una práctica consistente, ajenas al Consejo de Seguridad, significarían en una fuente de presión para que ese órgano actuase. Para que no quedase atrapado por la disensión política entre sus miembros permanentes cuando lo que está en juego es la ingente pérdida de vidas humanas. Representarían dos elementos más a tener presentes, junto con la aprobación de la resolución propuesta por el Secretario General y el Grupo de Alto Nivel, que podrían instrumentar la transparencia (los principios por los cuales debe regirse) y el apremio (ser conciente de que si él no lo hace otros podrán decidir actuar) en la labor eficiente del Consejo.

Otra cuestión más a tener presente es la utilización por parte del Secretario General y por el Grupo de Alto Nivel en sus respectivos Informes de las expresiones "autorizar o aprobar" y "autorizar o prescribir" el uso de la fuerza por el Consejo de Seguridad[288] cuando se constate su necesidad para revertir situaciones de violaciones de los derechos humanos en gran escala. El Profesor Gutiérrez Espada indaga si la utilización de estos binomios podría ser interpretada en los términos de los planteamientos de la ICISS (antes examinado) acerca de una intervención humanitaria armada llevada a cabo por una Organización regional, por ejem-

---

[286] *Id*. Párr. 6.35.
[287] *Ibíd*.
[288] En el Informe del Secretario General (*op. cit. supra*, nota 263) véase párr. 126 y en el Anexo "Decisiones Propuestas a los Jefes de Estado y de Gobierno" párr. VI letra h; En el Informe de Grupo de Alto Nivel (*op. cit. supra*, nota 249) véase párr. 207 y Anexo 1 "Resumen de las recomendaciones" párr. 56.

plo, y su posterior "ratificación" por el Consejo, como fueron los casos de Liberia y Sierra Leona.[289]

Respecto a una resolución que establezca los criterios de legitimidad para el recurso a la fuerza militar por los cuales el Consejo debe regirse, como señala Carlos Espósito, *"serían también muy útiles para exigir que la Organización y sus órganos principales rindan cuentas a la comunidad internacional"*.[290] El autor completa observando el carácter de la "rendición de cuentas": *"Esa rendición de cuentas no tiene que estar subordinada necesariamente a una obligación jurídica de actuar, que sería muy difícil de consensuar y aún más complicado de aplicar"*.[291] Es decir, la responsabilidad de proteger desde la óptica de ese autor, en vistas del derecho internacional y de la distribución del poder tal y como se halla en la actualidad, debería constituir una responsabilidad política más que jurídica.

Evidentemente, las alternativas propuestas por el grupo de expertos en el Informe "Responsabilidad de Proteger" no pueden encontrar más legitimidad que una operación llevada a cabo bajo la decisión y autorización del Consejo.[292] Por lo tanto, la adopción de una resolución que fijase los principios rectores del uso de la fuerza, en especial en los casos de crímenes tan terribles como el genocidio y similares, debería acompañarse de un compromiso real, y por qué no textual, de abstención del derecho de veto por sus miembros permanentes cuando el debate en el seno del Consejo sea acerca de dichos crímenes. Ésta también ha sido una recomendación realizada por la Comisión.

No obstante, como ya se ha señalado muchas veces, ése es uno de los temas del orden internacional que despierta mayores recelos. El poder

---

[289] C. Gutiérrez Espada. *El "Uso de la Fuerza" en los Informes del Grupo de Alto Nivel (2004), del Secretario General (2005) y, a la postre, en el Documento Final de la Cumbre de los Jefes de Estado y de Gobierno (Naciones Unidas, Nueva York, Septiembre 2005)*, op. cit. supra, nota 237, p. 35.

[290] C. Espósito. *Uso de la fuerza y responsabilidad de proteger. El debate sobre la reforma de la ONU*, op. cit. supra, nota 281, p. 11.

[291] *Ibíd.*

[292] Aunque estoy absolutamente de acuerdo con el Profesor V.S Mani cuando pone en entredicho la legitimidad del Consejo de Seguridad: *"is the great issue of moral and legitimacy of action authorized by an international body Duch as the Security Council, that grossly ill represents the world community of 'We the People' – that excludes by design multitudes of peoples, populous countries like India from its membership and thus from its decisional processes"*. MANI, V. S., *"Humanitarian" Intervention Today*, op. cit. supra, nota 18, p. 298.

que esos cinco Estados detentan para decidir conjuntamente o negar individual o colectivamente sobre los tan importantes y conflictivos temas de la seguridad internacional es demasiado apreciado (y lo contrario sería lo extraño) para que se espere un cambio significativo en ese dominio a corto plazo (¿quién reforma a los reformadores?). Así lo manifiesta el Profesor Carlos Espósito:

> No es razonable esperar un cambio en la distribución del poder en el mundo que permita actuar frente a todas las situaciones graves de violaciones sistemáticas de derechos humanos. Sin embargo, eso no debería impedir un apoyo al principio de responsabilidad de proteger para ayudar allí donde sea posible y de esa manera ayudar también a exigir responsabilidades políticas (rendición de cuentas) frente a la opinión pública mundial por no adoptar las decisiones adecuadas.[293]

Estoy de acuerdo con la perspectiva realista del Profesor, sin embargo, dejar que una cuestión de tanta importancia como es la obligación de impedir una masacre, reconocida por el Grupo de Alto Nivel,[294] al arbitrio de la práctica internacional del "*case by case*" y dotarla de la mera (que no es poca, pero en el caso, no suficiente) responsabilidad política y la consecuente repulsa por parte de la opinión pública internacional, no parece propiciar bases sólidas o un camino eficaz si lo que verdaderamente se quiere es salvar vidas.

El Profesor Cesáreo Gutiérrez Espada es muy crítico en su análisis relativo a los posibles recursos que podrían haber representado una salida al problema. El Profesor, en ese sentido, observa y sugiere que en el texto final del proyecto de artículos sobre la *Responsabilidad Internacional del Estado*, la Comisión de Derecho Internacional (CDI),

---

[293] C. Espósito. *Uso de la fuerza y responsabilidad de proteger. El debate sobre la reforma de la ONU, op. cit. supra*, nota 281, p. 11.

[294] Informe del Grupo de Alto Nivel, Un mundo más seguro: la responsabilidad que compartimos, op. cit. supra, nota 249, párr. 201, dispone: "[. . .] el problema no es el "derecho de intervenir" de un Estado sino la "obligación de proteger" que tienen todos los Estados cuando se trata de seres humanos que sufren una catástrofe que se puede evitar, ya se trate de homicidios o violaciones en masa, de la depuración étnica mediante el terror y la expulsión por la fuerza, de matarlos deliberadamente de hambre o de exponerlos a enfermedades".

al tratar del "Estado de Necesidad" entre las circunstancias que excluyen la ilicitud, podría haberse servido de la oportunidad para ocuparse de la figura de la intervención armada en razón de humanidad. En lugar de ello, la CDI "*no ha considerado pertinente zanjar la cuestión, introduciendo por vía de una causa de exclusión de la ilicitud en el Derecho de la Responsabilidad, esto es, en las normas secundarias, una excepción a la prohibición del uso de la fuerza armada*".[295] En los comentarios del artículo 25 que trata del "Estado de Necesidad" el Relator afirma:

> La cuestión de si las medidas de intervención humanitaria por la fuerza, no autorizadas de conformidad con los capítulos VII u VIII de la Carta de las Naciones Unidas, pueden ser lícitas de conformidad con el moderno derecho internacional no se trata en el artículo 25. [. . .] [A]unque consideraciones semejantes a las que subyacen en el artículo 25 puedan desempeñar un papel, se tiene en cuenta en el contexto de la formulación e interpretación de las obligaciones primarias[296]

En ese sentido verifica el Profesor Gutiérrez Espada que el "*Derecho internacional contemporáneo no cuenta con una norma (primaria) clara que considere la intervención de humanidad como una excepción a la prohibición del uso de la fuerza armada*", como es el caso de la legítima defensa. Por esta razón, el Profesor sugiere que una definición clara en el contexto de las circunstancias que excluyen la ilicitud habría servido como un excelente mecanismo para los intereses de la comunidad internacional relativos a la protección de los seres humanos contra genocidios y crímenes comparables:

> una válvula de escape excepcional, que evitara a los Estados pasar sobre los derechos de sus propios nacionales muertos e incluso sobre los cadáveres de otros, soportar resignadamente las

---

[295] C. Gutiérrez Espada. *El hecho ilícito internacional*. Madrid: Dykinson, 2005, pp. 243, p. 202.

[296] J. Crawford. *Los artículos de la Comisión de Derecho Internacional sobre la Responsabilidad Internacional del Estado: Introducción, texto y comentarios*. Madrid: Dykinson, 2004, 461 pp., pp. 229-230.

infiltraciones armadas desde un Estado "que ya no lo es" porque se cae a pedazos y carece de autoridad y medios para impedirlas, o, incluso, con la concepción más moderna que el Relator Crawford propone, les hubiera evitado soportar impertérritos los atentados a intereses esenciales de la comunidad internacional en su conjunto como el genocidio, las limpiezas étnicas, los crímenes de guerra o contra la humanidad cometidos en un Estado "que se disuelve..." es lo que el estado de necesidad hubiera sido de haberse decidido despejar las telarañas que la CDI generó con el texto y los comentarios adoptados en la primera lectura. Pero no se ha hecho.[297]

Nuevamente, frente a la constatación de que oportunidades existen, o existieron, para alcanzar una regulación de la intervención humanitaria mediante el empleo de la fuerza, ello sumado al creciente reconocimiento de la figura como se ha comprobado anteriormente, se hace hincapié aquí en la conveniencia de que se aprobara una especie de "doctrina" de la intervención humanitaria, *"en la que se fijaran las coordenadas en las que un Estado o un grupo de ellos pudiese, bloqueado el Consejo de Seguridad, intervenir militarmente por causa de humanidad sin temor a incurrir en la violación del ordenamiento jurídico"*.[298] Así posiblemente se proporcionaría más seguridad, eficiencia y transparencia a la hora de tomar una decisión relativa a la necesidad del empleo de la fuerza en ocasiones en las que los seres humanos estén bajo el terrible riesgo de sufrir abusos tan severos como es la limpieza étnica, el genocidio, etc. Dicha conveniencia gana aún más pujanza cuando se tienen presentes las "recomendaciones" de la ICISS al Consejo de Seguridad, transcritas en el apartado anterior, cuando asevera que si queda constatada la inacción del Consejo frente a crímenes de ese orden no *"cabrá esperar que los Estados interesados descarten otros medios y formas de acción para hacer frente a la gravedad y urgencia de la situación"*. La consecuencia de ello es *"el riesgo de que esas intervenciones, sin la disciplina y las limitaciones impuestas por la autorización de las Naciones Unidas, no se lleven a cabo por las razones co-*

---

[297] C. Gutiérrez Espada. *El hecho ilícito internacional*, op. cit. supra, nota 295, p. 203.
[298] *Id*. p. 208.

rrectas ni con el debido respeto de los necesarios principios precautorios". Experiencias de ese tipo no faltan en la práctica de los Estados y la "Guerra de Kosovo" es un buen ejemplo de sus secuelas.

3. Recapitulación

A lo largo de este capítulo ha quedado demostrada la existencia y el contenido de la responsabilidad internacional de proteger a los seres humanos contra posibles masacres, genocidios, limpiezas étnicas que pueden requerir el empleo de la fuerza armada. Se ha visto como se ha conseguido revertir el problema que emanaba de la superposición del principio de la soberanía estatal frente a una potencial intervención humanitaria con el uso de la fuerza. El cambio de perspectiva, eso es, la comprensión de la soberanía como generadora de derechos y obligaciones para cada uno de los Estados hacia su población y hacia los demás Estados permitió conformar los dos principios de modo que la responsabilidad de proteger recaiga en primer lugar sobre el propio Estado y en caso de omisión, negligencia o imposibilidad se transfiera dicha responsabilidad a la comunidad internacional.

Se examinó también la problemática acerca de la competencia para autorizar el despliegue de una operación armada capaz de contrarrestar el sufrimiento humano que ha sido expresamente atada al Consejo de Seguridad, tanto en el Informe del Grupo de Alto Nivel como en el del Secretario General de 2005. Esa vinculación plantea problemas muy difíciles de ser enfrentados en relación con los posibles caminos hacia la efectiva concreción de la figura. Habida cuenta que los mecanismos propuestos para ofrecer mayor eficacia a dicho órgano, como su ampliación o el procedimiento de voto indicativo, no alteran en nada el derecho de veto y su ejercicio.

Una vez más se constató que ocasiones han existido para la regulación de la intervención armada por razones humanitarias, unido al progresivo reconocimiento de la figura. Por lo tanto, se insiste aquí en la necesidad de que se ratificase una "doctrina" de la intervención humanitaria. Seguramente ella permitiría un desempeño más transparente y eficiente del Consejo de Seguridad. Aún más cuando se tienen presentes aquellos mensajes dirigidos a dicho órgano en el Informe de la ICISS.

do en la Cumbre Mundial de septiembre de 2005 en conmemoración de los sesenta años de las Naciones Unidas, durante la cual las propuestas contenidas en el Informe "Un Concepto más amplio de libertad: desarrollo, seguridad y derechos humanos para todos" del Secretario General constituyeron el foco central del debate.

Capítulo IV
EL DOCUMENTO FINAL DE LA CUMBRE
MUNDIAL DE SEPTIEMBRE DE 2005 Y LA
CRISIS DE DARFUR

1. El documento final de la cumbre mundial: la "responsabilidad de proteger"

EL INFORME ELABORADO POR EL SECRETARIO GENERAL sobre "Un concepto más amplio de libertad" fue un documento destinado a la preparación del debate que iba a tener lugar entre el 14 al 16 de septiembre de 2005. Kofi Annan, como se ha visto en el capítulo anterior, ha asumido, de manera general, todos los planteamientos esbozados en 2004 por el Grupo de Alto Nivel relativos a un nuevo concepto de seguridad colectiva, que engloba la responsabilidad de la comunidad internacional de proteger a los seres humanos, además de otras propuestas y recomendaciones — también acogidas por el Secretario — contra graves y masivas violaciones de los derechos humanos.

Pues bien, lo que se trata en este momento es de verificar los resultados alcanzados en la Cumbre de septiembre de 2005 referentes a la responsabilidad de proteger, teniendo en cuenta aquellas recomendaciones proferidas por el Secretario General y el Informe del Grupo de Alto Nivel.

Las palabras del Secretario General en la apertura de la Cumbre conmemorativa de los sesenta años de la Organización demuestran las expectativas de aquellos que de buena fe esperaban frutos más dulces del encuentro:

> La cumbre de 2005 es una oportunidad, de las que se presentan sólo una vez en cada generación, de que el mundo se una y adopte medidas acerca de graves amenazas mundiales que exigen audaces soluciones mundiales. Es también una ocasión para revitalizar las propias Naciones Unidas. Es, en resumidas cuentas, una oportunidad para toda la humanidad.

El documento final de la Cumbre,[299] que expone las decisiones logradas después de los tres días del encuentro, fue resumido en pocas palabras por el Profesor Faramiñán Gilbert: un "acuerdo de mínimos".[300]

El conjunto de propuestas de reforma contemplado en los dos últimos informes analizados, ciertamente con algunas críticas, representaban un camino hacia una mayor eficacia y legitimidad en la labor de las Naciones Unidas. Sin embargo, el documento final de la Cumbre acaba manifestando la ausencia de la necesaria *"firme voluntad política de los Estados de adoptar medidas pertinentes"*[301] en esa dirección.

El Documento Final está estructurado en cinco partes: I. Valores y principios; II. Desarrollo; III. Paz y seguridad colectiva; IV. Derechos humanos e imperio de la ley; y V. Fortalecimiento de las Naciones Unidas, a lo largo de las cuales lo que no faltan son expresiones de buenas intenciones por parte del conjunto de Estados, pero las decisiones concretas son muy pocas. Gutiérrez Espada, Bermejo García y López-Jacoiste Díaz sintetizan el contenido del Documento de la siguiente manera:

> En términos generales, se puede afirmar que este Documento final a lo largo de sus más de 40 páginas sintetiza — una vez más, aunque con otras palabras — los retos a los que se debe enfrentar la Organi-

---

[299] Documento Final de la Cumbre Mundial 2005 (A/60/L.1), del 20 de septiembre de 2005. Acceso en: <http://daccessdds.un.org/doc/UNDOC/GEN/N05/487/63/PDF/N0548763.pdf?OpenElement>

[300] J. M. Faramiñán Gibert. *Las necesarias modificaciones en las Naciones Unidas en un mundo globalizado, op. cit. supra*, nota 275, p. 19.

[301] C. Gutiérrez Espada, R. Bermejo García y E. López-Jacoiste Díaz. *El Documento Final de la Cumbre Mundial 2005*, UNISCI Discussion Papers, n. 10, enero de 2006. pp. 133-139, p. 133. Acceso en: <http://www.ucm.es/info/unisci/CesRom.pdf>

zación y recopila los modos recomendables para lograrlo. En él abundan las declaraciones de buenas intenciones, escasean las decisiones y sólo se adoptan dos de las reformas institucionales propuestas en los informes: la relativa a la creación de la Comisión para la Consolidación de la Paz y el Consejo de Derechos Humanos.[302]

Aquí se trata únicamente de analizar los resultados en el ámbito del uso de la fuerza en cumplimiento de la responsabilidad de proteger, dejando de lado cuestiones como el desarrollo, el terrorismo, el medio ambiente, de incontestable importancia pero fuera del objetivo de este trabajo.

Precisamente, la cuestión relativa al uso de la fuerza en casos de constatación de abusos severos y sistemáticos de los derechos humanos más fundamentales — que ha provocado un intenso debate sobre todo en la última década — indica haber permanecido en los mismos términos en que se hallaba. El apartado dedicado al empleo de la fuerza (párrafos 77-80) se limita a reafirmar lo que la Carta dispone y a agregar la devoción al Consejo de Seguridad en materia de mantenimiento de la paz y la seguridad internacionales.

Al parecer, la cuestión acerca del uso de la fuerza en los supuestos de catástrofes humanitarias, o cuando estén a punto de acontecer, fue retirada intencionadamente de la esfera del "uso de la fuerza" en el Documento Final para que se lograra un consenso en el seno de la Cumbre sobre el propio principio de la responsabilidad de proteger, como será visto a continuación. Países como Pakistán y Egipto, liderados por China e India, lucharon en contra de la idea de que exista una responsabilidad de proteger a los seres humanos que se hallen bajo el peligro de una masacre, cuando su gobierno no puede o no quiere hacerlo. Pero al final, después de no conseguir gran respaldo, reluctantemente concordaron aprobar el principio. Lo crucial para ese cambio de comportamiento fue el desplazamiento del tema de la responsabilidad de proteger desde la sección que se ocupa del uso de la fuerza a la sección relativa a los derechos humanos y a las reglas del derecho.[303]

---

[302] *Id.* p. 134.
[303] N. J. Wheeler. *A Victory for Common Humanity? The responsibility to protect after 2005 World Summit.* University of Wales, octubre 2005, 13 pp., p. 8. Acceso en: <http://www.una.org.uk/work/hr/R2P%5B1%5D.doc>

Así, la responsabilidad de proteger quedó contemplada bajo el título "Responsabilidad de proteger a las poblaciones del genocidio, los crímenes de guerra, la depuración étnica y los crímenes de lesa humanidad". Un rápido examen de esa sección es suficiente para inferir la absoluta ausencia de consenso sobre los mecanismos para llevarla a la práctica efectiva. La constatación se deriva de la propia omisión del tema concerniente a la potencial inacción del Consejo de Seguridad y a los criterios para su ejecución.

Por otro lado, hay que destacar que dicha responsabilidad es reconocida (lo que no es poco, teniendo en cuenta que en la Cumbre estaban presentes cerca de ciento noventa Estados), y lo es en los términos concebidos por la ICISS, es decir, estando en la soberanía del Estado la propia fuente de esa obligación y, en consecuencia, la responsabilidad primordial de dicha protección recae sobre los Estados. Así dispone el párrafo 138 del Documento Final:

> Cada Estado es responsable de proteger a su población del genocidio, los crímenes de guerra, la depuración étnica y los crímenes de lesa humanidad. Esa responsabilidad conlleva la prevención de dichos crímenes, incluida la incitación a su comisión, mediante la adopción de las medidas apropiadas y necesarias. Aceptamos esa responsabilidad y convenimos en obrar en consecuencia. La comunidad internacional debe, según proceda, alentar y ayudar a los Estados a ejercer esa responsabilidad y ayudar a las Naciones Unidas a establecer una capacidad de alerta temprana.[304]

El Profesor Nicholas Wheeler considera ese reconocimiento uno de los logros más importantes del encuentro de septiembre:

> One of these [rayos de esperanza], and perhaps in the longer-term the most important, was the General Assembly's (GA) endorsement of the 'responsibility to protect'. One hundred and ninety one states committed themselves to the principle that the rule of non-intervention was not sacrosanct in cases where a government was committing genocide, mass killing and large-scale ethnic cleansing within its borders.[305]

---

[304] Documento Final de la Cumbre Mundial 2005, *op. cit. supra*, nota 299, párr. 138.
[305] N. J. Wheeler. *A Victory for Common Humanity? The responsibility to protect after 2005 World Summit*, op. cit. supra, nota 303. p. 2.

Al igual, Gareth Evans, co-presidente de la Comisión sobre Intervención y Soberanía de 2001, estima la importancia del tema: *"But the best news on the human rights front — and, along with the Peacebuilding Commission, probably the best news of the entire summit was the leaders' endorsement of the principle of the 'responsibility to protect'".*[306]

Realmente no hay manera de no estar de acuerdo con la importancia virtual que emana de un extenso reconocimiento de tan fundamental principio. El problema es que se ha dejado intacta la cuestión relativa a su práctica efectiva. Los Estados no han llegado a ningún acuerdo sobre los criterios clave para llevar a cabo una intervención armada en razón de humanidad. Tampoco se quiso, como ya se había notado en los Informes del Grupo de Alto Nivel y del Secretario General, ir más allá y buscar otras fuentes de legitimación cuando el Consejo de Seguridad no actúe adecuadamente.

El disenso permanente entre los Estados sobre la redacción de unos criterios que podrían servir de base para la decisión referente al empleo de la fuerza armada para salvaguardia de la vida humana, cuando se trate de violaciones masivas de los derechos humanos, no permitió que se diera un paso sustancial hacia la prevención y protección de los seres humanos frente a nuevas Ruandas. Gareth Evans examina dicha discordia con los Estados Unidos jugando un papel principal en ese sentido:

> [. . .] redefining the rules governing the use of force — essentially through a set of guidelines for the Security Council identifying criteria for legitimacy such as magnitude of threat, force as a last resort, proportionality of response and the need for such action to be likely to do more good than harm. This was killed by a combination of resistance from the US to having any guidelines at all which might constrain the Security Council's (and by extension its own) freedom of action, and some not very intelligible arguments from some on the other side that to have any principles purporting to limit the use of force to exceptional, highly defensible cases, is somehow to encourage.[307]

---

[306] G. Evans. *The United Nation: Vision, Reality and Reform.* Address to Australian Fabian Society, Melbourne, 28 de septiembre de 2005, 8 pp., p. 5. Acceso en: <http://www.fabian.org.au/files/Gareth_Evans_Speech_28905.pdf>

[307] *Id.* pp. 4-5.

Es llamativa la postura de Estados Unidos, en esa dirección, cuando se tiene presente, por ejemplo, la revisión de marzo de 2006 de su "Estrategia de Seguridad Nacional" publicada en 2002.[308] Al tratar del genocidio en el texto se lee lo siguiente:

> It is a moral imperative that states take action to prevent and punish genocide. History teaches that sometimes other states will not act unless America does its part. We must refine United States Government efforts — economic, diplomatic, and law-enforcement — so that they target those individuals responsible for genocide and not the innocent citizens they rule. Where perpetrators of mass killing defy all attempts at peaceful intervention, armed intervention may be required, preferably by the forces of several nations working together under appropriate regional or international auspices.[309]

Aunque una mirada optimista pudiera llevar a visualizar la total intolerancia a crímenes tan terribles como es el genocidio y, por lo tanto, la obligación moral de todos los Estados de no mantenerse pasivos y actuar para impedir que sean cometidos. Una interpretación más fiel a la realidad indica, más bien, a la brecha que se abrió para posibles actuaciones, unilaterales o colectivas, al margen del Consejo de Seguridad, dado el caso.

La principal justificación de los países que, como los Estados Unidos, han rechazado establecer unos principios rectores que se deberían tener en cuenta a la hora de decidir y usar la fuerza militar, fue la de que esos criterios podrían llevar a los Estados poderosos a "burlar" la autoridad del Consejo[310] y a actuar a su margen. Sin embargo, el pensamiento inverso, es decir, el establecimiento de una "doctrina", unos principios

---

[308] Los dos textos no presentan grandes diferencias. La *Estrategia* de 2002, en respuesta a los atentados de septiembre de 2001, abordaba conceptos interpretados al sabor de Estados Unidos como el de la guerra preventiva o legítima defensa preventiva que han sido nuevamente tratados y proyectados en el tiempo.

[309] G. W. Bush. *The National Security Strategy of United States of America*, Washington, marzo de 2006, 49 pp, p. 22.

[310] N. J. Wheeler. *A Victory for Common Humanity? The responsibility to protect after 2005 World Summit, op. cit. supra*, nota 303. p. 7.

por los cuales el Consejo debería regirse ayudaría a evitar que los Estados empleen la fuerza militar por razones ajenas a la protección de las víctimas de crímenes tan severos como el genocidio valiéndose de esa causa, como ocurrió en Afganistán y en Irak. Además de crear más elementos de presión para que el Consejo actúe cuando sea necesario. Análogamente constata Thomas Weiss:

> Rigorous application of the tenets of the responsibility to protect does not permit their being used as a pretext for pre-emption. But Washington's broad and loose application of humanitarian rhetoric to Afghanistan and Iraq ex post facto suggests why care should be given to parsing the ICISS's criteria.[311]

Efectivamente, la aprobación de dichos parámetros hubiera sido un avance. Un avance que no ocurrió. Infelizmente se omitió en el Documento Final cualquier referencia a los principios abogados, tanto por la ICISS como por el Grupo de Alto Nivel y el Secretario General. Los párrafos 138-140 que abordan el principio de la responsabilidad de proteger — con salvedad de la importancia de reconocer que si el Estado, como responsable primordial de dicha protección, no es capaz, no quiere o es él mismo quien lleva a cabo las violaciones, la comunidad internacional está obligada a actuar para impedir el sufrimiento humano — no han aportado ningún cambio efectivo. Esos párrafos son críticamente sintetizados por los Profesores Gutiérrez Espada, Bermejo García y López-Jacoiste Díaz, en los siguientes términos:

> En definitiva, nada nuevo bajo el sol y el silencio más absoluto a la gran cuestión de qué hacer cuando el Consejo no actúa, no adopta ningún tipo de medidas de las previstas el capítulo VII o cuando, una vez activado su proceso de decisión, no se llega a ningún resultado final por el juego de las mayorías y del derecho de veto.[312]

---

[311] Th. G. Weiss. *The Sunset of Humanitarian Intervention? The Responsibility to Protect in a Unipolar Era.* Security Dialogue, vol. 35, n. 2, junio de 2004, pp.135-153, p. 144. Acceso en: <http://ics.leeds.ac.uk/papers/pmt/exhibits/1898/weiss.pdf>

[312] C. Gutiérrez Espada, R. Bermejo García y E. López-Jacoiste Díaz. *El Documento Final de la Cumbre Mundial 2005, op. cit. supra,* nota 301, p. 138.

En el mismo sentido pero en otras palabras, más directas quizás, el Profesor Gutiérrez Espada comenta, decepcionado, los resultados de la Cumbre acerca del tema que se trata aquí:

> Haz, si te parece, lector amigo la prueba: Compara, en las cuestiones relativas al "uso de la fuerza" y la denominada "obligación o responsabilidad de proteger", los Informes del Grupos de Alto Nivel, del Secretario General, los proyectos de documento final de junio, julio, agosto, del 13 de septiembre con el Documento Final aprobado el 15 de ese mismo mes. Verás, sin duda, lo que yo: Un castillo (de arena sí, imperfecto sí, pero hecho) desmoronándose almena a almena ante tus ojos.[313]

En el fracaso de la Cumbre relativo al asunto, es decir, a la construcción de unos elementos fundamentales a la hora de proteger a los seres humanos, no puede dejarse de considerar la actuación, en particular, de los Estados Unidos e Inglaterra en Afganistán e Irak. El mal uso de la verdadera necesidad de salvar vidas, es decir, del principio de la intervención humanitaria, permite creer que los Estados, especialmente los más débiles o aquellos en desarrollo, se puedan sentir atemorizados por una falsa interpretación del concepto de intervención humanitaria que podría un día recaer sobre ellos.[314] Más peligroso aún es que ejemplos como los dos citados pueden generar una especie de escepticismo acerca de las intenciones del "occidente" en sus actuaciones humanitarias y llevar a la propia inacción (que no es nueva) como se verá en el siguiente apartado.

Habida cuenta de la lamentable ausencia de progreso en el establecimiento de un código de conducta que hubiera podido legitimar la puesta en marcha de la responsabilidad de proteger, tal vez reste como recurso más legítimo del que se pueda hacer uso en caso de omisión del Consejo, la lectura del binomio "autorizar o aprobar/prescribir" como una mane-

---

[313] C. Gutiérrez Espada. *El "Uso de la Fuerza" en los Informes del Grupo de Alto Nivel (2004), del Secretario General (2005) y, a la postre, en el Documento Final de la Cumbre de los Jefes de Estado y de Gobierno (Naciones Unidas, Nueva York, Septiembre 2005), op. cit. supra,* nota 237, p. 36.

[314] Para un estudio minucioso de la intervención humanitaria entendida como un mecanismo empleado para enmascarar intereses subyacentes, véase: MANI, V. S., *"Humanitarian" Intervention Today, op. cit. supra,* nota 18.

ra de "ratificación" *ex post facto*, expresada pero no profundizada por el Secretario General.

De todos modos, si se hace un breve análisis de la situación en la que se encuentra Darfur (Sudán) en estos momentos, posiblemente se verificará que la retórica de la responsabilidad de proteger está siendo realmente empleada, tal y como es reconocida en el Documento Final. No obstante, no se puede afirmar lo mismo sobre la práctica y el recurso a los medios necesarios para llevarla a su concreción, cuya utilidad, en definitiva, se halla en los seres humanos desprotegidos y bajo el fuerte riesgo de sufrir abusos terribles o de perder la vida. El siguiente apartado estará dedicado a un breve examen de ésta cuestión.

2. La crisis de Darfur: análisis final de la "responsabilidad de proteger"

La actual guerra en la región sudanesa de Darfur representa, tal y como algunos autores la han caracterizado,[315] un "caso prueba" para la intervención humanitaria en la comunidad internacional. Se hace enseguida una breve descripción del conflicto y luego el análisis final de la responsabilidad de proteger asumida por los Estados en supuestos tan graves como es el conflicto en Sudán.

2.1. La Crisis

El conflicto que tiene lugar en la actualidad en Darfur posee muy complejas raíces y abarca un gran número de posibilidades de apreciación. Los medios de comunicación y muchos análisis superficiales de la crisis han insistido en simplificar los hechos y resumir el problema a un conflicto entre "árabes" y "africanos". En realidad, tal y como verifica Alex de Waal, los Zaghawa (uno de los grupos víctima de la violencia y descrito como indígena) son ciertamente indígenas, negros y africanos, cuyos orígenes son absolutamente plurales. Análogamente, el autor destaca que los adversarios de los Zaghawa en esta guerra, los "árabes-dafurianos",

---

[315] Véase: L. Gberie. *The Darfur Crisis: A Test Case for Humanitarian Intervention*. KAIPTC Paper, n. 1, septiembre de 2004. 11pp. Acceso en: <http://www.kaiptc.org/kaiptc/The%20Darfur%20Crisis.pdf>

son árabes en el sentido anciano de los beduinos, significando nómadas del desierto. Y añade que los "árabes-darfurianos" también son indígenas, negros y africanos. En realidad no hay ninguna diferencia racial o religiosa entre los dos grupos: todos viven en la región desde hace siglos. Todos son musulmanes y, hasta hace poco, las causas de las contiendas entre ellos eran los robos de camellos o el derecho de pasto, y no una sistemática e ideológica matanza de un grupo por el otro.[316]

La violencia, pues, tiene especialmente un origen local y está relacionada con la confrontación tradicional que opone a las tribus pastoriles con las de agricultores sedentarios. La Profesora Sara Nso comenta que:

Aunque se han apuntado numerosas causas referidas a factores culturales, religiosos e incluso medioambientales, sin duda, la explotación de recursos naturales es el factor clave que ha "africanizado" conflictos que comenzaron siendo guerras civiles, como el del Congo-Kinshasa, y ha marcado el carácter más o menos comprometido de las intervenciones internacionales en ellos. Ésta es una pauta que se repite en el caso de Sudán.[317]

Este tipo de conflictos han marcado la historia de Darfur. Pero, desde hace cerca de veinte años, la región ha pasado por una espectacular explosión demográfica (aumentando la población de tres a seis millones de habitantes),[318] lo que hizo todavía más aguda la lucha por el control de los recursos. Una brutal guerra había afectado ya a la región a finales de los años 80, sin nunca verdaderamente extenderse por todo el territorio. A la dimensión local se incorporan problemáticas nacionales. Así, lo que se observa en Darfur es consecuencia del juego de poderes entre facciones en Sudán, un país que en realidad nunca ha conocido la paz desde la independencia en 1956. No obstante, la situación se deterioró a partir de 1989, con el golpe de Estado de Omar Hasán al Bashir, que impuso la ley islámica en el país, desplazando masivamente a la población "negra" hacia regiones inhóspitas para la apropiación de los territorios fértiles (que estaban en manos de la población "negra") por grupos "árabes". Esa decisión provocó la revuelta de grupos insurgentes en el sur, desatando

---

[316] A. de Waal. *Tragedy in Darfur: on understanding and ending terror*. Boston Review, octubre/noviembre de 2004. Acceso en: <http://www.bostonreview.net/BR29.5/dewaal.html>
[317] S. Nso. *La Crisis de Darfur y el Futuro de la Seguridad Africana*. UNISCI Discussion Papers, octubre de 2004, 9 pp., p. 2. Acceso en: <http://www.ucm.es/info/unisci/Nso.pdf>
[318] *Ibíd.*

una brutal guerra civil con consecuencias avasalladoras. Hambrunas, sequías e inundaciones, sumadas a décadas de conflicto, han ocasionado 4,5 millones de refugiados y desplazados, y más de 2,5 millones de muertos.[319]

La presente guerra en Darfur tuvo inicio a principios de febrero de 2003 — en medio del proceso de establecimiento del acuerdo de paz para poner fin a dos décadas de guerra entre el gobierno y el Ejercito de Liberación del Pueblo Sudanés (SPLA, siglas en inglés) —, cuando primero el Ejército de Liberación de Sudan (SLA, siglas en inglés) y luego el Movimiento Justicia e Igualdad (JEM, siglas en inglés) atacaron las instalaciones militares del gobierno como forma de manifestarse contra las décadas de marginalización política y económica, y para demostrar la insatisfacción respecto al *Protocolo de Machakos* que pretendía poner fin a más de veinte años de guerra civil, firmado el 20 de julio de 2002.

Inicialmente, los rebeldes parecían gozar de cierta ventaja en sus ataques, notablemente con la destrucción de cerca de seis aviones militares y por haber cogido por sorpresa al gobierno. Sin embargo, la respuesta del gobierno fue muy dura. Una de las más terribles reacciones fue armar y apoyar a la milicia janjaweed (una milicia tribal "árabe") que, por su parte, se volcó a la consumación de asesinatos, secuestros, expulsiones forzosas, sistemáticas violaciones sexuales, además de destruir las cosechas, la ganadería e importantes bienes culturales y religiosos.[320]

Después de varias tentativas de negociar un alto el fuego a lo largo de los últimos meses de 2003, el gobierno lanzó una mayor ofensiva terrestre y aérea a finales de enero de 2004. Poco después, el Presidente Bashir declaró que "el orden público" había sido restaurado y que el gobierno había conseguido restablecer el control en todos los campos. No obstante, las hostilidades no cesaron y otra ronda de negociaciones de alto el fuego comenzó a finales de marzo en la capital de Chad, N'Djamena. El 8 de abril de 2004, esas negociaciones produjeron un acuerdo bastante confuso. La confusión derivaba, en parte, de la inexperiencia de los movimientos rebeldes durante las negociaciones, pero también de la inhabili-

---

[319] *Ibíd.*
[320] P. D. Williams y A. J. Bellamy. *The Responsibility to Protect and the Crisis in Darfur*. Security Dialogue, vol. 36, n. 1, marzo de 2005, pp. 27-47, p. 30. Acceso en: <http://sdi.sagepub.com/cgi/reprint/36/1/27>

dad del gobierno de Chad de actuar como un mediador neutro. El resultado, por lo tanto, fue un acuerdo de alto el fuego débil, con metas pobres y serias discrepancias entre sus versiones inglesas y árabes. No sorprendió que el alto el fuego no se sostuviera y que los ataques de la milicia janjaweed con la consecuente reacción por parte de los rebeldes continuaran.[321]

A lo largo del conflicto, situaciones de violación severa de los derechos humanos fueron intensamente descritas por diversas ONGs, como *Human Rights Watch*, Amnistía Internacional y el *International Crisis Group*, así como por el Representante Especial del Secretario General de las Naciones Unidas en Sudán, Jan Pronk, y organizaciones regionales, como la Unión Africana. Se observaba en todos los ámbitos que el gobierno de Sudán era cómplice de masivos crímenes contra la humanidad y, entre otros, de "limpieza étnica".

En el momento de la firma de aquel acuerdo de alto el fuego, el 8 de abril de 2004, las operaciones de Khartoum contra los insurgentes habían atravesado la frontera de Chad, causando la muerte de aproximadamente treinta mil personas (principalmente civiles) y forzando a cerca de 1,2 millones a huir de sus casas. Se estimaba que alrededor de doscientos mil de los que habían abandonado sus casas, habían cruzado hacia Chad, mientras que la mayoría permaneció internamente desplazada dentro de los campos en Darfur (que eran totalmente vulnerables a los ataques sistemáticos de la milicia janjaweed, agravados por la salida de la mayoría de las agencias internacionales de asistencia humanitaria). A mediados de 2004, la Organización Mundial de la Salud estimaba que entre doscientas cuarenta y cuatrocientas cuarenta personas morían diariamente como consecuencia del conflicto. Se predijo que, de ser dejado sin control, hacia octubre-diciembre de 2004 este número podría aumentar hasta no menos de dos mil cuatrocientos por día.[322] Independientemente de unas estadísticas precisas, la situación era comúnmente descrita dentro del sistema de las Naciones Unidas y por parte de muchos Estados Occidentales como "la emergencia humanitaria más seria en el mundo hoy".[323]

---

[321] *Ibíd.*
[322] *Id.* p. 31.
[323] *Ibíd.*

En septiembre de 2004, la situación se había deteriorado aún más. El número de muertes estimadas se elevaba a las setenta mil y el Representante Especial del Secretario General en Sudán había divulgado que el número total de personas que necesitan ayuda urgente había aumentado en, al menos, el diez por ciento (alrededor de dos millones) desde que el Consejo de Seguridad había empezado a ocuparse del problema en junio de 2004.[324]

A pesar de la terrible catástrofe que estaba ocurriendo en Darfur, la reacción de la comunidad internacional fue muy lenta e inicialmente se limitó al apoyo a las ONGs humanitarias y a las iniciativas de la Unión Africana (UA). Algunos observadores internacionales comentan que quizás, en un principio, haya sido así en razón del temor que algunos Estados tenían de que una intervención en el conflicto de Darfur pudiese influir negativamente en el proceso de paz que se estaba llevando a cabo en el otro conflicto de Sudán (entre el gobierno de Sudán y el SPLA).

La primera iniciativa del Consejo de Seguridad en la que se mencionaba la cuestión de Darfur fue (finalmente) el 11 de junio de 2004, con la aprobación de la resolución 1547 (2004).[325] La resolución más bien trataba del proceso de paz entre el SPLA y el gobierno de Sudán, acogiendo con beneplácito los avances y exhortando a que las partes llegasen rápidamente a un acuerdo general de paz. Solamente en su párrafo sexto, el Consejo instaba a que se frenasen los enfrentamientos en la región de Darfur y que las partes en el Acuerdo del 8 de abril alcanzasen un acuerdo político para poner fin a la crisis, destacando el papel ejercido por la Unión Africana en ese sentido.

El 30 de julio del mismo año, el Consejo adoptó una nueva resolución, la 1556 (2004),[326] en la que tras observar la grave situación humanitaria de la región, y actuando en virtud del capítulo VII de la Carta, impuso un embargo de armas y materiales conexos a la región, y exigió que el gobierno sudanés desarmase la milicia janjaweed en un plazo de

---

[324] *Ibíd.*
[325] Resolución 1547 (2004) del Consejo de Seguridad, del 11 de junio de 2004 (S/RES/1547). Acceso en: <http://daccessdds.un.org/doc/UNDOC/GEN/N04/386/29/PDF/N0438629.pdf?OpenElement>
[326] Resolución 1556 (2004) del Consejo de Seguridad, del 30 de julio de 2004 (S/RES/1556). Acceso en: <http://daccessdds.un.org/doc/UNDOC/GEN/N04/446/05/PDF/N0444605.pdf?OpenElement>

treinta días. De lo contrario, consideraría la aplicación de nuevas medidas, incluidas posibles sanciones correspondientes al artículo 41 (que no comprende el uso de la fuerza militar), además de apoyar toda la labor de la Unión Africana y, en especial, el envío de la fuerza de protección.

La decisión de ofrecer treinta días al gobierno para el desarme de la milicia fue por muchos acertadamente criticada. David Aaronovitch, al día siguiente de la adopción de la resolución, escribió para el periódico *The Observer* totalmente consternado por la postergación de medidas reales en la crisis de Darfur:

> [A]nother 30 days in which civilians will continue to live in fear of being killed or raped. While diplomats sit in New York and procrastinate, the people of Darfur are dying. The government of Sudan will be celebrating yet another failure to call them to account.
> [...] Now we just have to hope like hell that the Sudanese government sees it as sufficiently in its long-term interest to disarm the militias, otherwise we will back here again in a month, with a month's worth more ethnic cleansing on our consciences, arguing about what Article 41 does or doesn't mean. And hoping that the spokesman for Amnesty International was wrong when he described Friday's events [la aprobación de la resolución 1556] as representing, 'the abandonment of the people of Darfur and an abdication of the Security Council's role as a human rights enforcing agent'.[327]

Un elemento bastante llamativo de esa última resolución fue la mención a la obligación de proteger a los civiles frente a los severos abusos de los derechos humanos y su vinculación exclusiva al gobierno de Sudán, sin hacer caso de la responsabilidad que podría incumbir a la comunidad internacional en ese aspecto:

> *Recordando* a este respecto que recae en el Gobierno del Sudán la responsabilidad principal de respetar los derechos humanos mante-

---

[327] D. Aaronovitch. *Into Africa, now*. The Observer, 1 de agosto de 2004. Acceso en: <http://observer.guardian.co.uk/comment/story/0,6903,1273742,00.html>

niendo a la vez el orden público y protegiendo a su población dentro de su territorio, y que todas las partes están obligadas a respetar el derecho internacional humanitario [. . .].[328]

Sobre la cuestión, Alex Bellamy y Paul Williams comentan que esa actitud de situar firmemente la responsabilidad de proteger en manos del gobierno se dio pese a que la gran parte de los expertos en el tema coincidiesen en que el gobierno de Sudán no tenía ni capacidad ni voluntad de desarmar o frenar a los janjaweed rápidamente por la fuerza.[329]

Con el notable fracaso de los esfuerzos por solucionar la situación y frenar las continuas violaciones de los derechos humanos, Estados Unidos presentó un proyecto de resolución en el que proponía medidas más duras contra el gobierno de Sudán. En particular, defendía que se recurriera al artículo 8[330] de la de la *Convención para la prevención y sanción del delito de genocidio*, con miras a la represión de tales actos por parte del Consejo.[331] El Secretario General, al igual, apoyaba la iniciativa y consideraba que era hora de pasar a la acción en Darfur.

No obstante, una vez más el proyecto no pasó de papel mojado con la amenaza del veto chino frente a cualquier posible sanción al gobierno de Sudán. Otra vez la historia se repitió. El Consejo de Seguridad, por razones de índole claramente política y económica, permaneció impasible ante una catástrofe humanitaria. Y así, aprobó la resolución 1564 (2004), del 18 de septiembre, en la cual afirmaba que caso el gobierno sudanés no cumpliera plenamente con la resolución 1556 (2004) o con la presente resolución, o no cooperase plenamente en la expansión y ampliación de la Misión de Observación de la Unión Africana en Darfur, *consideraría* la adopción de otras medidas conforme a lo previsto en el

---

[328] *Ibíd*.

[329] P. D. Williams y A. J. Bellamy. *The Responsibility to Protect and the Crisis in Darfur*, *op. cit. supra*, nota 320, p. 32.

[330] Artículo VIII: "Toda Parte contratante puede recurrir a los órganos competentes de las Naciones Unidas a fin de que éstos tomen, conforme a la Carta de las Naciones Unidas, las medidas que juzguen apropiadas para la prevención y la represión de actos de genocidio o de cualquiera de los otros actos enumerados en el artículo III. Véase: Convención para la prevención y sanción del delito de genocidio, del 9 de diciembre de 1948".

[331] M. J. Cervell Hortal. *Darfur, otra crisis olvidada*. Revista Española de Derecho Internacional, vol. LVI, n. 2, 2004, pp. 1046-1051, p. 1048.

Artículo 41 de la Carta de las Naciones Unidas, tales como medidas que afectasen al sector petrolífero del Sudán.[332] Abandonando así, comenta la Profesora Cervell Hortal, "*la redacción original que proponía, directamente, 'tomar medidas'*".[333]

Tal y como consta en el Informe del Secretario General sobre la situación en Darfur de noviembre de 2004, después de la aprobación de aquellas dos resoluciones, parece ser que en lugar de desarmar a los janjaweed, el gobierno de Sudán incorporó integrantes de la milicia al ejército y a la policía de Sudán:

> El Gobierno está tratando de consolidar sus posiciones y extender el territorio bajo su control aprovechándose de que los rebeldes aún no han comunicado sus posiciones según lo exigido por el Acuerdo de Cesación del Fuego de Nyamena. La respuesta del Gobierno frente a la presión cada vez mayor de los ataques del Movimiento de Liberación y el Ejército de Liberación del Sudán ha sido lanzar operaciones en que utiliza las fuerzas combinadas del ejército, la policía y las milicias, incluidos ciertos grupos conocidos por la población local y los desplazados internos como Janjaweed. La falta de una distinción neta entre las funciones de seguridad del ejército, la policía y las milicias dificulta la tarea fundamental de otorgar credibilidad a la policía como fuerza de orden público [. . .].[334]

Además, en el mismo Informe se constata que la violencia y la situación humanitaria en la región se deterioraron gravemente, alcanzando números ingentes de afectados:

> Se calcula que el número de personas afectadas por el conflicto en Darfur ha pasado, de 1,8 millones al 1° de septiembre, a 2 millones al

---

[332] Resolución 1564 (2004) del Consejo de Seguridad, del 18 de septiembre de 2004 (S/RES/1564). Acceso en: <http://daccessdds.un.org/doc/UNDOC/GEN/N04/515/50/PDF/N0451550.pdf?OpenElement>

[333] M. J. Cervell Hortal. *Darfur, otra crisis olvidada, op. cit. supra,* nota 331, p. 1048.

[334] Informe del Secretario General sobre el Sudán preparado de conformidad con el párrafo 15 de la resolución 1564 (2004) del Consejo de Seguridad, y los párrafos 6, 13 y 16 de la resolución 1556 (2004) del Consejo de Seguridad, (S/2004/881) del 2 de noviembre de 2004, párr. 6 d). Acceso en: <http://documents-dds-ny.un.org/doc/UNDOC/GEN/N04/587/33/pdf/N0458733.pdf?OpenElement>

1º de octubre, tendencia ascendente que, según se prevé, continuará hasta fin de año. El aumento se debe principalmente al número creciente de desplazados internos, que actualmente asciende a 1,6 millones. Se calcula actualmente que otras 400.000 personas han sido afectadas por el conflicto y necesitan asistencia humanitaria. La cifra de 2 millones representa un aumento del 100% en el número de personas que necesitan asistencia humanitaria desde abril de 2004. Esto significa que casi la tercera parte de la población de Darfur necesita actualmente, según se calcula, asistencia de la comunidad internacional para sobrevivir.[335]

Los datos, pues, indicaban sin lugar a dudas que se trataba de una nueva y terrible catástrofe humanitaria, con participación del gobierno del país, ocurriendo ante la tímida reacción de la comunidad internacional. Paradójicamente, por esa época se rememoraban los diez años del genocidio en Ruanda y la necesidad de impedir que nuevos episodios como ese se repitiesen por la omisión y negligencia de la comunidad internacional en su conjunto.

Sin embargo, ¿qué ha sido efectivamente hecho, cuál ha sido la respuesta internacional para impedir el desastre humanitario en Darfur en términos de la "responsabilidad de proteger" a los individuos?

2.2 La reacción internacional: análisis final de la "responsabilidad de proteger"

La persistencia de la representación china en manifestar que podría recurrir al veto en el caso de que el Consejo intentase aprobar una resolución que impusiese medidas más duras o una posible intervención armada por razones de humanidad (rechazada con vigor tanto por China como por otros países, principalmente, los árabes), acabó por desechar, posiblemente, la única vía para impedir más abusos y más muertes.

Debido a la negativa por parte de los miembros del Consejo de Seguridad de Naciones Unidas a tomar el comando de una operación que pudiese contrarrestar la crisis en Darfur, la Unión Africana ocupó el pa-

---

[335] *Id.* párr. 17.

pel de protagonista en el ejercicio de revertir la crisis. El periódico *BBC* de Inglaterra relataba en mayo de 2004:

> The UN will take no immediate action in the troubled Darfur region of western Sudan, Security Council members say. They said they were monitoring the humanitarian crisis, after being warned by a UN team that atrocities had been committed in the area. The US and Britain have called on the Sudanese government to control the militias and protect civilians. Following the briefing diplomats would only say they would closely monitor developments on the ground.[336]

Jugar el papel principal en ese sentido representó una oportunidad para la organización de ofrecer "solución africana a problemas africanos", invocando por primera vez el artículo 4 h)[337] de su Carta fundacional, que trata de la intervención en casos graves como el genocidio. No obstante, conviene tener en cuenta que la Unión Africana dependía (y sigue dependiendo) de recursos externos para el desempeño de sus funciones, además de rehusar actuar sin el consentimiento de Sudán (aún cuando estaba clara la participación del gobierno en los crímenes). La falta de recursos de la UA — un elemento muy decisivo para el éxito de la misión — ha sido manifestada y denunciada por ONGs y algunos Estados durante todo el devenir de su misión en Sudán, hasta la actualidad.

Por otro lado, como observan Bellamy y Williams, el protagonismo de la Unión Africana sirvió a la par para que el occidente pudiera lavarse las manos y no comprometer a sus soldados en una nueva operación militar,[338] dejando a los africanos con sus problemas.

En mayo de 2004, el *International Crisis Group,* en uno de sus informes sobre África, ya había instado a los Estados, en especial a las Naciones Unidas, a que actuaran en los términos de la responsabilidad de pro-

---

[336] *Big powers wary over Sudan crisis*. BBC News, 8 de mayo de 2004. Acceso en: <http://news.bbc.co.uk/2/hi/africa/3695539.stm>

[337] El artículo 4 (Principios) letra h de la Acta Fundacional de la Unión Africana expresa: *El derecho de la Unión de intervenir en un Estado miembro por decisión de la conferencia, en algunas circunstancias graves, tales como el genocidio.*

[338] P. D. Williams y A. J. Bellamy. *The Responsibility to Protect and the Crisis in Darfur*, op. cit. supra, nota 320, p. 35.

teger, incluso con el empleo de la fuerza, para detener la campaña de limpieza étnica y prevenir un desastre todavía mayor:

> Rather than passively hoping for improved humanitarian access, there is a fundamental responsibility to intervene to protect the vulnerable population of more than one million. The U.S. could make a start by initiating much more assertive planning in cooperation with UN Secretary General Annan and his team on alternative access modalities, such as cross border operations from Libya, Chad, and other neighbouring states, or even SPLA-controlled territory in southern Sudan. It is time to begin exploring options for Chapter VII armed protection of emergency aid distribution. Given the continuing aerial attacks on civilian populations and the difficulties in securing ground aid lifelines, Chapter VII authority to establish a no-fly zone in Darfur, preparations to conduct a major airlift and efforts to secure safe havens for existing large concentrations of the internally displaced may quickly be needed.[339]

Desde la misma perspectiva, algunos días antes, Gareth Evans advirtió que había llegado el momento de actuar en Darfur, teniendo en cuenta la responsabilidad que recaía sobre la comunidad internacional cuando se trata de crímenes tales como los que estaban siendo llevados a cabo en la región y con la omisión del gobierno del Estado:

> Resorting to collective military action, overruling the basic norm of non-intervention that must continue to govern international relations, is never an easy call. But nor is it easy to justify standing by when action is possible in practice and defensible in principle. The primary responsibility for the protection of a state's own people must lie with the state itself. But where a population is suffering serious harm and the state in question is unwilling or unable to halt or avert it, the principle of non-intervention should lead to a larger principle, that of the international responsibility to protect. These are the

---

[339] International Crisis Group, *Sudan: Now or Never in Darfur*. Africa Report n. 80, 23 de mayo de 2004. Acceso en: <http://www.crisisgroup.org/library/documents/africa/horn_of_africa/080_sudan_now_or_never_in_darfur>

basic principles, now quietly gaining international currency, identified in the report of the International Commission on Intervention and State Sovereignty, of which I was co-chairman in 2001.[340]

Como ya se comentó anteriormente, en la discusión acerca de una intervención efectiva con la aprobación del uso de la fuerza militar — dado que la situación ya había sido caracterizada como una amenaza para la paz y la seguridad internacionales y que sobraban datos sobre la terrible catástrofe humanitaria que ocurría en Darfur con la participación gubernamental (como se vio en ambas citas anteriores) —, las guerras en Afganistán y, principalmente, en Irak tuvieron una repercusión muy importante.

Los países que lideraron la intervención en Irak, iniciada en 2003, Estados Unidos y Reino Unido — entre otras justificaciones — utilizaron incansablemente el argumento humanitario para emprender la acción. Sin entrar en el análisis de dicha guerra, hay que resaltar que a pesar de que pudiesen existir razones humanitarias para "acabar" con el gobierno de Saddam Hussein, no hay duda de que ése no era el motor principal de la acción y que aquellos principios que deben regir en operaciones de esa naturaleza, comentados en el capítulo anterior, no fueron en absoluto respetados.

Adam Roberts señala los posibles efectos que se pueden derivar de ese tipo de postura asumida por los Estados Unidos:

> One probable result of the enunciation of interventionist doctrines by the USA will be to make states even more circumspect than before about accepting any doctrine, including on humanitarian intervention or on the responsibility to protect, that could be seen as opening the door to a general pattern of interventionism[341]

En ese sentido, las consideraciones acerca de la apropiación del argumento humanitario, enmascarando verdaderas ambiciones "neoimperialistas", no parecen ser incongruentes con la práctica de algunos

---

[340] G. Evans. *The World Should be Ready to Intervene in Sudan*. International Herald Tribune, 14 de mayo de 2004. Acceso en: <http://www.iht.com/>

[341] A. Roberts. *The United Nations and Humanitarian Intervention*, in: WELSH, J. M. (ed.), *Humanitarian Intervention and International Relations*. Oxford: Oxford University Press, 2004, 240 pp., pp. 71-97.

Estados. El representante del gobierno de Sudán, Sr. Erwa, en un pronunciamiento en el seno del Consejo de Seguridad fue muy directo al manifestar su opinión sobre las verdaderas intenciones que subyacían en cualquier intervención en su país:

> Asimismo, con ese telón de fondo y habida cuenta de los interrogantes que he planteado antes, también podemos preguntarnos, de forma inocente y de buena fe, si el Sudán habría estado a salvo del mazo del Consejo de Seguridad incluso si no hubiera habido una crisis en Darfur, y si la crisis humanitaria de Darfur no será tan sólo un caballo de Troya. ¿Habrán adoptado y asumido este noble objetivo humanitario otras personas que defienden un programa oculto?[342]

El representante de Sudán fue todavía más allá y criticó, con palabras fuertes e indignación, la política de doble rasero llevada a cabo por el Consejo y sus Estados miembros:

> He escuchado con mucha atención las declaraciones de los patrocinadores de la resolución [1556 (2004)] y de quienes la han apoyado. Me he quedado estupefacto y sin palabras. Acabo de observar la aplicación de una política parcial e injusta, de doble rasero. Esto es realmente vergonzoso. ¿Son esos los mismos Estados que vemos cada día en televisión, con sus colosales maquinarias militares, ocupando países, asesinando a civiles inocentes en el Iraq y en el Afganistán y desempeñando en Palestina el papel de custodios leales de las fuerzas usurpadoras de ocupación que matan y desplazan al pueblo palestino desarmado e inocente?
>
> ¿Por qué esos Estados que apoyan a los patrocinadores de esta resolución no los cuestionan ni discuten sus virtudes? ¿Hay acaso voces que condenan lo que está sucediendo? ¿Por qué se quedan callados ante las torturas, las matanzas y las violaciones que tienen lugar en Abu Ghraib y las prisiones del Afganistán? ¿Por qué esos países callan ante la verdad, como demonios silenciosos? El que se posea po-

---

[342] Consejo de Seguridad 5015ª sesión (S/PV. 5015), 30 de julio de 2005, p. 14. Acceso en: <http://documents-dds-ny.un.org/doc/UNDOC/PRO/N04/445/18/pdf/N0444518.pdf?OpenElement>

derío para practicar la opresión y la injusticia no otorga el monopolio de la virtud. La virtud y la injusticia jamás podrán congeniar.[343]

La declaración del Sr. Erwa, aunque puede parecer un tanto exagerada y dramática, manifiesta el escepticismo sobre las intenciones de una posible intervención. Esta constatación revela un verdadero problema para el futuro de la norma emergente de la "responsabilidad de proteger". El descrédito en la actuación del Consejo puede impulsar aún más su inacción, con consecuencias terribles para aquellos que realmente necesitan protección y ayuda internacionales, tal y como es el caso de la población de Darfur. El juego de intereses de las relaciones internacionales afecta directamente al principio de la intervención humanitaria y, concomitantemente, como no podría dejar de ser, a los que deberían ser los beneficiarios de la acción: las víctimas de las masacres.

Partiendo de esa línea de reflexión, algunos autores que estudiaron la crisis de Darfur reconocieron que, pese a que la mayoría de los Estados no hayan ido tan lejos en sus consideraciones, como el representante de Sudán, en ese caso el argumento general sobre la justificación humanitaria instrumentada como fachada para las ambiciones neo-imperiales comprendía dos factores esenciales: terrorismo y petróleo.[344]

El Profesor V. S. Mani, desde una perspectiva absolutamente crítica, observa la instrumentalización de la intervención humanitaria — según él, una fachada moralista para la búsqueda vigorosa de objetivos nacionales — en clara alusión a la campaña estadounidense en Irak y Afganistán:

> This new policy of "humanitarian" intervention now seems to encompass not only the old, strictly "humanitarian" justifications of protection of human lives and prevention of gross violations of human rights in another country, but also every other, such as the war on terrorism and the hunt for a suspected cache of weapons of mass destruction. By its very internal dynamic, it seeks to establish its own ground rules.[345]

---

[343] *Id.* p. 15.
[344] P. D. Williams y A. J. Bellamy. *The Responsibility to Protect and the Crisis in Darfur, op. cit supra*, nota 320, p. 36.
[345] V. S. Mani. *"Humanitarian" Intervention Today, op. cit. supra*, nota 18, p. 24.

Ambos aspectos (terrorismo y petróleo[346]) han sido intensamente debatidos y entendidos como elementos que oscurecieron la decisión sobre una intervención necesaria para frenar el sufrimiento humano en Darfur. La "guerra contra el terror" encabezada por el gobierno estadounidense junto a su aliado número uno, el Reino Unido, además de haber conquistado la prioridad de la agenda internacional, dejando en segundo plano la crisis humanitaria en aquella región, propiciaba fuertes indicios de que una operación en Sudán estaría vinculada a dicha "guerra" más que al motivo humanitario (Sudán aparecía en la lista estadounidense de los países que albergaban redes terroristas desde antes de los atentados del 11 de septiembre de 2001). Efectivamente, un indicativo de que así era se hace patente en las dos posturas mantenidas por Estados Unidos sobre el caso: por un lado, presentó aquel proyecto de resolución que proponía recurrir a las disposiciones del *Convenio sobre la prevención y sanción del delito de genocidio*, a fin de tomar medidas más eficientes para aliviar el sufrimiento humano en Darfur (posiblemente una intervención armada); y, por otro, se abstuvo a la hora de decidir la remisión del asunto al Tribunal Penal Internacional (se comentará enseguida) para que los culpables fuesen juzgados y castigados penalmente.

Pues bien, frente a todas esas observaciones, resurge el interrogante: ¿qué pasó con el principio de la responsabilidad de proteger largamente reconocida por los Estados en la Cumbre Mundial de 2005 y en los tres informes antes analizados?

Es decepcionante constatar que en la práctica ningún progreso ha sido alcanzado. Esto se debe, entre otros motivos, a la influencia inmediata del contexto internacional en aquel momento: la guerra de Irak y sus justificaciones tambaleantes. No obstante, el resultado sería probablemente diferente si en realidad la responsabilidad de proteger se encontrara más allá de la retórica. Si estuviera incorporándose a la práctica internacional de manera transparente, como hubiera sido en el supuesto de aprobación de una resolución que estableciera sus principios, ello sumado a un consenso sobre la abstención del veto por los miembros permanentes del Consejo en casos de crímenes tan severos como el genocidio, la depuración étnica y similares.

---

[346] Sudán, junto a otros países africanos, representa un exportador de óleo muy importante fuera de la región del oriente próximo.

En ésta ocasión no se puede decir que la respuesta de la comunidad internacional a las atrocidades cometidas en Sudán haya sido el silencio. Por el contrario, el Consejo de Seguridad, desde 2004, se ocupó de la cuestión con la aprobación de más de una decena de resoluciones sobre la crisis. Fue también objeto de debates en los parlamentos de algunos países y en el senado de los Estados Unidos, e intensamente denunciado por ONGs humanitarias y analistas internacionales. Aunque, y eso está muy claro, el hecho de que se haya pronunciado y haya tomado determinadas medidas no significa (de ninguna manera) que el Consejo haya desempeñado una labor adecuada y sin dilación frente a la conocida magnitud y gravedad de la crisis.

La decisión más importante del Consejo sobre Darfur, sin lugar a dudas, ha sido la resolución 1593 (2005),[347] del 31 de marzo de 2005. En esta resolución el Consejo de Seguridad remitía al Tribunal Penal Internacional la situación de Darfur desde el 1 de junio de 2002, recurriendo por primera vez al artículo 13 b)[348] del Estatuto del Tribunal. Desde esta perspectiva, Cervell Hortal señala que *"parece ser que el de Darfur pasará a la Historia como uno de los conflictos en los que la Comunidad Internacional logró ponerse de acuerdo para castigar a los responsables"* y, sigue la Profesora, *"lo que es más importante, es el primer caso que el Consejo de Seguridad, motu proprio, llevó ante el Tribunal Penal Internacional"*.[349]

Verdaderamente ha sido un gran logro en el camino para acabar con la impunidad de aquellos responsables por crímenes contra la humanidad tan repugnantes como los que ocurren en Darfur. Pero, sin desmerecer la absoluta relevancia de la decisión, hay que resaltar que de ningún modo esa iniciativa sustituye a una operación que pudiese contribuir a

---

[347] Resolución 1593 (2005) del Consejo de Seguridad, del 31 de marzo de 2005 (S/RES/1593). Acceso en: <http://daccessdds.un.org/doc/UNDOC/GEN/N05/292/76/PDF/N0529276.pdf?OpenElement>

[348] Artículo 13, "Ejercicio de la competencia": La Corte podrá ejercer su competencia respecto de cualquiera de los crímenes a que se refiere el artículo 5 de conformidad con las disposiciones del presente Estatuto si: b) El Consejo de Seguridad, actuando con arreglo a lo dispuesto en el Capítulo VII de la Carta de las Naciones Unidas, remite al Fiscal una situación en que parezca haberse cometido uno o varios de esos crímenes. Véase: Estatuto de Roma de la Corte Penal Internacional, del 17 de julio de 1998.

[349] M. J. Cervell Hortal. *Darfur: un paso más para el castigo de individuos responsables de crímenes internacionales*. Revista Brasileira de Ciências Criminais, vol. 56, septiembre-octubre 2005, pp. 113-147, p. 117.

poner fin a las atrocidades. Sobre el asunto, la Profesora Cervell Hortal comenta que: "*una vez que, por el veto de China, se desechó la intervención humanitaria en Darfur, el Consejo de Seguridad optó por una línea de acción diferente: enjuiciar a los responsables directos de las atrocidades cometidas*".[350]

Paralelamente, a la Unión Africana le fue otorgado el papel primordial para remediar el conflicto y poner fin a la masacre; así se confirmaba en las resoluciones del Consejo de Seguridad. Pero, tal y como destaca el Profesor Jean-François Thibault, el mandato de la Misión de la Unión Africana en Sudán (AMIS), definido en octubre de 2004 por el Consejo de Paz y Seguridad de la Unión Africana, consistía básicamente en verificar y supervisar la aplicación del acuerdo de alto el fuego del 8 de abril de 2004.[351] Sobre el cual, el mismo autor comenta que "*À cet égard, les observateurs ne peuvent souvent rien faire de plus que noter qu'il n'a jamais vraiment été respecté ni d'un côté, ni de l'autre*".[352] Respecto a la protección propiamente dicha de la población, sigue el autor, se dejaba a cargo del gobierno de Sudán:

> [...] elle demeure implicitement placée sous la responsabilité du gouvernement soudanais, celui même qui, de concert avec les Janjawid qu'il supporte et encourage au lieu de les désarmer et de les neutraliser ainsi qu'il le promet depuis avril 2004 et comme le stipule la résolution 1556, constitue la principale menace à laquelle les civils et les organisations humanitaires doivent faire face.[353]

En el párrafo 6 del comunicado del 20 de octubre de 2004 del Consejo de Paz y Seguridad de la UA, que trataba de las funciones de su misión, expresamente se declaraba y se vinculaba — como comentaba el Profesor Thibault — la responsabilidad de Sudán sobre la salvaguardia de sus ciudadanos: "*Protect civilians whom it encounters under imminent threat and in the immediate vicinity, within resources and capability, it being*

---

[350] *Id.*, p. 124.
[351] J-F Thibault. *De la responsabilité de protéger: le test échoué du Darfour*. Sécurité Mondiale, n. 18, octubre de 2005, 4 pp, p. 3. Acceso en: <http://www.iqhei.ulaval.ca/Pdf/Securitemondiale18.pdf>
[352] *Ibíd.*
[353] *Ibíd.*

understood that the protection of the civilian population is the responsibility of the Government of Sudan.[354] De este modo se reforzaba la insistente alegación del gobierno sudanés de que la crisis correspondía exclusivamente al ámbito interno de su país.

A grandes rasgos, así permaneció la cuestión de Darfur durante los últimos tres años. No se quiso intervenir cuando no parecía haber dudas de que la situación de la región se ajustaba a aquellos principios que habían sido formulados por la ICISS y asumidos por el Grupo de Alto Nivel y el Secretario General en sus respectivos Informes. Paralelamente, la misión de Naciones Unidas en Sudán establecida por la resolución 1590 (2005) — *United Nations Mision in Sudan* —, del 24 de marzo de 2005, indicaba ser un compromiso más cercano de la organización con la cuestión de Darfur (sin la autorización del uso de la fuerza), pero, en realidad, lo que denota es su incapacidad o, más bien, su falta de voluntad para resolver una cuestión que requiere medidas mucho más rigurosas.

Además, la acertada e innovadora remisión de la cuestión por parte del Consejo al Tribunal Penal Internacional puede haber servido a la par para calmar la conciencia de los que, en algún momento, han planteado la posibilidad o, más bien, la necesidad de una intervención humanitaria.

Los últimos informes sobre Sudán no anuncian sensibles progresos en la situación humanitaria. El 13 de abril de 2006, en el centro de noticias de las Naciones Unidas, se hacía pública la preocupación con el empeoramiento de la crisis: *"el Consejo de Seguridad y el Secretario General de la ONU expresaron hoy profunda preocupación por el deterioro de la situación en Chad y en la región sudanesa de Darfur".*[355]

El deterioro de la crisis no parece muy sorprendente habida cuenta, particularmente, de las condiciones a las que la respuesta internacional estaba sometida. Por una parte, la UNMIS fue totalmente rechazada por el gobierno sudanés, cuyo presidente Bashir llegó a declarar en tono amenazador su oposición a la misión: *"We are strongly opposed to any foreign intervention in Sudan and Darfur will be a graveyard for any foreign troops*

---

[354] Communiqué del Consejo de Paz y Seguridad de la Unión Africana (PSC/PR/Comm. XVII), del 20 de octubre de 2004, p. 2. Acceso en: <http://www.africa-union.org/News_Events/Communiqués>

[355] Centro de Noticias de la ONU, *Advierten sobre el deterioro de la situación en Chad y Darfur.* 13 de abril de 2006. Acceso en: <http://www.un.org/spanish/News/fullstorynews.asp>

venturing to enter".[356] Por otra, la ausencia de medidas adecuadas — entre las que no se puede excluir el empleo de la fuerza armada, cuando se sabe que las condiciones de seguridad para los civiles y para las operaciones de ayuda humanitaria empeoran cada día — pone de manifiesto la debilidad de la operación directamente conectada a la falta de voluntad de los Estados. En ese sentido, una predecible obstrucción en el Consejo de Seguridad de la aprobación de medidas significativas a raíz, entre otros motivos, del probable veto de Rusia y China,[357] resulta ser un elemento más a favor de la necesidad de reglamentación del principio de la intervención humanitaria, entendido en lenguaje de la "responsabilidad de proteger", tal y como fue discutido en el capítulo III y en el apartado anterior.

Si se tenía la expectativa de que la crisis de Darfur representaba un caso prueba para la práctica de la intervención humanitaria en el nuevo siglo, en la medida que se cuenta con el desarrollo y reconocimiento de la noción de la responsabilidad que incumbe a todos los Estados individualmente de proteger a su población contra violaciones masivas y sistemáticas de los derechos humanos y, en caso de omisión, bajo ciertas condiciones, a la comunidad internacional en su conjunto, el resultado ha sido decepcionante. Nuevamente, el juego de intereses políticos y económicos gozó de mucha más fuerza y respaldo que la pura y dura necesidad humana. La sombra del veto otra vez se hizo sentir y sus consecuencias las víctimas siguen sufriendo en Sudán.

En ausencia de elementos concretos — como quedó constatado de la lectura del Documento Final de la Cumbre de 2005 — que puedan

---

[356] In: E. Reeves. *Darfur Held Hostage: Khartoum Adamantly Rejects UN Peacekeeping Force.* Sudan Research, Analysis and Advocacy, 1 de marzo de 2006. Acceso en: <http://www.sudanreeves.org/modules.php?op=modload&name=Sections&file=index&req=viewarticle&artid=551&page=1>

[357] Eric Reeves verifica que: "Associated Press reports from the UN in New York that (quite unsurprisingly), 'Qatar, China, and Russia were strongly opposed [to imposing sanctions], council diplomats said. Qatar is the only Arab member of the council, China is a major buyer of Sudanese oil, and Russia traditionally opposes sanctions' It should be added that the Arab League as a whole supports Khartoum's intransigence, and indeed will be holding its next summit in Khartoum this very month [marzo de 2006]; that Russia has an extremely lucrative arms trade with Khartoum, including sale of its most advanced combat aircraft; and that China doesn't simply "buy" oil from the Khartoum regime: it is the dominant player in oil development in southern Sudan, and sees Sudan as its premier source of off-shore oil". Véase: *Ibíd.*

incitar a los Estados, intermediados por el Consejo, a que actúen en casos como el de Darfur, será muy complicado progresar efectivamente en el terreno.

En ese panorama, cabe abrir un paréntesis para comentar la reciente sentencia de la Corte Internacional de Justicia (CIJ) en el caso República Democrática del Congo (RDC) c. Ruanda, en el asunto de las *actividades armadas en el territorio del Congo* (nueva demanda, 2002).[358] El fallo de la Corte puede ser percibido como un elemento más que confirma que, en la práctica, en el derecho internacional crímenes tan terribles como el genocidio pueden acabar permaneciendo sin justicia ni punición, aquí examinados en el sentido de la responsabilidad estatal.

Sintéticamente, en su demanda la RDC acusaba a Ruanda de haber cometido una agresión armada contra su territorio y perpetrado actos de genocidio y crímenes gravísimos contra los seres humanos (torturas, violaciones, asesinatos, detenciones arbitrarias, etc.), a raíz del conflicto armado que se desarrolló en el Congo para derrocar al presidente Mobutu. El nuevo presidente, Laurent-Désiré Kabila, contó con el apoyo armado de Uganda[359] y Ruanda, que enseguida agredieron también al régimen de Kabila. En febrero de 2006, con quince votos a favor y dos en contra, la Corte se declaró incompetente en la nueva demanda contra Ruanda por razones de forma. O sea, no pudo encontrar ninguna base jurídica con la que se demostrara la aceptación de su jurisdicción por las dos partes.

Realmente fue una lástima para el derecho internacional que la Corte haya llegado a la conclusión de que no tenía competencia jurisdiccional y, por consiguiente, no haya podido entrar en el fondo de la cuestión, cuya importancia es innegable tanto para las víctimas como para el futuro de la protección de los seres humanos contra gravísimas masacres. En esa dirección, hay que destacar la manifestación del Juez Koroma. En su opinión disidente sobre el fallo, el juez es incisivo e invita a reflexionar

---

[358] *Armed Activities on the Territory of the Congo (New Application: 2002), Democratic Republic of Congo v. Rwanda*, del 3 de febrero de 2006, ICJ Reports (2006).

[359] La CIJ en su sentencia del 19 de diciembre de 2005, *actividades armadas en el territorio del Congo*, República Democrática del Congo c. Uganda, condenó a Uganda por haber violado los principios de la prohibición del uso de la fuerza en las relaciones internacionales y de la no-intervención. Además estimar que Uganda también violó sus obligaciones en virtud del derecho internacional humanitario y de los derechos humanos.

sobre la naturaleza y gravedad del asunto llevado a la Corte frente a los "formalismos" del derecho internacional.[360]

En concordancia con la opinión del Juez Koroma (véase *supra* nota 322): las alegaciones de la RDC tocan una materia de importancia fundamental para toda la humanidad. La naturaleza de las normas presuntamente violadas por Ruanda obliga a todos los Estados a respetarlas, siendo o no parte de una Convención en la materia, habiendo o no

---

[360] Se cita a continuación algunos párrafos de su declaración que se entiende absolutamente oportuna y contundente, en el sentido de lo que se defiende en el presente trabajo:
20. As the Court stated in the *Barcelona Traction, Light and Power Company, Limited (Belgium v. Spain)* case:
"By [its] very nature [the outlawing of *genocide*, aggression, slavery and racial discrimination is] the concern of all States. In view of the importance of the rights involved, all States can be held to have a legal interest in their protection; they are obligations *erga omnes*."
21. Thirty years later, the Court confirmed its understanding of the object and purpose of the Convention and concluded:
"It follows that the rights and obligations enshrined by the Convention are rights and obligations *erga omnes*. The Court notes that the obligation each State thus has to prevent and to punish the crime of *genocide is not territorially limited by the Convention*."
Hence, in my judgment, a State which denies the Court's jurisdiction to enquire into allegations alleging violation of the Convention would not be lending the co-operation required to "liberate mankind from [the] . . . odious scourge" of genocide or to fulfil the object and purpose of the Convention. Denying recourse to the Court essentially precludes judicial scrutiny into the responsibility of a State in a dispute relating to the violation of the Convention.
23 [. . .] Parallel reasoning would suggest that Rwanda's unwillingness to allow the Court to scrutinize its alleged genocidal conduct in this case not only has the same effect of diluting the question of genocide, a result which Rwanda rightly criticized and sought to prevent, but in fact has an even more drastic effect: denial of the question of genocide. In this connection, it is worth stressing that all human lives — be they Rwandan, Congolese, or of any other nationality — are precious; offering redress to some while denying it to others is neither in conformity with the Convention, nor with justice; nor does it further the purposes and principles of the United Nations Charter in respect of the peaceful settlement of disputes. The spirit of the Convention as well as the letter of the Convention must be respected at all times.
24. The allegation involving the commission of genocide is far too serious a matter to be allowed to escape judicial scrutiny by means of a procedural device. The nature of the Convention and gravity of the allegation dictate that, wherever possible, it must be subject to judicial scrutiny. Inasmuch as Rwanda was able to call on the international community to hold to account those alleged to have committed genocide in Rwanda itself, it cannot justifiably shield itself from enquiry in respect of the very kinds of acts for which it succeeded in obtaining scrutiny by a competent organ. [. . .]
25. [. . .] While I do not accept the substance of the DRC's argument on this issue [*forum prorrogatum*], I do believe that the gravity of the matter and the nature of the allegation before the Court are such that the Court should have been allowed to adjudicate the case. There is no impediment in law preventing Rwanda from expressing its consent and thereby entitling the Court to examine the alleged breaches of Rwanda's obligations under the Genocide Convention.

realizado reservas. Por esta razón, la Corte podría haber aprovechado la ocasión que le fue ofrecida para crear un nuevo precedente en ese sentido y, en lo que le compete, no permitir que las víctimas de tan graves violaciones se queden sin justicia al no punir al propio aparato gubernamental, cuando éste es también culpable de los sucesos. Y ese puede ser el lamentable futuro de los supervivientes de la catástrofe de Darfur, aunque merezcan y tengan derecho a la reparación o compensación por el daño causado.

Para la decisión de entrar en el fondo de la demanda no se está defendiendo que la Corte pase al margen de sus reglas de forma. Lo que se indaga es si las normas que prohíben y punen crímenes contra la humanidad de la magnitud del genocidio, a raíz mismo de su naturaleza, no deberían sobreponerse cuando un Estado, obligado como todos los demás, alega cuestiones formales del derecho para evadirse de responder por actos tan terribles. ¿La Corte no podría mediante su jurisprudencia haber concedido ese avance para reducir la impunidad en la materia?

Después de la observación anterior, no menos importante cuando está en juego la vida de decenas o centenas de miles de personas, se concluye junto a Thomas Weiss,[361] que el problema actual, tras los atentados

---

26. As can be seen from the foregoing, this opinion has, to a great extent, drawn on the jurisprudence of the Court on the subject of the Genocide Convention to show why the Court should have been able to exercise its jurisdiction. The Court has over the years taken cognizance of the importance of the Genocide Convention, has acknowledged the denial of humanity that genocide — described as the "crime of all crimes" — represents, and has responded appropriately, declaring "the principles underlying the Convention" to be "principles which are recognized by civilized nations as binding on States, even without any conventional obligation"[...]. In reaching such profound conclusions, the Court, in my view, was reflecting the gravity of the crime of genocide and the seriousness with which it, the international community and mankind as a whole take the Convention. While not denying the right of the States parties to the Convention to enter reservations to Article IX, the Court, through its jurisprudence, has stressed the unique nature of the Convention and the necessity for States to respect their obligations under it. The Court's pronouncements fostered high hopes and expectations that the object and purpose of the Convention would be fulfilled. This case presented an opportunity for the Court to apply the Convention and its principles.

27. It is thus this profound respect for the Court's earlier affirmations of the principle underlying the Convention, its object and purpose, together with the seriousness of the matter before it, which leads me to regret the Court's conclusion that it is not entitled to take on the present case [...]. Párrafos 20, 21, 23-27 de la Dissident Opinion of the Judge Koroma, pp. 5-7, *Armed Activities on the Territory of the Congo (New Application: 2002), Democratic Republic of Congo v. Rwanda*, del 3 de febrero de 2006, ICJ Reports (2006).

[361] Th. G. Weiss. *The Sunset of Humanitarian Intervention? The Responsibility to Protect in a Unipolar Era, op. cit. supra*, nota 311, p. 141.

del 11 de septiembre de 2001, no resulta ser el riesgo del exceso de intervenciones de carácter humanitario, sino precisamente la afirmación inversa.

3. Recapitulación

Así, del examen de la actuación internacional en la crisis de Darfur como telón de fondo del principio de la responsabilidad de proteger, se verifica la contradicción presente entre el discurso de los Estados, que por un lado reconocieron ampliamente dicho principio, y por otro mantienen su negativa o duda a la hora de llevarlo a la práctica. Desde esa perspectiva, se concluye junto con Paul Williams y Alex Bellamy que la norma de la intervención humanitaria sigue débil, fuertemente contestada, y que la intervención requiere un Estado, coalición u organización con capacidad de asumir responsabilidades para proteger a la población en peligro y hacerse cargo de los costes políticos y materiales de la operación.[362]

Igualmente se está de acuerdo con Thomas Weiss cuando, en sentido análogo, afirma: *When humanitarian and strategic interests coincide, a window of opportunity opens for coalitions of the willing to act on the humanitarian impulse in the Security Council, or elsewhere.*[363] A esta constatación no hay más que subrayar lo que se viene destacando constantemente: una cierta reglamentación de la intervención humanitaria, con principios que pudiesen servir de estándar para actuaciones en ese sentido, representaría la manera más eficaz de evitar, a parte de abusos, la absoluta subordinación de la decisión de intervenir en catástrofes como Ruanda o Darfur a la voluntad política dictada por los intereses que pueda haber en juego. Al contrario, la decisión se regiría, constatados los requisitos que integran la noción, por una obligación, si no formalmente jurídica, sí en términos extensamente reconocidos del imperativo moral de protección de los seres humanos.

Después de todo lo examinado en este trabajo, no resta más que preguntarse qué es lo más viable, teniendo en cuenta la perspectiva y el

---

[362] P. D. Williams y A. J. Bellamy. *The Responsibility to Protect and the Crisis in Darfur*, *op. cit. supra*, nota 320, p. 42.

[363] Th. G. Weiss. *The Sunset of Humanitarian Intervention? The Responsibility to Protect in a Unipolar Era*, *op. cit. supra*, nota 311, p. 147.

futuro tanto de las potenciales víctimas como del derecho internacional: ¿la actuación destinada a poner fin a una masacre por un grupo de Estados en ausencia de la autorización por el Consejo de Seguridad (ya que con su autorización no hay cuestión), dada su omisión o su obstrucción resultante del ejercicio del veto, o la preponderancia del argumento de que este tipo de actuación viola el derecho internacional y menoscaba el principio de la prohibición del empleo de la fuerza en las relaciones internacionales?

Sobre el asunto el Profesor Rein Müllerson opina que:

> I believe that State practice, especially in the 1990s, has shown that in the case of a clash between two fundamental principles of international law — non-use of force and respect for basic human rights — it is not always the non-use of force principle that has necessarily to prevail. Massive violations of human rights or humanitarian law may justify proportionate and adequate measures involving use of military force. Here one has to balance two conflicting principles by considering all concrete circumstances that necessarily are unique and urgent.[364]

Por un lado, incluso autores tan críticos a la figura de la intervención humanitaria como es el caso del Profesor V. S. Mani, que constantemente plantea cuestiones acerca de la vinculación de la noción a la perspectiva y a la ambición occidentales, concluyen que es un Consejo reformado el órgano legitimo para enfrentar las graves crisis humanitarias.[365] Según Mani, el Consejo de Seguridad, tal y como se encuentra, no está preparado para llevar a cabo intervenciones legitimas de índole humanitaria. Sin embargo, sigue el autor, es el único órgano internacional asequible capaz de prevenir nuevas Ruandas. Es urgente, pues, que sea reformado para garantizar, constitucionalmente, que no se mantenga la condición actual que le permite autorizar intervenciones únicamente cuando se trata de Estados pobres, subdesarrollados o los llamados fracasados. O, añadiría a

---

[364] R. Müllerson. Commentary on part IV in: A. E. Wall (Ed.). *Legal and ethical lessons of NATO's Kosovo campaign*. Naval War College, Newport, Rhode Island, International Law Studies, v. 78, 2002, pp. 443-455, p. 447.

[365] V. S. Mani. *"Humanitarian" Intervention Today*, op. cit. supra, nota 18, p. 310.

su observación, cuando los posibles intereses muy ajenos a la índole humanitaria que coadyuvan en el planteamiento de una actuación no sean más tentadores que la salvaguardia de la vida humana.

Por otro lado, el informe de la ICISS, como se ha visto en el capítulo anterior, proponía un conjunto de alternativas capaces de dar respuestas y conformar apropiadamente aquellas dos líneas de argumentación antes indagadas. No obstante, como también se ha visto, el Documento Final de la Cumbre puso de manifiesto la ausencia de voluntad política para que se lograse una solución para el problema en términos más allá de la retórica de loables intenciones.

En síntesis, por ahora y al menos en un futuro próximo, los beneficiarios de la intervención humanitaria, las víctimas de las graves y masivas violaciones de los derechos humanos, se quedarán esperando el resultado del juego del "*case-by-case*", en el cual no pueden más que apostar para que las condiciones que rodean la situación de gran amenaza para sus vidas representen algún tipo de interés a terceros Estados capaces de intervenir, provocando así un balance favorable en la decisión de reaccionar para salvar sus vidas.

CONCLUSIONES FINALES

A LO LARGO DEL PRESENTE ESTUDIO HAN SIDO CONSTATADOS los cambios en el debate acerca de la doctrina de la intervención humanitaria impulsados por los diferentes contextos históricos. Se ha visto como cada momento de la vida internacional analizado llevó a diferentes interpretaciones de la noción central de este trabajo, sin que la base de la discordia haya sensiblemente cambiado.

A partir de la aprobación de la Carta de las Naciones Unidas, en 1945, se inauguró una intensa fase de desarrollo progresivo del derecho internacional en materia de derechos humanos. El gran número de tratados internacionales sobre el tema constituyen en la actualidad un mecanismo fundamental que aporta una especie de código de conducta para los Estados.

Paralelamente, la Carta representó también el inicio de un largo conflicto entre los principios y Propósitos plasmados en el texto — referente a la extensión de la protección de los seres humanos — que hasta el presente no parece haber sido superado. En otras palabras, se observa que el propio debate en torno a la cuestión se resume en el disenso sobre el alcance de los principios de la soberanía estatal, es decir, a la no- intervención en asuntos que competen a la jurisdicción interna de los Estados, y al de la prohibición del uso de la fuerza. Ése ha sido siempre el telón de fondo del debate doctrinal, así como el del discurso y de la propia actuación de los Estados.

Durante el contexto de la Guerra Fría se constató, en primer lugar, que las intervenciones eran llevadas a cabo por un Estado individualmente en el territorio de un tercero. En segundo lugar, se verificó una gran timidez en el discurso de los Estados a la hora de justificar sus actuaciones con el propósito humanitario, aunque graves violaciones de los derechos humanos pudiesen efectivamente estar ocurriendo en el país intervenido. Los Estados, pues, han preferido fundamentar sus acciones en términos, por ejemplo, del derecho a la legítima defensa, para no arriesgarse a infligir los preceptos de la Carta fijados en los artículos 2§4 y 2§7. Análogamente, ambos artículos han sido constantemente evocados por el Estado intervenido para rechazar las operaciones y condenarlas como una violación del derecho internacional.

Otro elemento decisivo en la configuración de las intervenciones de ese período fue la postura del Consejo de Seguridad durante la contienda bipolar. Más bien, se trató de una verdadera omisión de dicho órgano, dada su parálisis a raíz del ejercicio frecuente del derecho de veto por las dos superpotencias, en particular por la ex URSS. Dicha inacción influyó evidentemente en la actuación individual de los Estados durante el período de la Guerra Fría.

No obstante, aunque no faltaron motivaciones de índole humanitaria que podían haber justificado una intervención internacional para frenar las graves violaciones de los derechos humanos, no se recurrió formalmente a su alegación. Además, la presencia, muchas veces manifiesta, de intereses por detrás de las actuaciones conformaron situaciones en las que difícilmente serían admitidas como intervenciones humanitarias.

Con el final de la Guerra Fría se produjo un intenso cambio en todos los ámbitos de la vida internacional. Se percibió una gran euforia respecto a la labor del Consejo de Seguridad por entreverse una "nueva era" de cooperación en su seno, ya que llegaba a su fin el enfrentamiento entre las dos grandes potencias, característico del período anterior. En ese sentido, los intereses particulares de esos dos Estados — se creía (o se deseaba) — ya no se sobrepondrían a las cuestiones de interés colectivo sobre la paz y la seguridad internacionales.

Dicha euforia también se reflejó en las intervenciones por razones de humanidad. Como se ha visto, en 1991, la intervención de una coalición para defender a la población kurda contra la masacre que se llevaba a cabo inauguró una nueva fase de las intervenciones humanitarias. A partir de entonces, se caracterizaron, principalmente, por contar con la autorización del Consejo de Seguridad, en virtud del Capítulo VII. Es decir, eran operaciones legítimas, realizadas colectivamente y bajo los auspicios de las Naciones Unidas.

El "optimismo" de aquél momento duró muy poco. La ineficiencia de la operación en Somalia y el total fracaso en Ruanda — que culminó con el terrorífico genocidio — pusieron de manifiesto el patente desacuerdo sobre cómo actuar ante tan terribles supuestos, la ausencia de mecanismos efectivos en el sistema creado por la Carta que impidiesen la consumación de esas masacres, y la evidente falta de voluntad de gran parte de los Estados en ese respecto.

Por otro lado, y no con menos relevancia, hay que subrayar los pasos que la comunidad internacional viene dando hacia el reconocimiento del respeto a los derechos humanos fundamentales como cuestión elemental para la paz internacional. Es decir, está generalmente aceptado que no se puede permitir pasivamente que se lleven a cabo masacres, limpiezas étnicas, genocidios, etc. Sin embargo, las vías para lograrlo siguen siendo foco de muchas discordias, cuyo corolario es frecuentemente lo que jamás hubiera debido ocurrir.

En este libro se ha dedicado un gran espacio a la intervención de la OTAN en Kosovo, en 1999. Aunque no se haya llegado a la conclusión de que la actuación de la Alianza configuró una verdadera intervención humanitaria — a raíz, fundamentalmente, de las circunstancias que rodearon la operación, la manera como fue llevada a cabo y las consecuencias humanitarias que produjo —, hay que resaltar sus efectos para avivar el debate institucional y doctrinal sobre la urgencia de consensuar los principios y mecanismos necesarios para la práctica de la intervención humanitaria justa, por paradójico que sea.

Por lo tanto, se concluye que la magnitud alcanzada por el "debate-Kosovo" favoreció al vigor del dilema entre la legitimidad y la legalidad que la operación de la Alianza puso en evidencia al vulnerar el derecho internacional. En consecuencia, se considera que el conflicto en Kosovo representó un verdadero *síntoma* de una enfermedad que el derecho internacional viene sufriendo desde hace tiempo.

Precisamente, el Informe de la ICISS de 2001 fue elaborado para ofrecer una vía por la cual la comunidad internacional en su conjunto y los

Estados individualmente deberían encaminarse para lograr una solución a dicha enfermedad. El Informe permitió un importante cambio en los términos de la discusión, cuyo resultado ha sido, en definitiva, la superación (teórica) de aquel dilema. Se propuso una redefinición de los enunciados del debate, entendiendo que, el hablar de una forma diferente, obligaba a pensar la actuación de una nueva manera. Su innovación consistió en abordar la soberanía en términos de doble responsabilidad, y la intervención humanitaria como parte de la "responsabilidad de proteger".

Dicha superación, sin embargo, se mantuvo en el nivel de la retórica de los Estados, ya que, en la práctica, aquellos principios, que en definitiva constituían las reglas del juego, siguen siendo evocados para evitar que medidas destinadas a frenar el sufrimiento humano sean implementadas. En ese sentido, las consecuencias internacionales de los atentados terroristas del 11 de septiembre de 2001 entorpecieron sensiblemente aquel ambiente que se tornaba más propicio para la discusión de la responsabilidad de proteger en los términos de la ICISS.

Subyacente a todo lo planteado durante el presente trabajo está la absoluta falta de voluntad política de los Estados, en particular, de los miembros permanentes del Consejo de Seguridad, para superar los obstáculos que suponen el sistema de la Carta para la realidad internacional actual. Es indudable que el sistema creado en el contexto del final de la Segunda Guerra Mundial por los "vencedores" no es capaz de responder legítima y adecuadamente a los desafíos que revelan la nueva realidad de las relaciones internacionales. En cuanto a eso, no hay más que echar una corta mirada hacia la historia y darse cuenta del anacronismo que evidentemente implica un desempeño muchas veces fallido de las Naciones Unidas.

En ese sentido, se ha hecho hincapié en la urgente necesidad de reforma del Consejo de Seguridad. No únicamente en lo referente a la ampliación de su representatividad, como acabó siendo esgrimido por el Grupo de Alto Nivel y por el Secretario General en sus respectivos informes de 2004 y 2005. Es fundamental, también, que se llegue a un consenso en el seno del Consejo sobre la abstención del ejercicio del derecho de veto cuando se trata de la ingente pérdida de vidas humanas. Igualmente necesaria sería la aprobación de unos principios rectores destinados a la orientación del Consejo a la hora de decidir sobre el uso de la fuerza. Sin lugar a dudas, ambas medidas dotarían al órgano de mayor legitimidad y transparencia.

No obstante, el Documento Final de la Cumbre Mundial de 2005 causó gran decepción a aquellos que esperaban un acuerdo real que fuese capaz de llevar a la práctica la responsabilidad de proteger. Verdaderamente, el resultado de la Cumbre fue un "acuerdo de mínimos" decorado con bellas palabras, nobles intenciones y muy pocos avances concretos para la práctica internacional en materia de protección de los seres humanos.

De todos modos, si el Consejo se muestra incapaz de tomar las medidas adecuadas y sin demora, hay que tener presente que puede haber otros foros o Estados, individual o colectivamente, interesados en poner fin a la masacre que esté siendo llevada a cabo. En ese caso, difícilmente se podrá negar la legitimidad de estas acciones, si están verdaderamente destinadas a impedir la continuidad del desastre.

Lamentablemente, en el caso de Darfur, ni el Consejo ni ningún otro foro o Estado están verdaderamente interesados en impedir que los seres humanos sigan perdiendo sus vidas. El caso está en ese momento en manos del fiscal del Tribunal Penal Internacional y, con eso, parece que ya estamos satisfechos y, tras lavarnos las manos, podemos dormir más tranquilos, en la seguridad de que será hecha justicia. Efectivamente, ése es el riesgo que se corre al aventurar la vida humana en manos del peligroso juego del caso por caso.

* * *

Una de mis grandes preocupaciones, al finalizar el presente estudio, es si lo que está siendo defendido cuando se habla de intervenciones humanitarias, como se ha señalado en todos los casos estudiados, no está basado en una concepción occidentalizada de sociedad, derechos y gobernabilidad. Es decir, si al fin y al cabo las intervenciones humanitarias no funcionarían como un brazo armado de los intereses de las grandes potencias, frecuentemente agravando los problemas humanitarios para los cuales supuestamente representarían la solución. Es lo que destaca, por ejemplo, V. S. Mani. Análogamente, también es sobre lo que, en parte, llama la atención el representante de Sudan, Sr. Erwa, cuando usa la expresión "caballo de Troya", al hablar de la posibilidad de una intervención en su país.

En el presente trabajo me he centrado en el tema del empleo de la fuerza armada para evitar el sufrimiento humano inmediato. Es decir, sobre las intervenciones armadas cuando en el momento de la decisión están constatadas severas violaciones de los derechos humanos causando una gran pérdida de vidas, como es el genocidio o la limpieza étnica. Por tanto, no ha habido espacio para importantísimas consideraciones sobre las condiciones de la cultura, de la sociedad, de los problemas particulares de la región en la cual se va a emprender una acción. Aquí se trataba, más bien, de la urgente necesidad de salvar vidas. Vidas que no podían y siguen sin poder esperar. No obstante, me parece de innegable importancia tener en cuenta los procesos sociales anteriores que conforman el contexto de las violaciones de los derechos humanos. Habida cuenta que en la mayor parte de los casos estudiados, las operaciones fueron al menos tardías y, en general, como señala Arcos Ramírez[366], alimentadas por un humanitarismo visceral que únicamente está centrado en las formas más espectaculares y acuciantes de injusticia y sufrimiento.

Las preocupaciones mencionadas a lo largo de las líneas anteriores se aplican en el momento presente al caso de Darfur. ¿Seguiremos apostando las escasas fichas en juego del *case-by-case*, dejando a las victimas al sabor (¿amargo?) de la suerte de un juego de azar?

---

[366] F. Arcos Ramírez. *¿Guerras en defensa de los derechos humanos? Problemas de legitimidad en las intervenciones humanitarias.* Madrid: Dykinson, 2002, 117 pp., p. 108.

BIBLIOGRAFÍA

A. Libros y artículos de revistas

ADAM, B. (Ed,), *La Guerre du Kosovo: Éclairages et Commentaires*. Brujelas: Editions Complexe, GRIP, 1999, 179 pp.

AGUILERA PRAT, C.R. *Los Nacionalismos en la Desintegración de Yugoslavia*. Barcelona: Revista Cidob d'Afers Internacionals, n. 27, 1994.

AREND, A.C. y BECK, R. J. *International Law and the Use of Force: beyond the UN Charter Paradigm*. London, New York: Routledge 1993, 272 pp.

ARCOS RAMÍREZ, F. *¿Guerras en defensa de los derechos humanos? Problemas de legitimidad en las intervenciones humanitarias*. Madrid: Dykinson, 2002, 117 pp.

BETTATI, M. Un droit d'ingérence? Revue Général de Droit International, n. 3, 1991, pp. 639-670.

____. *Le Droit d'Ingérence: Mutation de l'Ordre International*. Paris: Editions Odile Jacob, 1996, 384 pp.

BOTHE, M. *Die NATO nach dem Kosovo-Konflikt und das Völkerrecht*. Sondernummer: SZIER, n. 2, 2000, pp. 177-195.

BROWNLIE, I. *Humanitarian Intervention*. In: LILLICH, R. and HANNUN, H. *International Human Rights: Problems of Law, Policy and Practice*. Boston: Little, Brown and Co., 1995, 1160 pp., pp. 624-631.

CARRILLO SALCEDO, J. A. *Soberanía de los Estados y Derechos Humanos en Derecho Internacional Contemporáneo*. Madrid: Tecnos, 2ª ed., 2001, 186 pp.

CASTRO SANCHEZ, C. *El derecho de injerencia humanitaria en el orden internacional contemporáneo: el impacto de la "Operación Libertad para Irak"*, Madrid: Editorial Universitas, 2005, 277 pp.

CERVELL HORTAL, M. J. *Darfur, otra crisis olvidada*. Revista Española de Derecho Internacional, vol. LVI, n. 2, 2004, pp. 1046-1051.

_____. *Darfur: un paso más para el castigo de individuos responsables de crímenes internacionales*. Revista Brasileira de Ciências Criminais, vol. 56, septiembre-octubre 2005, pp. 113-147.

CRAWFORD, J. *Los artículos de la Comisión de Derecho Internacional sobre la Responsabilidad Internacional del Estado: Introducción, texto y comentarios*. Madrid: Dykinson, 2004, 461 pp.

CZAPLINSKI, V. *The activities of the OSCE in Kosovo*. In: TOMUSCHAT, C. (Ed), *Kosovo and the International Community: a legal assessment*. The Hague, London, New York: Martinus Nijhoff Publishers, 2002, 354 pp., pp. 37-45.

DECAUX, E. *La Conférence de Rambouillet: Négociation de la dernière chance ou contrainte illicite?*. In: TOMUSCHAT, C. (Ed), *Kosovo and the International Community: a legal assessment*. The Hague, London, New York: Martinus Nijhoff Publishers, 2002, 354 pp., pp. 45-64.

ESCUDERO ESPINOSA, J. F. *Aproximación histórica a la noción de intervención humanitaria en el Derecho Internacional*. León: Universidad, Secretariado de Publicaciones y Medios Audiovisuales, 2002, 430 pp.

_____. *Cuestiones en torno a la intervención humanitaria y el derecho internacional actual*. León: Universidad, Secretariado de Publicaciones y Medios Audiovisuales, 2002, 442 pp.

_____. *La incompetencia* ratione personae *de la Corte Internacional de Justicia en los asuntos relativos a la Legalidad del Uso de la Fuerza (Serbia y Montenegro v. ocho Estados Miembros de la OTAN), Sentencias de 15 de diciembre de 2004*. Revista Española de Derecho Internacional, n. 2, 2005.

FRANCK, Th. M. *Recourse to Force State: actions against threats and armed attacks*, Cambridge, New York: Cambridge University, 2002, 205 pp.

_____. M. *Interpretation and change in the law of humanitarian intervention*. In: HOLZGREFE, J.L. and KEOHANE, R.O. (Eds.) *Humanitarian Interventions: Ethical, Legal and Political Dilemmas*. Cambridge: Cambridge University Press, 2003, 362 pp, pp. 204-231.

FRANCK, Th. and RODLEY, N. *After Bangladesh: the Law of Humanitarian Intervention by Military Force*, A.J.I.L., v. 67, n. 2, 1973, pp. 275-305.

FONTEYNE, J. P. *The Customary International Law Doctrine of Humanitarian Intervention: Its Current Validity Under the U.N. Charter*. In: LILLICH, R. and HANNUN, H. *International Human Rights: Problems of Law, Policy and Practice*. Boston: Little, Brown and Co., 1995, 1160 pp., pp. 614-624.

GUTIÉRREZ ESPADA, C. *Uso de la Fuerza, Intervención Humanitaria y Libre Determinación (la "Guerra de Kosovo")*. Anuario de Derecho Internacional XVI, 2000, pp. 93-132.

____. *El Estado de Necesidad Cabalga de Nuevo*. Revista Española de Derecho Internacional, vol. LVI, n. 2, 2004, pp. 669-704.

____. *El hecho ilícito internacional*. Madrid: Dykinson, 2005, 243 pp.

____. *El "Uso de la Fuerza" en los Informes del Grupo de Alto Nivel (2004), del Secretario General (2005) y, a la postre, en el Documento Final de la Cumbre de los Jefes de Estado y de Gobierno (Naciones Unidas, Nueva York, Septiembre 2005)*. Anuario de Derecho Internacional, vol. XXI, 2005, pp. 13-49.

HOLZGREFE, J. L. y KEOHANE, R.O. (Eds.) *Humanitarian Interventions: Ethical, Legal and Political Dilemmas*. Cambridge: Cambridge University Press, 2003, 362 pp.

IGNATIEFF, M. *State Failure and nation-building*. In: HOLZGREFE, J. L. y KEOHANE, R. O. (Eds.) *Humanitarian Interventions: Ethical, Legal and Political Dilemmas*. Cambridge: Cambridge University Press, 2003, 362 pp., pp. 229-321.

____. *Los derechos humanos como política e idolatría*. Barcelona: Ediciones Paidós Ibérica, 2003, 191 pp.

KOKOTT, J. *Human Rights Situation in Kosovo 1989-1999*.In: TOMUSCHAT, C. (Ed), *Kosovo and the International Community: a legal assessment*. The Hague, London, New York: Martinus Nijhoff Publishers, 2002, 354 pp., pp. 1-35.

KOROMA, A. G. *Humanitarian Intervention and Contemporary International Law*. Swiss Review of International and European Law, n. 4, 1995.

LAUTERPACHT, H. *The Grotian Tradition in International Law*. BYIL, n. 23, 1946.

LAVALLE, R. *Legal Aspects of the Kosovo crisis and its outcomes: an overview*. Revue Hellénique de Droit International, n. 53, 2000, pp. 501-36.

LEGAULT, A. *L'intervention de l'OTAN au Kosovo: le contexte légal*. Revue Militaire Canadienne, vol.1, n. 1, primavera de 2000, 80 pp.

LILLICH, R. *Humanitarian Intervention: A Reply to Ian Brownlie and a Plea for Constructive Alternatives*. In: LILLICH, R. y HANNUN, H. *International Human Rights: Problems of Law, Policy and Practice*. Boston: Little, Brown and Co., 1995, 1160 pp., pp. 631-641.

____. *Humanitarian Intervention Trough the United Nations: Towards the Development of Criteria*. In: LILLICH, R. y HANNUN, H. *International Human Rights: Problems of Law, Policy and Practice*. Boston: Little, Brown and Co., 1995, 1160 pp., pp. 652-659.

MALANCZUK, P. *Humanitarian Intervention and the Legitimacy of the Use of Force*. Amsterdam: Het Spinhuis, 1993, 69 pp.

MANI, V. S. *"Humanitarian" Intervention Today.* Recueil des Cours, Collected Courses of the Hague Academy of International Law, Leiden, Boston: Martinus Nijhoff Publishers, 2005, t. 313, 454 pp.

MERON, T. *Common rights of mankind in Gentili, Grotius and Suarez.* AJIL, v. 85, n. 1, enero de 1991, pp. 110-116.

MURPHY, S. *The United Nations in an Evolving World Order.* Philadelphia: University of Pennsylvania Press, 1996, 448 pp.

MÜLLERSON. R. *Commentary* on part IV. In: WALL, A. E. (Ed.). *Legal and ethical lessons of NATO's Kosovo campaign.* Naval War College, Newport, Rhode Island, International Law Studies, v. 78, 2002, pp. 547, pp. 447-455.

REMIRO BROTÓNS, A. et al. *Derecho Internacional.* Madrid: McGraw-Hill, 1997, 1269 pp.

RIQUELME CORTADO, R.: *La reforma del Consejo de Seguridad. ¿llegó su oportunidad?* Revista de la Asociación para las Naciones Unidas (ANUE), n. 30, junio de 2005.

ROUGIER, A. *La théorie de l'intervention d'humanité.* R.G.D.I.P., n. 17, 1910 (4), pp. 468-526.

RUIZ-GIMÉNEZ ARRIETA, I. *Las "buenas intenciones": Intervención humanitaria en África.* Barcelona: Icaria Editorial, 2003, 183 pp.

SOREL, J. M. *La Somalie et les Nations Unies.* Annuaire Français de Droit International, v. XXXVIII, 1992, p. 61-88.

STEIN. T. *Kosovo and the International Community. The Attribution of Possible Internationally Wrongful Acts: Responsibility of Nato or of its Member States?* In: TOMUSCHAT, C. (Ed), *Kosovo and the International Community: a legal assessment.* The Hague, London, New York: Martinus Nijhoff Publishers, 2002, 354 pp., pp. 181-192.

TESÓN, F.R. *Humanitarian Intervention: an Inquiry into Law and Morality.* New York: Transnational Publishers, 1988, 272 pp., p.199

_____. *Collective Humanitarian Intervention.* Michigan Journal of International Law, n. 17, 1996, pp. 323-371.

TOMUSCHAT, C. (Ed.) *Kosovo and the International Community: a Legal Assessment.* The Hague, London, New York: Martinus Nijhoff Publishers, 2002, 354pp.

UERPMANN, R. *La primauté des droit de l'homme: licéité ou illicéité de l'intervention humanitaire.* In: TOMUSCHAT, C. (Ed), *Kosovo and the International Community: a legal assessment,* The Hague, London, New York: Martinus Nijhoff Publishers, 2002, 354pp., pp. 65-85.

VUKSANOVIÈ, A., LOPEZ ARRIBA, P. y ROSA CAMACHO, I. *Kosovo: la coartada humanitaria.* Madrid: Ediciones Vosa, 2001, 207 pp.

WECKEL, Ph. *L'emploi de la force contre Yougoslavie ou la Charte fissurée.* Revue Général de Droit International Public, v. 104, n. 1, 2000, pp. 19-36.

WEDGWOOD, R. *Nato's Campaign in Yugoslavia*. AJIL, vol. 3, n. 4, octubre de1999, pp. 828-832.
WHEELER, N. J., *Saving Strangers: Humanitarian Intervention in International Society*. New York: Oxford University Press, 2002, 352 pp.

B. Artículos de publicación electrónica

AARONOVITCH, D. *Into Africa, now*. The Observer, 1 de agosto de 2004. Acceso en: http://observer.guardian.co.uk/comment/story/0,6903,1273742,00.html
ABBOTT, C. *Rights and Responsibilities: Resolving Dilemma of Humanitarian Intervention*. Oxford Research Group, septiembre de 2005, 17 pp. Acceso en: <http://www.oxfordresearchgroup.org.uk/publications/briefings/rightsresponsibilities.pdf>
ALMQVIST, J. *Un concepto más amplio de la libertad: un segundo llamamiento a la creación de la Comisión de Consolidación de la Paz*. FRIDE, 2005, 6 pp. Acceso en: <http://www.fride.org>
AÑAÑOS MEZA, M. C. *Algunas reflexiones sobre la legalidad de la intervención militar de la OTAN en Kosovo*. Centro de Derechos Humanos de Nuremberg. Acceso en: <http://www.menschenrechte.org/beitraege/menschenrechte/beit007.htm>
BECKER, R. *Rambouillet: A Declaration of War Disguised as a Peace Agreement*. International Action Centre, 10 de junio de 2000. Acceso en: <http://www.iacenter.org/warcrime/rbecker.htm>
BERMEJO GARCÍA, R. y LÓPEZ-JACOISTE DÍAZ, E. *"Un mundo más seguro: la responsabilidad que compartimos"*. Informe del Grupo de Alto Nivel sobre la Amenazas, los Desafíos y el Cambio. UNISCI Discussion Papers, n. 10, enero 2006. Acceso en: <http://www.ucm.es/info/unisci/UNISCI10PORTA.pdf>
BLOKKER, N. *The Law of the Use of Force and the Responsibility to Protect: Straitjacket or Life Jacket?* In: ESPÓSITO, C. y ALMQVIST, J. (Ed.), *Building a New Role for the United Nations: the Responsibility to Protect*. FRIDE, septiembre 2005, pp. 12-15. Acceso en: <www.fride.org>
BOELAERT-SUOMINEN, S. *The International Criminal Court for the former Yugoslavia and the Kosovo conflict*. International Review of the Red-Cross, n. 837, 31 de marzo 2000, pp. 217-252. Acceso en: <http://www.icrc.org/Web/Eng/siteeng0.nsf>
CASSESE, A. *Ex iniuria oritur: Are We Moving towards International Legitimation of Forcible Countermeasures in the World Community?*. EJIL, vol. 10, n. 1, 1999. Acceso en: <http://www.ejil.org/journal/Vol10/No1/com.html>

_____. *A Follow-up: Forcible Humanitarian Countermeasures and* Opinio Necessitatis. EJIL, Vol. 10, n. 4, 1999, pp. 791-799. Acceso en: <http://www.ejil.org/journal/Vol10/No4/100791.pdf>

CHICLET, Ch. *Aux origines de l'Armée de Libération du Kosovo*. Le Monde Diplomatique, mayo de 1999. Acceso en: <http://www.monde-diplomatique.fr/1999/05/CHICLET/12026>

CHOPRA, J. y WEISS, Th. G. *Sovereignty Is No Longer Sacrosanct: Codifying Humanitarian Intervention*. Ethical and International Affairs Journal, vol. 6, 1992, pp. 95-118. Acceso en: <http://hwproject.tufts.edu/publications/electronic/e_sinls.html>

CHOSSUDOVSKY, M. *NATO's War of Aggression against Yugoslavia*. Centre for Research on Globalization. Septiembre de 2003. Acceso en: <http://www.globalresearch.ca/articles/CHO309C.html>

DE LA GORCE, P-M. *Histoire secrète des négociations de Rambouillet*. Le Monde Diplomatique, mayo de 1999. Acceso en: <http://www.monde-diplomatique.fr/1999/05>

DE WAAL, A. *Tragedy in Darfur: on understanding and ending terror*. Boston Review, octubre/noviembre de 2004. Acceso en: <http://www.bostonreview.net/BR29.5/dewaal.html>

DI FRANCESCO, T y SCOTTI, G. *Soixante ans de purifications ethniques*. Le Monde Diplomatique, mayo de 1999. Acceso en: <http://www.monde-diplomatique.fr/1999/05>

ESPÓSITO, C. *Uso de la fuerza y responsabilidad de proteger. El debate sobre la reforma de la ONU*. FRIDE, n. 3, julio de 2005, 11pp. Acceso en: <www.fride.org>

EVANS, G. *The World Should be Ready to Intervene in Sudan*. International Herald Tribune, 14 de mayo de 2004. Acceso en: <http://www.iht.com>

_____. *The United Nation: Vision, Reality and Reform*. Address to Australian Fabian Society, Melbourne, 28 de septiembre de 2005, 8 pp. Acceso en: <http://www.fabian.org.au/files/Gareth_Evans_Speech_28905.pdf>

FARAMIÑÁN GILBERT, J.M., *Las necesarias modificaciones en las Naciones Unidas en un mundo globalizado*, Revista Electrónica de Estudios Internacionales, n. 10, 2005. 19 pp. Acceso en: <http://www.reei.org/reei%2010/JM.Faraminian(reei10).pdf>

FERNÁNDEZ BUEY, F. *¿Qué decían los acuerdos de Rambouillet?* Edualter, 1999. Acceso en: <http://www.edualter.org/material/kosovo/ffbuey.htm>

FREUDENSCHUSS, H. *Between Unilateralism and Collective Security: Authorizations of the Use of Force by the UN Security Council*, EJIL, 1994. Acceso en: <http://www.ejil.org/journal/Vol5/No4/art2.html#TopOfPage>

GBERIE, L. *The Darfur Crisis: A Test Case for Humanitarian Intervention*. KAIPTC Paper, n. 1, septiembre de 2004, 11pp. Acceso en: <http://www.kaiptc.org>

GHEBALI, V-Y, *Totem et tabou dans le conflit du Kosovo : remarques sur les limites naturelles d'une médiation internationale*. Rationalité et Relations Internationales, vol. 2, n. 37, 2000, pp. 5-22. Acceso en: <http://www.conflits.org/document314.html>

GUTIÉRREZ ESPADA, C., BERMEJO GARCÍA, R. y LÓPEZ-JACOISTE DÍAZ, E. *El Documento Final de la Cumbre Mundial 2005*, UNISCI Discussion Papers, n. 10, enero de 2006. pp. 136-139. Acceso en: <http://www.ucm.es/info/unisci/CesRom.pdf>

HEDGES, C. *Stari Tng Journal; Below It All in Kosovo, A War's Glittering Prize*. New York Times, 8 de Julio de 1998. Acceso en: <http://www.mtholyoke.edu/acad/intrel/stari.htm>

HOWARD, C. *Kosova*, septiembre de 1998. Acceso en: <http://www.nodo50.org/triton/KOSOVA.HTM>

KEITH, R. *The Failure of Diplomacy: returning OSCE human rights monitors offers a view for the ground in Kosovo*, The Democrat, mayo de 1999. Acceso en: <http://www.transnational.org/features/diplomacyfailure.html>

NSO, S. *La Crisis de Darfur y el Futuro de la Seguridad Africana*. UNISCI Discussion Papers, octubre de 2004, 9 pp. Acceso en: <http://www.ucm.es/info/unisci/Nso.pdf>

REEVES, E. *Darfur Held Hostage: Khartoum Adamantly Rejects UN Peacekeeping Force*. Sudan Research, Analysis and Advocacy, 1 de marzo de 2006. Acceso en: <http://www.sudanreeves.org/modules.php?op=modload&name=Sections&file=index&req=viewarticle&artid=551&page=1>

REMIRO BROTÓNS, A. *Un nuevo orden contra el Derecho Internacional: El caso de Kosovo*. REEI, 2000, 14 pp. Acceso en: <http://www.reei.org/reei1/Remiro.reei.PDF>

ROBERTS, A. *The United Nations and Humanitarian Intervention*. In: WELSH, J. M. (ed.), *Humanitarian Intervention and International Relations*. Oxford: Oxford University Press, 2004, 240 pp., pp. 71-97.

RONZITTI, N. *¿Es aceptable el non liquet del Informe Final del Comité instituido para examinar la campaña de la OTAN en contra la República Federativa de Yugoslavia?* Revista Internacional de la Cruz Roja, n. 840, 31 de diciembre de 2000, pp. 1017-1027. Acceso en: <http://www.icrc.org/Web/spa/sitespa0.nsf/iwpList358>

SANJOSÉ GIL, A. *Algunas reflexiones sobre el Informe del Grupo de Alto Nivel creado por el Secretario General y el futuro de la seguridad colectiva de las Naciones Unidas*. REEI, n. 9, 2005. Acceso: <http://www.reei.org/reei9/A.Sanjose(reei9).pdf>

SCHWARZ, P. *How the Balkan war was prepared: Rambouillet Accord foresaw the occupation of all Yugoslavia*, 14 de abril de 1999. Acceso en: <http://www.wsws.org/articles/1999/apr1999/yugo-a14.shtml>

STEELE, J. *Serb killings 'exaggerated' by west,* The Guardian, 18 de agosto de 2000. Acceso en: <http://www.guardian.co.uk/Archive/Article/0,4273, 4052755,00.htm>

STONE, B. *The US-NATO Military Intervention in Kosovo: triggering ethnic conflict as a pretext to intervention,* Centre for Research on Globalization, 29 de diciembre 2005. Acceso en: <http://www.globalresearch.ca/index.php?context=viewArticle&code=STO2>

SUR, S. *Aspects juridiques de l'intervention de pays membres de l'OTAN au Kosovo.* Revue Défense National, n. 12, diciembre de 1999. Acceso en : <http://www.defnat.com/fs_accueil+rf.asp?cchemin=acc_frames/fs_resultat.asp(pi)ccodo per(eg)1(ec)cid(eg)2003080962(ec)ctypeencours (eg)(ec)cid_article(eg)>

THIBAULT, J-F. *De la responsabilité de protéger: le test échoué du Darfour.* Sécurité Mondiale, n. 18, octubre de 2005, 4 pp. Acceso en: <http://www.iqhei.ulaval.ca/Pdf/Securitemondiale18.pdf>

WEISS, Th. G. *The Sunset of Humanitarian Intervention? The Responsibility to Protect in a Unipolar Era.* Security Dialogue, vol. 35, n. 2, junio de 2004, pp.135-153. Acceso en: <http://ics.leeds.ac.uk/papers/pmt/exhibits/1898/weiss.pdf>

WHEELER, N. J. *A Victory for Common Humanity? The responsibility to protect after 2005 World Summit.* University of Wales, octubre 2005, 13 pp. Acceso en: <http://www.una.org.uk/work/hr/R2P%5B1%5D.doc>

WILLIAMS, P. D. y BELLAMY, A. J. *The Responsibility to Protect and the Crisis in Darfur.* Security Dialogue, vol. 36, n. 1, marzo de 2005, pp. 27-47. Acceso en: <http://sdi.sagepub.com/cgi/reprint/36/1/27>

C. Documentos, informes y comunicados de prensa

Big powers wary over Sudan crisis. BBC News, 8 de mayo de 2004. Acceso en: <http://news.bbc.co.uk/2/hi/africa/3695539.stm>

Centro de Noticias de la ONU, *Advierten sobre el deterioro de la situación en Chad y Darfur.* 13 de abril de 2006. Acceso en: <http://www.un.org/spanish/News/fullstorynews.asp?newsID=6689&criteria1=&criteria2>

Communiqué del Consejo de Paz y Seguridad de la Unión Africana (PSC/PR/Comm. XVII), de 20 de octubre de 2004. Acceso en: http://www.africa-union.org/News_Events/Communiqués>

Communiqué de Presse, Le Secrétaire Générale de l'ONU plaide pour de profondes réformes institutionnelles afin de renforcer l'ONU (SG/SM/8891), de 23 de septiembre de 2003

Declaración del Representante Permanente de la Federación Rusa ante el Consejo de Seguridad de las Naciones Unidas (S/PV.3988), de 24 de marzo de

1999. Acceso en: <http://documents-dds-ny.un.org/doc/UNDOC/PRO/N99/852/12/pdf/N9985212.pdf>

Declaración sobre Kosovo adoptada por los miembros del Grupo de Contacto en su reunión celebrada en Londres el 9 de marzo de 1998, Anexo de la Carta de fecha 11 de marzo de 1998 dirigida al Presidente del Consejo de Seguridad por el Representante Permanente Adjunto del Reino Unido de Gran Bretaña e Irlanda del Norte ante las Naciones Unidas, ONU/S/1998/223. Acceso en: <http://documents-dds-ny.un.org/doc/UNDOC/GEN/N98/062/99/pdf.>

Documento Final de la Cumbre Mundial 2005 (A/60/L.1), de 20 de septiembre de 2005. Acceso en: <http://daccessdds.un.org/doc/UNDOC/GEN/N05/487/63/PDF/N0548763>

Final Report to the Prosecutor by the Committee Established to Review the NATO Bombing Campaign Against the Federal Republic of Yugoslavia, Acceso en: <http://www.un.org/icty/pressreal/nato061300.htm>

Independent International Commission on Kosovo, *Kosovo Report: Conflict, International Response, Lessons Learned*. Oxford: Oxford University Press, 2000, 384 pp.

Informe Amnistía Internacional, EUR 70/46/98/s, de julio de 1998. *República Federativa de Yugoslavia: Crisis de Derechos Humanos en la Provincia de Kosovo*. Documentos serie A: acontecimientos hasta junio 1998. Acceso en: <http://web.amnesty.org/library/Index/ESLEUR700461998?open&of=ESL-2EU>

Informe de la Comisión Internacional sobre Intervención y Soberanía Estatal: "*La Responsabilidad de Proteger*", International Development Research Centre, Ottawa, diciembre de 2001, 91 pp.

Informe del Grupo de Alto Nivel, *Un mundo más seguro: la responsabilidad que compartimos* (A/59/565), de 1 de diciembre 2004. Acceso en: <http://www.un.org/spanish/secureworld/report_sp.pdf>

Informe del Secretario General, *Un concepto más amplio de la libertad: desarrollo, seguridad y derechos humanos para todos* (A/59/2005), de 21 de marzo de 2005. Acceso en: <http://www.un.org/spanish/largerfreedom/contents.htm>

Informe del Secretario General preparado en cumplimiento de las Resoluciones del Consejo de Seguridad 1160 (1998), 1199 (1998) y 1203 (1998), de 30 de enero de 1999 (S/1999/99). Acceso en: <http://documents-dds-ny.un.org/doc/UNDOC/GEN/N99/023/68/pdf/N9902368.pdf>

Informe Anual de 1999 sobre las Actividades de la CSCE, SEC.DOC/2/1999. Viena: 17 de noviembre de 1999. Acceso en: <http://www.osce.org/publications/sg/2000/03/14113_282_es.pdf>

Informe del Secretario General de las Naciones Unidas (A/54/PV.4), de 20 de septiembre de 1999. Acceso en: <http://documents-dds-ny.un.org/doc/UNDOC/GEN/N99/858/26/pdf/N9985826.pdf>

Informe del Secretario General sobre el Sudán preparado de conformidad con el párrafo 15 de la resolución 1564 (2004) del Consejo de Seguridad, y los párrafos 6, 13 y 16 de la resolución 1556 (2004) del Consejo de Seguridad, (S/2004/881) de 2 de noviembre de 2004. Acceso en: <http://documents-dds-ny.un.org/doc/UNDOC/GEN/N04/587/33/pdf/N0458733.pdf?OpenElement>

Informe del Secretario General sobre la Situación de Ruanda, de 03 de agosto de 1994 (S/1994/924). Acceso en: <http://documents-dds-ny.un.org/doc/UNDOC/GEN/N94/309>

Informe del Secretario General preparado en cumplimiento de la Resolución 1160 (1998), del 05 de agosto de 1998 (S/1998/712). Acceso en: <http://documents-dds-ny.un.org/doc/UNDOC/GEN/N98/227/94/pdf/N9822794.pdf>

Informe del Secretario General preparado en cumplimiento de la Resolución 1160 (1998) del Consejo de Seguridad (S/1998/470), del 04 de junio de 1998. Acceso en: <http://documents-dds-ny.un.org/doc/UNDOC/GEN/N98/155/66/pdf/N9815566.pdf>

Informe del Secretario General sobre la Situación de Ruanda (S/1994/565), de 13 de mayo de 1994. Acceso en: <http://documents-dds-ny.un.org/doc/UNDOC/GEN/N94/215>

Informe Especial del Secretario General sobre la Misión de Asistencia de las Naciones Unidas para Ruanda (S/1994/470), de 20 de abril de 1994. Acceso en: <http://documents-dds-ny.un.org/doc/UNDOC/GEN/N94/186/73/pdf/N9418673.pdf>

Informe del Secretario General de 22 de julio de 1992 (S/24343). Acceso en: <http://documents-dds-ny.un.org/doc/UNDOC/GEN/N92/335/78/img/N9233578.pdf>

Informe del Secretario General sobre la situación de Somalia, de 21 de abril de 1992 (S/23829). Acceso en: <http://documents-dds-ny.un.org/doc/UNDOC/GEN/N92/173/33>

International Crisis Group, *Sudan: Now or Never in Darfur*. Africa Report n. 80, 23 de mayo de 2004. Acceso en: <http://www.crisisgroup.org/library/documents/africa>

Madrid Declaration on Euro-Atlantic Security and Cooperation. Issued by the Head of States and Government at the Meeting of the North Atlantic Council. Press release M-1 (97)81, Madrid 8 de Julio de 1997. Acceso en: <http://www.nato.int/docu/pr/1997/p97-081e.htm>

Press Release, Communiqué de presse (PR/ P.I.S./ 510-e). *Prosecutor's Report on the NATO bombing campaign*. La Haya, 13 de junio de 2000. Acceso en: <http://www.un.org/icty/pressreal/p510-e.htm>

Press Statement by Dr. Javier Solana, Secretary General of NATO, Press Release (1999) 040, de 23 de marzo de 1999. Acceso en: <http://www.nato.int/docu/pr/1999/p99-040e.htm>

Press Statement by Dr. Javier Solana, NATO Secretary General following de Commencement of Air Operations, Press Release (1999) 041, de 24 de marzo de 1999. Acceso en: <http://www.nato.int/docu/pr/1999/p99-041e.htm>

The National Security Strategy of United States of America, Washington, marzo de 2006, 49 pp.

D. Jurisprudencias de la corte internacional de justicia

Armed Activities on the Territory of the Congo (Democratic Republic of Congo v. Uganda), sentencia de 19 de diciembre de 2005, ICJ *Reports* (2005).

Armed Activities on the Territory of the Congo (New Application: 2002), (Democratic Republic of Congo v. Rwanda), sentencia de 3 de febrero de 2006, ICJ *Reports* (2006).

Barcelona Traction, Light and Power Company, Limited (Belgium v. Spain), sentencia de 5 de febrero de 1970, ICJ *Reports* (1970).

Legality of use of Force (Yugoslavia v. United Kingdom of Great Britain and Northern Island), sentencia de 15 de diciembre de 2004, ICJ *Reports* (2004).

E. Listado de resoluciones consultadas

• Asamblea General de las Naciones Unidas
  Resolución 377A (V), *Unión Pro Paz* del 3 de noviembre de 1950 (A/RES/377 (V)).
  Resolución 34/22 de 14 del noviembre de 1979 (A/RES/34/22).

• Consejo de Seguridad de las Naciones Unidas
  Resolución 303 (1971) del 06 de diciembre (S/RES/303).
  Resolución 688 (1991) del 5 de abril de 1991 (S/RES/688).
  Resolución 733 (1992) del 23 de enero de 1992 (S/RES/733).
  Resolución 794 (1992) del 3 de diciembre de 1992 (S/RES/794).
  Resolución 808 (1993) del 22 de febrero de 1993 (S/RES/808).
  Resolución 814 (1993) del 26 de marzo de 1993 (S/RES/814).
  Resolución 827 (1993) de 25 del mayo de 1993 (S/RES/827).
  Resolución 855 (1993) de 05 del agosto de 1993 (S/RES/855).
  Resolución 872 (1993) de 5 del octubre de 1993 (S/RES/872)
  Resolución 912 (1994) de 21 del abril de 1994 (S/RES/912).

Resolución 929 (1994) de 22 de junio de 1994 (S/RES/929).
Resolución 954 (1994) del 4 de noviembre de 1994 (S/RES/954).
Resolución 1160 (1998) del 31 de marzo de 1998 (S/RES/1160).
Resolución 1199 (1998) del 23 de septiembre de 1998 (S/RES/1199).
Resolución 1203 (1998) del 24 de octubre de 1998 (S/RES/1203).
Resolución 1244 (1999) del 10 de junio de 1999 (S/RES/1244).
Resolución 1547 (2004) del 11 de junio de 2004 (S/RES/1547).
Resolución 1556 (2004) del 30 de julio de 2004 (S/RES/1556).
Resolución 1564 (2004) del 18 de septiembre de 2004 (S/RES/1564).
Resolución 1593 (2005) del 31 de marzo de 2005 (S/RES/1593).

CTP・Impressão・Acabamento
Com arquivos fornecidos pelo Editor

EDITORA e GRÁFICA
VIDA & CONSCIÊNCIA

R. Agostinho Gomes, 2312 • Ipiranga • SP
Fone/fax: (11) 6161-2739 / 6161-2670
e-mail:grafica@vidaeconsciencia.com.br
site: www.vidaeconsciencia.com.br